정신병의 나라에서 왔습니다

정신병의 나라에서 왔습니다

병과 함께 살아가는 이들을
위한 안내서

리단 지음
하주원 감수

반비

셀을 위하여

첫 독자, 첫 편집자, 나의 정신병의 최전선에 있었던 당신에게
두 정신병자의 고립과 연대가 책을 가능하게 했고,
당신의 번역으로 더욱 널리 읽히게 되었음이 증명되었음을 밝히며

⏱ 차례

프롤로그

내가 처음 혼재성 삽화로 자살사고와 우울 증세가 심각했을 때, 당시에는 병에 대해 도움을 받을 수 있는 이가 주변에 없었다. 내가 어떤 약을 먹는지는 나조차도 몰랐고, 친구들은 염려 어린 걱정을 해줬지만 그들의 우려가 병증을 덜어주진 못했다. 나의 이상행동의 일면만을 보게 된 이들은 내게 어떤 도움을 줘야 하는지 알지 못했다. 그것은 부모님도 마찬가지였고, 일부분은 의사도 매한가지였다. 나는 정신병이라는 고독 속에 있었고, 그곳에서 병과 손을 잡게 되는 것은 당연한 수순이었다.

　이 책은 정신질환 속에 놓여 있는, 자신, 주변 사람, 관계, 언행 등이 모두 병적인 습속에 사로잡혀 있는 이들을 위한, 그리고 그런 이들을 이해하려는 사람들을 돕기 위한 책이다. 사람들은 물을 것이다. 어째서 이 책의 주어가 '정신병자'인지, 왜 빈번하게 '정신병'이라는 말을 사용하는지에 대해서. 나는 정신병자라는 멸칭이 더는 경멸의 뜻으로 들리지 않고, "그래 맞아, 나는 정신병자지." 정도의 수준에 이르러야 비로소 한 명의 병자로서 병의 편견에 초연해진 상태에 다다랐다고 여긴다. 정신병자인 우리는 수많은 관념과 편견, 가까운 이로부터의 오해, 사회적 고정관념의 틀 안에서 살아가기를 요구받기 때문에, 그렇게 '착하게'만은 살아갈 수 없는 정신병자들을 위해 내용을 전개하기도 했다. 물론 책의 전반적인 내용은 대체로 '어떻게 정신병자들이 자신의 삶을 주체적으로, 책임감 있게 관리해나갈 수 있을까?'에 관한 내용이다. 앞서 말했던 것들은 모두 부차적인 설명에 가깝다.

이 책에는 약 스무 챕터 남짓의 글이 수록되어 있다. 초발한 초기 정신질환자부터 평생관리 질환으로 정신병을 안고 있는 사람 모두에게 해당하는 글들을 함께 실었다. 글을 읽는 이들이 염두에 둘 것은, 이 글을 작성한 저자인 나 또한 하루에 스무 알씩의 처방 약물을 복용하는 정신병자이며, 내가 중점을 두는 것은 '병의 관리'이고, '사회 구성원으로 기능을 포기하지 않는 것'이라는 점이다. 따라서 예를 들어 폐쇄병동을 다룬 챕터에서는 병동에 관한 이야기만이 아니라 사회에 복귀하는 과정도 함께 서술하는 방식을 택했다.

이 책은 많은 정신질환자들의 생태를 조사하고 분석한 바탕 위에 쓰인 책이다. 책에서 묘사되는 여러 삶과 이야기에 대해 당신은 기시감을 느낄 수 있다. 당신과 정반대라고 느낄 수 있다. 혹은 신기한 공통점을 발견할 수도 있다. 모든 병자의 삶은 고유하다. 그래서 더더욱 자신 외에 다른 수많은 병자들이 어떤 길을 걸어가는지 확인하는 것이 필요하다. 이 책을 읽으며 자신은 어떠한 삶을 살고 있고 어떤 앞날을 그리는지, 불가능하게 느껴지는 무언가를 어떻게 다루어야 할지, 개인적인 답을 구해보자.

마지막으로, 정신병이 없는 이들이 이 책을 읽는다면, 이것이 단순히 정신병자들의 난동기로 여겨지지 않기를 바란다. 자신과 다른 사람들이 얼마나 치열하게 삶을 조정하려고 애썼는지, 실패했는지, 성공했는지, 그도 아니면 절망했거나 고통받았는지 등을 읽어낼 수 있기를 바라며, 그 독해가 현실의 정신질환자들에 대한 이해로 이어지기를 기원한다.

이 책에서
사용하는 용어들

여기에서 소개하는 용어들은 상대적이며 자의적인 선택에 의해 추려졌다. 우선 이 책에서 주되게 '정신병'이라는 말을 사용하는 이유를 밝히고자 했고, 그 외 용어들 또한 이 책에서 사용하는 맥락을 말하고자 했다. 대부분 정신병 당사자들이 사용하는 것으로 관찰했거나 내가 사용하는 용어 중 중요하다고 느낀 말들의 맥락을 제시하고 부연했다. 따라서 의학 용어의 지시적, 사전적 설명이 아닌 상대적, 자의적 해설에 가깝다.

　이 책에는 각종 정신질환과 정신과적 장애가 등장한다. 그것들을 통틀어 '정신병'이라 말하려 한다. '병'이라는 단어 역시 종종 사용할 것이다. '마음의 병' 같은 말로 돌려 말하는 대신, 말 그대로 정신에 '병'이 생긴 상태 자체에 초점을 맞추기 위해서다.

　병은 우리의 사고, 감정처럼 '마음'으로 여겨지는, 보이지 않는 영역부터 감각하고 만져지는 신체까지 장악한다. 우리는 병이 발발하기 이전과는 전혀 다른 인생을 살게 되며 때로 병의 고통은 자신의 존엄과 존립마저 위협한다.

나는 정신질환이 가진 질병(disease)으로서의 실제적인 위험성과 그 현실적인 파괴력을 강조하고자 '정신병'이라는 용어를 사용한다. 적절한 때 발견되고 치료되지 못한 정신병이 어떻게 중증으로 불어나 한 사람의 일생을 차근차근 장악하는지, 어떻게 이미 가진 것도 빼앗고, 주위와 관계가 단절되게 하는지, 이전에는 흥미나 기쁨을 주었던 것들도 무감하게 느껴지게 하고, 이윽고 누구도 찾지 않고 아무도 볼 수 없도록 가둬버리는지.

이 정신병이라는 것에 대해서 당신은 누군가에게 얘기하려고 한다. 하지만 어색함이나 두려움을 극복하고 입을 여는 순간 당신은 알 것이다. 병이 최선을 다해 방해하고 있다는 것을. 내 병을 타인에게 설명하면 할수록 내가 정말 전달하고 싶은 바로 그것은 쉼 없이 공중으로 흩트려지는 연기처럼 날아가 버린다.

그럴수록 우리는 모여서 말해야 한다. 그렇게 더 많은 이들이 알아야 한다. 정신병에 대한 흥미나 공포를 자극하는 속설 혹은 오해, 다 괜찮다는 식의 무책임한 위로나 근거 없는 대체요법이 난무하는 여기에서 이제 우리가 모여 수많은 이야기를 할 차례다. 나는 병자임에도 지금 어디선가 자신의 삶을 계속 살아나가는, 정신병을 앓는 모든 사람들을 응원한다. 우리의 이야기가, 우리의 말이 지금보다 더욱 주목받아야 한다고 여긴다.

　정신질환을 다루는 작금의 언어는 '마음'이라는 애매한 말을 쓰기를 선호한다. 정신병을 '마음의 병'이라고들 하지만, 실제로 정신병이 있는 사람들은 대다수가 '마음의 감기'라는 말에 거부감을 느낄 것이다. 마음을 두고 흔히 가슴에 있다고 말한다. 과거 학자들은 '마음/정신'이 심장(heart)에 있는지 머리에 있는지를 두고 논쟁을 벌이기도 했다. 그러나 우리가 느끼고 생각하고 심지어 몸을 움직이는 것도 전부 뇌에서 주관하는 일이다. 몸이 아프면 서러워지고, 자신만만한 상태에서는 더 뛰어난 능력을 발휘하는 것도 감정에 관련된 뇌 영역과 운동 기능을 주관하는 뇌 영역이 연관되어 일어나는 일이다. 심한 정신병적 증상을 설명한다면 오히려 큰 물리적 사고 후의 증상에 빗대 말하는 것이 적합할지도 모른다. 몸이 딱딱하게 굳거나, 움직임이 서툴러지거나, 몸이 저절로 떨리는 불수의운동을 겪거나 과호흡이나 경련을 일으키는 등 신체적으로도 관찰 가능한 이상을 겪는다. 우리는 단지 '마음이 아프고', '마음이 다쳐서' 힘든 것이 아니다.

　우리 병자들은 '병'을 어떻게 다루고, 관리하며, 나아가 병이 있는 상태로 '병'과 어떻게 살아가야 하는지에 대해 언제나 고민한다. 모쪼록 이 책을 읽는 분들도 '정신병'이라는 단어를 말 그대로 정신에 '병'이 생긴 상태라는 뜻으로 읽어주시길 바란다.

정신병자　정신질환자를 낮잡아 이르는 말이지만 이 책에서는 '정신병이 있는 사람'이라는 맥락에서 쓰인다.

정병 정신병의 약칭. 정신질환을 앓고 있는 이들의 은어로 쓰여왔으나 2018년 이후로 인터넷상에서 광범위하게 사용되어오고 있다. 주로 멸칭의 의미로 쓰이지만 당사자들의 자조적인 농담이 담겨 있기도 하다.

정병러 정신병을 앓고 있는 인간이라는 의미.('정병'에 행위자를 뜻하는 영어 어미 '-er'을 붙인 조어다.) 2016년 이후 통용되기 시작하여 '정병인', '정병자', '정병맨' 등 다양한 파생어를 낳았다.

병식(insight into disease, 病識) 질병에 관한 통찰. 병식이 있다고 할 때는 자신이 정신질환이 있음을 인정하고 치료를 위해 노력하는 행동을 할 수 있다는 말이다.

삽화(episode) 정신병으로 인해 영향을 받아 수행 능력에 손상이 있는 상태가 유지되는 기간을 말한다. 증상이 극심하게 나빠지거나 악화되는 불특정한 기간이 찾아오면 그것을 삽화라고 할 수 있다.

신경증 내적인 심리적 갈등이 있거나 외부에서 오는 스트레스를 다루는 과정에서 무리가 생겨 심리적 긴장이나 증상이 일어나는 인격

변화를 말한다. 심리적 갈등이나 외부의 스트레스에 의해 생긴 불안이 여러 가지 신경증을 일으키는 원인이라고도 할 수 있다. 신경증에서 흔히 볼 수 있는 증상으로는 불안을 직접 체험하는 불안장애가 있다.

정신증 망상, 편집증, 환각 등의 증상으로, 현실 검증 시스템에 변화가 일어나 인지 및 사고 능력 손실이 생겨 다양한 양상으로 나타나게 된다.

우울증 일시적인 기분 저하와 다르게, 전반적인 인지 및 정신·신체 기능이 지속적으로 저하되어 일상생활에 악영향을 미쳐 치료가 필요한 상태를 말한다.

조울증 정신건강의학과에서의 정식 명칭은 양극성장애다. 보통 양극성장애는 조증 삽화와 우울 삽화가 있는 1형 양극성장애, 좀 더 경미한 증상의 경조증과 우울 삽화가 있는 2형 양극성장애로 나뉜다. 이 책에서는 양극성장애와 조울증 두 용어를 혼용했다. '양극성장애'라는 명칭으로는 다 설명할 수 없는 병적 특성, 휘몰아치는 삽화와 같은 환자들의 경험이 '조울증'이라는 단어로 더욱 직관적으로 설명되기 때문이다.

조증 과대사고, 수면 욕구 감소, 언어 압박, 사고 질주, 집중력 산만, 목표지향적 활동 추구, 사회적 활동 왕성, 성적 욕구 증가, 위험하고 자기파괴적인 행동에 몰입함, 신체적 활동 증가 등의 특징을 보인다. 이것들이 사회적 관계나 업무 능력에 부정적 영향을 주거나 자신, 타인에게 위험한 영향을 주거나 정신증이 나타나 기능적 손실로 이어질 경우 조증이라고 말한다.

분열형 정동장애 조현병 진단 기준에 부합되는 주요 증상과 기분장애 증상이 상당 기간 동시에 나타나는 질환. 현저한 정신분열 증상과 우울증이나 정동장애의 증상을 가지고 있는 것이 특징이다.

조현병 사고, 감정, 지각, 행동 등 인격의 여러 측면에 걸쳐 광범위한 이상 증상을 일으키는 정신질환으로, 단일한 질병이 아닌 공통적 특징이 몇 가지 있는 질병군이다. 와해된 언어나 행동, 망상 환각 등이 지속되어 사회적 기능 저하를 겪게 된다.

인격장애 사람들은 어떤 상황에 놓이면 각자 다른 행동이나 생각을 하고, 다른 감정을 느낀다. 한 사람의 이런 경향을 통틀어 인격이라 하는데, 인격장애란 한 개인의 인격이 현실에서, 사회 속에서, 그리고 스스로 맞게 되는 여러 가지 상황에서 기능 장애나 문제를 일으키게 되는 경우에 일컫는 말이다.

인격장애에는 여러 다른 특징이 있다. 한데 묶어서 말하기는 어려우나, 인격장애를 가진 사람은 자신의 언행에 대해 타인과 다른 방식으로 지각한다. 사고의 흐름이 주변과 엇나가는 일이 잦아 관계를 맺는 데에 어려움을 겪기도 한다. 하지만 인격장애의 특성상 그러한 문제가 왜 일어나는지에 대한 통찰이 어렵다.

자신의 문제를 자각하지 못하기 때문에 주위와 갈등을 빚으며 스트레스를 받을 가능성이 높고, 주변 사람의 충고를 받아들이지 않으려 하거나 치료를 받을 필요도 느끼지 못하는 경우가 많다. 인격장애를 다루는 것은 복잡한 일이지만, 현재는 그 특징이 비슷한 행동을 보이는 인격장애를 모아 A, B, C군으로 나누고 있다. A군에는 편집성, 분열성, 분열형 인격장애가 포함되며, B군에는 연극성, 자기애성, 반사회적 및 경계성 인격장애가 해당되며, C군에는 회피성, 의존성 및 강박적 인격장애가 포함된다.

초발 병증이 표출되어 처음 발발한 것을 이른다.

관해기 병증이 완화된 상태가 유지되는 기간을 말한다. 일반적으로 완화가 5년간 계속될 때, 치료되었다고 판단한다(완전한 완화). 어느 정도 회복된 것이 최소 몇 주 이상 지속되면 관해기에 돌입했다고 말할 수 있다. 관해기에는 환자 자신의 요양 생활을 스스로 관리할 수 있도록 일상생활이나 정기적인 치료의 의의에 대해 재정립한다.

단약 약물 복용을 중단하는 것을 말한다. 의사와의 상의 없는 단약은 약물에 따라서 금단증상, 정신적 의존, 불안 등의 부작용이 있기 때문에 약물 치료를 중단하고자 할 때는 의사와 상의 후 점진적으로 줄여나가야 한다.

신체화 증상 정신적·심리적 스트레스나 갈등으로 인해 여러 불편한 신체적 증상이 나타나지만 의학적으로 원인을 찾을 수 없는 것.

회복탄력성(resilience) 개인이 역경, 트라우마, 위협 등의 스트레스원을 만나게 되었을 때 적극적인 행동 적응 양식을 보여주는 역동적인 과정. '다시 되돌아오는 경향'.

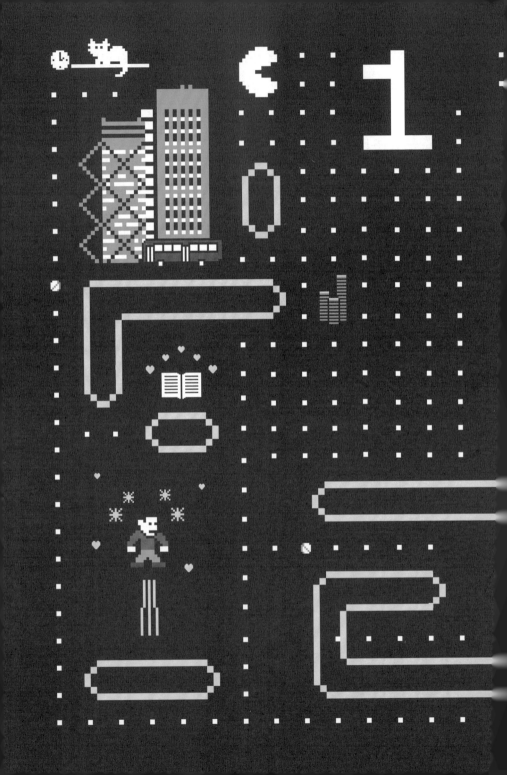

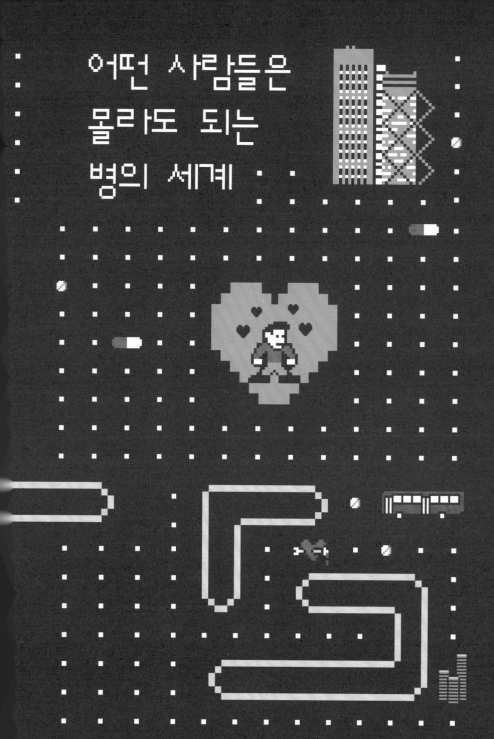

어떤 사람들은
몰라도 되는
병의 세계

1장 ◐ 네가 다 잃어도
나는 마지막까지 남아 있을 것이다

처음 발병했을 무렵, 내가 만난 정신질환자들은 모두 비슷한 수순을 밟고 있었다. 10대 때 이미 병증을 자각하고 있었고, 대학 시절, 대개 20대 초입에 처음 삽화를 경험하며 삶이 착실히 망가지고 있었다. 학교 상담센터와 연결이 되어 지원을 받기도 하나 이미 팽배한 자살사고 등 심각해진 병증을 감당하긴 어렵다. 상담자나 주위의 권유로 약물 치료를 시작한다. 하지만 이 약 저 약 시도해도 듣지 않고 나빠져만 가 깊은 체념과 여러 중독에 시달린다. 그때는 그런 상황을 지칭할 말이 별로 없었다. 대부분 후일 회고하며 '우울증이었던 것 같다.'라고 마음을 달랬다. 이들에게 학교는 그나마 유연한 제도나 태도를 보였지만 졸업 후 기존 소속이 사라진 이들에게 병의 맹공이 집중됐다. 새로운 소속을 갖기 전까지 모두 병증으로 아주 고생을 했다.

진단을 받는 일은 꽤 복잡하다. 그리고 많은 시간이 걸린다. 두 가지 다 정신병자가 감내하기에 매우 높은 인내심을 요구했다. 학교 상담센터에서 연결해주는 정신과는 모두에게 비슷한 약을 처방해줬다. 그것마저 약 검색 시스템이 미비해 당시엔 약이 무엇인지 아는 것도 어려운 일이었다. 나는 친구와 약을 대차대조해서 구분했다. 가끔은 "너도 약 안 듣냐?", "나도 약 안 듣는데?", "그럼 우리 섞어 먹어보자." 하고 반씩 갈라 먹었다. 손바닥 위에 약을 두고 긴 나이프로 잘라 먹어서 손바닥에 수상한 금이 가득했다. 노란 것이 아티반, 파란 것이 졸민. 그러나 어떤 약도 그 생활에서 나를 건져주지 못했다. 의사에게 증상을 하소연할 때면 내 서사를 설명하고 이해시켜야 한다는 생각에 휩싸여 내가 겪고 있던 레즈비언 드라마를 매번 얘기했다. 그러나 의사는 별다른 반응이 없었다.(기독교 학교에서 기독교 정신과 의원으로 연계했으니!) 병증은 빠르게 진화했지만, 의사와 약물은 부동의 자세를 취했다. 나는 병의 원인도, 병의 증상도, 병의 예후도, 아무것도 감지할 수 없었다. 무기력했다. 자기가 쓸모없다는 생각에 사로잡혔다. 이는 저하된 심신 능력으로 가속화되었고 기어코 나를 건물에서 뛰어내리게 했다.

나는 우울증 진단을 받고 병결휴학을 할 수 있었다. 그 학교에서 최초로 있었던 일이라고 했다. 학과 수업 발표 중에 공황으로 졸도했기 때문에, 다시 학교로 돌아가 수업을 듣는 일이 몹시 꺼려졌다. 그리고 정말로 다행히도, 아무도 그 일에 대해 묻지 않았다. 그리고 새로운 소속이 생겼다. 그때 나는 총여학생회 선거운동본부 활동을 하고 있었다. 그때의 나는 여러 면모로 이상한 구석이 많았다. 굳이 집에 들어가지 않고 늦게까지 어정거렸다. 학교 언저리에서 생활하면서 아침마다 사람이 없는 지하나 꼭대기 층 화장실 세면대에서 손세정제로 머리를 감고 말렸다. 숨어서 음식을 먹었다. 바보 같은 생활이었다. 미쳐가고 있는 걸지도 몰라. 과거 공황발작이 있었던 건물에는 죽어도 가기 싫었다. 당연한 트라우마적 반응이었지만, 이처럼 이해할 수 없고 통제할 수 없으며 관리할 수 없는 감정들, 기분들, 감각들, 혹은 예감들이 느껴질 때마다 선득했다. 그래서 나는 일부러 매일매일 새로운 관계와 새로운 사건을 만들었다. 그 사이에서는 병 비스무리한 것들을 발견할 수 없거나 발견한다 해도 장려받았기 때문에 뭐든지 닥치는 대로 하고, 만나고, 아무 술자리에 끼려 했다.

초발 삽화 이후 삶은 달라졌지만, 삶이 끝난 것은 아니었다. 특히 독해력이나 문해력, 언어와 외국어 능력, 대인관계 스킬 같은 것들이 파괴와 종말을 맞았지만 동시에 한편에선 또 왕성하게 재생되고 있었다. 정신병의 여러 병증들과 자해나 자살 같은 자기파괴적 사고들이 이른바 '상식선의' 사고들과 함께 공존했다. 여전히 파괴적인 생각을 했지만 주어진 과제를 해낼 수 있었다. 이 기묘한 공생에 대해 나는 불쾌감보다 호기심이 앞섰다. 우리는 서로 앞서거니 뒤서거니 달리기를 하는 것이다. 그래서 혼자 뛸 때와 비할 수 없이 멀리 갈 수 있지. 이런 생각은 병에게 형태를 부여해주는 행동이었으나 그때는 몰랐다. 나는 덜 외로워 기뻤을 뿐이다.

　새로운 병의 증상이 예고 없이 수시로 등장하긴 하지만 그래도 기준은 있다. 큰 갈등에 시달리는 상태에서 병증은 100퍼센트 모습을 드러낸다. 그러면 어떻게 하면 되는가. 싹 자체를 없애버리자. 갈등 상황을 빚을 가능성을 최소로 줄이면 된다. 하지만 야심이 깊고 자존감 높고 젊고 창창한 정신병자들은 절대 그런 회피를 하지 않는다. 또 사람이 살면서 자신에게 일어날 변수를 모두 제어할 수도 없는 노릇이다. 결국 그들은 맞부딪히며 훼손되며 병이 폭발하는 상황을 만들고 만다. 그리고 이렇게 진화한 병은 이전으로 절대 돌아가지 않는다.

　어느 시점에서 우리는 병과 공존한다는 인식을 넘어 병과 육체를 공유하는 느낌을 알게 된다. 병이 '너 못 움직여.', '너 못 나가.', '너 못해.', 또는 '너 이거 해.', '이렇게 해.' 하고 말하면 정말 그렇게 된다. 그 상태를 지나면 그때는 정말 병이 보여주는 것만 알고 믿게 된다. 병과 자신은 상호 적대적-유보적인 관계를 구성해야 한다. 우리가 상대하는 존재는 결코 완전히 밝혀지지 않고, 짐작과 추측의 세계의 구성원이며, 기존의 판단을 적용할 수 없다. 병을 완벽히 알고자 하는 건 욕심이다. 병에 익숙해지는 것이 훨씬 가능한 목표이다. 우리는 패턴을 발견한다. 자기 병의 특징을 기록한다. 어떤 시간대에서 그것이 왕성한지, 어떤 공간을 선호하는지 발견한다. 병을 학습하고 병에 대응한다.

그러나 동시에 우리는 알고 있다. 필연적으로 이 싸움은 우리가 지게 될 것이라는 걸. 나도 마찬가지로 생각한다. 노화보다 빠르게 진화하는 병을 보고 있노라면 진절머리가 난다. 그러나 사실은 생각한다. 병이 펼쳐주는 지평도 상상만큼 나쁘지 않다고. 가끔은 기꺼이 그의 움직임을 보조한다. 나는 많은 약을 먹고 있지만, 그것들이 병증을 공격하고 소멸시킨다고 느낀 적은 없었다. 약은 병을 좀 더 합리적인(병과 병자 모두 고개를 끄덕거리는 수준의) 크기로 조정하는 역할이다. 선두에서 씨름하는 건 자신이다. 그리고 전선의 선봉에 서야 할 때 나는 가끔, 아니 종종, 아니 좀 더 자주 병에게 진두지휘를 양보하기까지 한다. 우리는 이제 너무 섞이고 얽히고 휘말려버렸다. 무언가 하려 해도 그게 정말 자신을 위한 일인지, 병이 속삭여 하자고 조르는 일인지 구분하기도 모호하다.

나는 초발했을 때 대학병원에 응급으로 실려가 하루도 지나지 않아 바로 폐쇄병동으로 갔다. 어느 의사가 내린 결정인지 몰라도 빠른 선택이었다. 곧바로 양극성장애 진단을 받았다. 많은 양극성장애 환자들이 단극성 우울증으로 오인되어 항우울 치료를 받다 조증이 심화되는 사례에 비하면, 비교적 빠르게 적절한 치료를 받았다. 그러나 곧 알게 되었다. 내 약물이 그릇이고, 조증이 액체라면, 조증은 언제나 이 작고 귀여운 예방용 약물 그릇을 가뿐히 채우고 철철 넘쳐흘렀다. 지지부진한 약물 치료, 획기적이었던 약물 치료, 병을 다루는 통계-수치적 관점, 퀴어프렌들리한 상담소 등 내가 붙든 수많은 장치들은 이윽고 도래한 조증에 단번에 무너지곤 했다. 조증은 한 번 겪으면 완전히 다른 사람이 되기 때문에 아주 곤란했다. 지금도 마찬가지다. 병, 특히 조증은 수그러들 기세가 없고, 주변 사람들은 내 병에 지칠 대로 지쳤다. 아니, 주변 사람들은 내 조증에만 흥미를 느끼지 원리를 궁금해하지 않는다. 그러나 내 병증이 나투는 새로 비어져 나오는 부작용들은 또 빌어먹게 잘 알아본다.

나는 우울증과 조울증, 1형과 2형 양극성장애, 분열형 정동장애와 조현병(통합실조증) 사이에 구분하기 쉬운 깊은 간극이 있다고 생각하지 않는다. 얼마든 한 병이 다른 병으로, 여러 증상이 하나의 증상으로 모습을 바꿀 가능성이 존재한다. 환각이 있다가 잠잠해질 수 있고, 자리보전하다 어느 날 갑자기 털고 일어날 수 있다는 걸 안다. 그리고 이것이 희망 따위가 아닌 것도 안다. 나는 정신병자들이 나을 수 있다고 믿는다. 다만 낫는다는 것이 완전한 회복을 의미하는 게 아니라 지금보다 나아진다는 의미로. 과거 그 사람의 어떤 '맑았던' 시점으로 돌아가는 건 거의 불가능하다. 우리는 모두 똑똑하고 영리했던, 기민하고 총명했던, 꽤 괜찮았던 시기를 안다. 하지만 병은 그곳 그 정류장으로 가는 버스가 아니다. 오히려 병의 힘을 빌려 우리가 그때보다 똑똑하고 영민할 수 있는 미래에 당도한다고 생각하는 편이 더 가능성이 높다.

차후에 더 상세히 서술할 내용이지만 나 또한 정신병 자체로 고통받은 시기가 많이 있었다. 그때 가장 빈번하게 들었던 생각은 억울함이었다. 남들이 대수롭지 않게 하는 것, 즉 출석, 출퇴근, 식사, 음주, 수면 등이 내게는 공황과 조증과 우울과 동반하는 신체 증상의 총집산과의 전쟁이었다. '나는 왜 맨날 죽고 싶어 하는지?' 또한 매일의 과제였다. '나는 그냥 애인과 고양이와 이 집에서 살고 싶은 건데 그게 그렇게 큰 바람인가?'라는 생각. 그리고 결국 정신병이 없는 사람과는 부모든 형제든 친지든 어느 시점 이상으로 이해를 나눌 수 없다는 사실을 느꼈다. 부족한 건 그들이지만 그들에게 이 고통을 전달할 수단이 내게 없다는 것도 절망적이었다. 그들은 내가 저지른 자살 시도의 연원도, 과정도, 심각성도 전혀 이해하지 못했다. 나의 약물 과용은 혈액 투석이 필요할 정도로 심각했음에도 불구하고 말이다.

이 정도로 위험한 자살을 시도한 환자라면 마땅히 해당 병원 혹은 다른 병원의 정신과로 연계되어 집중 치료를 받는 것이 당연한 수순이었으나, 가족의 극렬한 반대로 나는 시골로 옮겨졌다. 나는 작은 시골 의료원에 불미스러운 일을 하지 않겠노라는 각서를 쓰고 들어가, 치매 환자들과 같이 지냈다. 그 의료원에서는 단 세 가지 약을 줬다. 하지만 단번에 알아볼 수 있는 약인 신경안정제 한 알은 반으로 쪼개고도 모자라 한 번 더 쪼개져 있었다. 다른 약은 일부러 찾아보지 않았다.

나는 거기 한 달을 입원했다. 가족이 먹지 말라고 해서 다음 한달은 약을 안 먹었다. 그즈음에야 조금 운신이 자유로워졌고 비로소 이전에 다니던 정신과에 찾아가 그간 있었던 일들을 말했다. 의사는 어이없다는 듯 말했다. "아편류 진통제, 모르핀, 항우울제를 다 같이 먹으니 리단 씨 같은 환자가 조증 안 오면 이상하지!" 나는 멍해졌다.

그랬다. 그때 나는 극심한 통증 때문에 아편류 진통제와 모르핀을 먹었다. 신체의 고통은 정신의 스트레스로 곧장 축적되었기에 항우울제도 고용량으로 처방받았다. 나의 경우 이런 식으로 조증이 촉진된 것이다. 이미 굴절된 자살사고가 심했고, 이전의 자살 시도의 전적, 조증의 행동력과 추진력이 있었다. 실제로 자살 기도 두 시간 전 나는 어느 잠긴 곳에 무단침입을 시도하고 있었다. 나는 무엇이든 저지를 수 있는 상태였다.

나의 자살 시도, 형편없는 사후 관리, 나의 행동도 고통도 이해받지 못했다는 슬픔, 그동안 약을 끊어서 다시금 무너진 약물 복용과 치료의 사이클, 하지만 나는 이를 악물고 어찌어찌 취직했다. 취직 후 조증이 다시 왔다. 인생 최초로 틱 증상이 나타났다. 권고사직을 당했다. 아마도 사장 앞에서 혀를 날름거렸기 때문일까? 수개월 후, 문득 그때 시골 의료원에서 먹었던 약이 궁금해졌다. 검색해보았다.

모두 소화제였다.

이렇게 병을 방치하면 어떤 일이 생기느냐. 사람마다 다르겠지만 나는 이듬해 같은 기온, 같은 계절, 같은 환경 조건에서 이제껏 느껴보지 못한, 미친 듯이 몰아치는 조증을 느꼈다. 이제껏 내가 겪은 모든 조증 증상(환청, 반사회적 행동, 범죄, 초조, 불안, 사고장애 등)이 총출동

했고 새로이 강박증세(결벽, 정렬)를 보였다. 바로 조증 세트로 약을 구비했으나 가시지 않았다. 나는 내가 미쳤다는 걸 알았다. 그리고 내가 옳다고 생각했다. 조증이 10월에 왔는데 그로부터 넉 달이 되도록 충분히 수그러들지 않았다.

나는 종종 배신감을 느낀다. 거침없이 멀어지는 거리감을 느낀다. 사회에 반쪽짜리 소속감을 느낀다. 나는 물론 사회에 소속돼 직업 활동을 하고 임금을 받고 소비를 하고 생활환경을 구축하고 사람들에게 소속되는 일을 마땅히 해야 한다고 생각하지만, 우리가 반드시 겪지 않아도 되었을 고통을 생각하면 지독한 기분이 든다. 어떤 사람들은 몰라도 되는 병의 세계. 왜 그런 얘기를 꺼내냐고 반문하는 세계의 사람들. 이해할 수 없는 행동을 저지른 네가 잘못이라고 비난하는 이들을 기억한다. 그럼에도 불구하고 계속 생을 잇기 위해 뛰어드는 이들을 생각한다.

2장 ⬤ 처음 정신병이라는 세계에 발 딛는 당신에게

그간 얼마나 외로우셨습니까. 그래도 병원에 내원하셨다니 천만다행인 일입니다. 초기의 진단은 자주 바뀌곤 하니 너무 마음에 두지 않으셨으면 합니다. 약은 아마 하얀 둥근 알약이 인데놀(빈맥을 가라앉히고 약간의 진정을 돕습니다.), 노란 알약은 아티반(진정 작용을 하고 불안을 가라앉힙니다.)일 텐데 자세한 사항은 약 검색을 해보면 나올 듯합니다. 그리 센 약은 아니니 안심하셔도 좋습니다. 그 반대인가요? 그러나 너무 센 약을 갑자기 복용하게 되면 몸이 버티지 못합니다. 용량은 점차 조정될 것입니다.

일주일에 한 번씩, 더 상태가 나쁘면 3일에 한 번씩 내원해야 할 수도 있습니다. 실비보험을 들어놓으셨다면 진료 비용을 돌려받을 수 있을 텐데…… 그렇지 않다고 해도 당분간은 적은 양의 약이 처방되어 병원비가 그리 높지 않을 겁니다. 비용이 부담된다면 의사에게 이야기해보세요. 단가가 낮은 대체 약물을 처방해줄 수도 있고, 매우 특수한 경우지만 진료비는 다음에 내라고 말해줄 수도 있습니다. 당신은 왜 병원에 가기로 했나요? 주변인이 권했나요? 혼자 선택했나요? 여하간 많은 고민과 생각 후에 병원으로 당신이 발걸음을 내딛어서 정말 다행입니다.

저는 잠을 못 자서 미쳐버릴 것 같아서 처음 병원에 갔어요. 그런데 잠을 못 자고 갖가지 증상이 나타나는 스트레스 원인이 여자 문제였는데, 의사한테 이 복잡한 관계를 줄줄 설명하다가 시간 다 돼서 나오면 약은 매번 똑같고, 바뀌는 것은 없고. 그때 참 실망을 많이 했습니다만.

병증은 잠을 못 자는 게 전부가 아니었습니다. 그것은 너무 알아보기 쉬웠죠. 사람을 만나기 싫어서 산을 타고 학교에 등교했고, 수십여 바늘을 꿰매야 하는 자해를 했으며, 두 번의 자살 시도, 알코올과 니코틴 중독이 있었습니다. 양극성장애의 혼재성 삽화라는 것을 나중에 알았지만, 당시엔 왜 이런 일들이 하고 싶은지, 왜 일어나는지에 대해 계속해서 '왜지? 왜지?' 하며 알 수가 없었고 그것들이 나의 정체성처럼 찰싹 달라붙어 내려놓을 수도 없는 진퇴양난의 상황이었습니다. 모든 상황이 서로 한마음으로 결속해 정신병의 바다로 잠기는 상태였습니다. 학교 상담실에서 바로 병원에 연결해주었지만, 저용량의 약물 치료는 효과가 없었고 빠르게 나빠져 그해 말 우울증으로 그 학교에서 처음 병결휴학을 받고 곧바로 폐쇄병동에 입원해 양극성장애를 진단받았습니다.

처음 정신과를 찾은, 혹은 어느 병원에 가면 좋을까 고민하고 있는 당신에게 드리고 싶은 조언은, 일단 쉽게 갈 수 있는 거리의 가까운 병원에 가보라는 것입니다. 가장 처음 정신과를 찾는 환자는 초진 환자라고 합니다. 초진을 하러 가면 간단한 질문지를 주고 의사가 있는 방에 들어가 상담을 할 것입니다. 이때 의사와의 첫 면담에서 문제가 생기는 경우가 있습니다. 의사가 당신이 호소하는 이야기를 무시하는 투로 듣거나, 고압적인 태도로 조언하거나, 이 병과 당신의 앞으로의 치료 계획에 대해 전혀 이야기하지 않는 것입니다. 당신은 설명을 들을 권리가 있고, 명백히 의사에게 불편함을 느낀다면 그 병원은 맞지 않는 곳이니 처방전만 받고 나오세요. 좋은 병원에서는 당신이 하는 말을 잘 들어주고, 적절한 질문을 해주고, 꼭 필요한 설명을 해줍니다. 약에 대해서도 이러저러한 부작용이 있을 수 있지만 꾸준히 복용해야 한다고 약물 복용 지도를 해줍니다.

처음 시작한 당신에게 드리고픈 말들 중 가장 중요한 말 하나는 이 약물 치료가 예상보다 길어질 것을 염두에 두어야 한다는 점입니다. 이 병은 1~2년 관리한다고 반드시 호전되지 않으며 조금만 미끄러져도 악화일로를 걷기 시작할지도 모릅니다. 적은 약을 먹을 때 치료에 충실하게 임하는 것이 중요합니다. 절대 단약하지 말고요. 또 당신의 병을 제대로 진단하는 데에도 시간이 걸린다는 점도 이야기하고 싶습니다. 즉 의사가 당신을 관찰하고 지켜볼 시간이 그만큼 필요하다는 말이기도 합니다. 제 지금 진단명인 '1형 양극성장애'가 나오기까지는 시간이 수 년 걸렸습니다. 처음에는 상세불명의 양극성 정동장애였습니다. 지금은 조증이 규칙적으로 오기 때문에 진단이 바뀌었습니다.

약물 치료도 마찬가지입니다. 각각의 약물이 작용하기까지 시간은 약물에 따라 다릅니다. 타이레놀처럼 20분 뒤에 씻은 듯이 두통이 사라지는 것과 이쪽 계열의 약물 작용은 작동 기전이 완전히 다릅니다. 항조증제인 리튬은 7일 정도 걸리며, SSRI 계열의 항우울제는 충분한 치료 효과를 나타내려면 일반적으로 3~6주가 걸리곤 합니다. 때로는 충분한 효과가 나타나기 이전에 부작용이 선행할 수도 있습니다. 부작용은 약물 치료를 위해 용기를 낸 환자들을 쉽게 좌절시키고, 정신과에 재방문하는 것을 무의미하게 여기게 만들기도 합니다. 이 시기를 잘 넘겨야 합니다. 그러기 위해서는 약물을 처방받을 때, 해당 약물이 작용하기 시작할 때까지 얼마나 기다려야 하는지 의사에게 물어보는 것이 좋은 방법입니다. 기약 없이 효과를 기다리는 것과 한계를 정하고 참는 건 다른 일이기 때문입니다. 또 약효를 통해 어떤 유익을 얻을 수 있는지도 함께 들어 약물 치료를 통한 변화, 희망적 자세 등을 가지는 것도 좋습니다. 마지막으로 의사가 고지했던 기간보다 미적지근한 날들이 길어지면, 내원하여 증상이 변함이 없다고 빠르게 피드백하는 것도 약물 치료에 유익합니다. 유념할 것은 우리가 약물 치료를 통해 얻고자 하는 상태는 결코 약물 치료 이전의 100퍼센트 상태나 약물의 도움을 받아 120~130퍼센트의 생산성을 달성하는 각성 상태가 아닌, 80~90퍼센트의 조금 낮은 상태라는 사실입니다. 약 복용의 주된 목표는 그 사람을 다시 총명하고 똑똑한 사람으로 돌려놓는 것이 아닙니다. 그보다는 삽화 발생을 줄이고자 하는 예방적 차원의 접근이 큽니다.

치료 계획을 세우는 데에 자기 자신이 큰 역할을 하지만 전부는 아닙니다. 우리는 다른 이들에게 의존해야 하는데, 그것이 바로 의사와 약물, 그리고 신뢰하는 친구나 친지입니다. 먼저 정신과 의사의 주요한 역할은 환자의 질환을 정확하게 진단하고 적절한 약을 처방하는 것뿐만 아니라 환자를 교육하고 지원하는 치료 계획을 수립하는 것, 그리고 환자가 자신이 복용할 약을 잘 관리하도록 도움을 주는 것을 포함합니다. 이때 다음과 같은 것들을 고려해야 합니다.

★ 환자의 사고 과정

★ 환자의 일상생활

★ 배우자, 가족 구성원, 친구들과의 갈등

★ 가족 문제

★ 직업과 관련된 문제

★ 사회적 상황

장기적인 관리의 측면에서 볼 때 가장 중요한 요소 중 하나는 신

중하면서도 일관성 있는 치료의 지속성입니다.

　개인적인 지지 그룹을 모으는 것도 큰 힘이 될 수 있습니다. 가족과 친구들로 구성된 든든한 지원 네트워크는 환자가 감정을 안정시키기 위해 씨름하는 전장에서 믿을 만한 전우와 같은 역할을 합니다. 지지 그룹을 꾸리는 데에는 다음 세 가지가 필수적으로 요구됩니다.

★ 믿을 만한 사람을 선택한다.

★ 허심탄회하게 이야기를 나누면서 각 사람의
  염려와 불안에 대해 나누고 함께 목표를
  세운다.

★ 자신의 병이 어떤 질환이며 그들이 어떤 부분에
  도움을 줄 수 있는지 지지 그룹의 구성원들이
  배우고 알아가도록 격려한다.

　신뢰를 바탕으로 한 네트워크를 형성하려 할 때, '이 사람을 신뢰할 수 있는가? 이 사람은 날 지지할 만큼 정서적으로 안정된 사람인가? 이 사람과 내가 충분히 자주 교류하는 사이인가? 이 사람은 내가 정신질환을 갖고 있다고 해서 날 판단하지는 않는가? 이 사람은 믿을 만한가? 이 사람은 날 존중하는가?' 등의 질문을 던져볼 수 있을 것입니다. 당신은 이들과의 열린 대화를 격려하면서 이 지원팀의 구성원들이 환자인 자신과 자신에 질환에 대해 더 친숙해지도록 도울 것입니다. 당신도 자신의 병적 증상이 드러나는 기분과 행동이 다른 이들에게 미치는 영향을 주의 깊게 살필 기회가 될 것입니다.

3장 🔵 병자를 돕는 것: 병식, 병체성, 그리고 자조모임

🐱 병의 퇴로를 차단하는 지식 🐱

병을 이해하는 데 가장 중요한 것 중 하나가 '병식'이다. 병식을 '자신의 병을 자기가 알고 있는 것'이라고 짧게 설명할 수 있지만, 실상은 좀 더 복잡하다. 정신질환은 파악하고 분석할 수 있는 행위와 거리가 멀다. 파악과 분석은 특정 좌표(자기인식)를 기반으로 전후좌우 살펴 이루어지는데, 정신병의 상태에서는 자신이 딛고 있는 곳 자체가 마법의 양탄자처럼 이리저리 날아다녀 버린다. 우리는 시간이 한참 지나서야 과거의 상태를 깨닫거나, 현재 가진 가능성을 평가절하하거나, 미래의 일을 지나치게 과장하거나, 혹은 아예 미래에 무심하거나 하는 다양한 반응을 보인다. 어떤 병들의 경우 사람을 그대로 두고 시간이 먼저 가버리거나, 시간을 저만치 두고 사람이 뛰어가는 등 난리도 아니다. 병식을 갖는다는 것은 (설사 당신이 다른 사람들과 같은 시간대를 살고 있지 않더라도) 자신의 시간을 갖는다는 것이다. 중증의 정신병자들이 흔하게 호소하는 증상이 시간의 결여, 정지 또는 과잉이다.

이 중 당신이 어떤 쪽에 속해 있든, 병과 보냈던 시간의 자신이 어떤 상태였는지 그때가 아닌 '지금에서야' 말할 수 있을 수도 있다. 그런 사이클이 반복될 수도 있다. 그래도 걱정하지 말자. 그 실패의 집산이 모여 병식을 이루는 자양이 된다. 병이 심했던 시간의 감각을 체득하게 되고, 경험적으로 알게 된다. 그리고 병을 인정한다. 정신병은 당신에게 절대 알지 못했던, 알지 못해도 되던 세계를 열어준다. 당신은 원망한다. 당신은 분석한다. 당신은 갖가지 말로 설명하기도 하고 외국어를 배워 갖고 외국말로 하기도 하고 아아 어어 소리만 지르기도 하고 여하간 숨긴 일 없는데 도통 수면 위로 오르지 못하는 그 말을 그 말을 찾지 못해서 자해를 하고 난장을 하고 소리를 지르고 물건을 깨부수고 사람을 괴롭히고 자기를 돕는 사람도 괴롭히고 자기도 제일 많이 괴롭히며 소속과 집단을 떠돌면서 SOS를 친다. 그리고 그 시간이 모여 병식을 피워 올린다.

병이 없는 사람은 병식을 가진, 병식을 가져야 한다는 괴로움을 모른다. 병식은 단순히 '나는 병이 있습니다.' 하고 인정하는 것과 다르다. 병식은 병을 인정하고, 이 병을 관리하는 패턴을 만들며, 병적 상태에서 자신의 행위가 자신 또는 타인에게 가해가 될 수 있다는 점을 인지하고 있다는 의미다. 따라서 '나는 병이 있다.'라고 생각하기만 하는 '병식 없는' 환자 A와, 병식이 있는 환자 B는 똑같이 조증이 와도 그 사고와 행동이 다를 것이다.

예를 들면 A에게 조증이 왔다. A에게도 자신의 상태에 대한 통찰이 있기 때문에 조증 상태가 점점 심해질 것이라는 것을 알고 있다. 그러나 A는 여러 가지 딴생각을 하기 시작한다. '다음 주 병원에 가서 의사에게 조증을 밝혀야 하나? 2주 후에 친구들과 모임이 있는데 그때까지 가만 있다가 '재미 좀 본' 다음에 하이텐션으로 놀고 나서 그때 의사에게 말해도 되지 않을까?' 하고 생각하는 것이다. 그러나 문제는 조증은 규칙적인 속도로 역을 향해 들어오는 기차가 아니라 살얼음에 미끄러져 마구 회전하며 주위의 모든 것을 들이받는 자동차에 가깝다는 것이다. 예측불가한 그 진행 속도에 그대로 올라타버려 그는 친구들과의 모임 전에 이미 사고를 치거나 자신과 타인들에게 불쾌한 일을 벌일 가능성이 높다. 인식한 즉시 빠른 조치를 취하지 않으면 증상이 악화된다는 것을 알고, 조증이 아무리 발버둥치며 달콤한 말을 해도 귀를 막고 자신을 병원에 끌고 가는 것. 후일을 대비하여 미리 조증의 퇴로를 차단하는 이 행동이 병식 있는 병자의 것이며 여러 가지 불상사로부터 병자를 지킨다.

병식을 가진 B의 경우, 조증을 눈치채면 단번에 불려간다. 이름하여 조증 법정으로. "조증 인정하십니까?", "최근 며칠간 50만 원 쓰셨죠? 당장 병원 갑시다.", "자이프렉사(항조증제로 체중이 증가하는 부작용이 있음) 먹고 10킬로그램 찌겠네요. 그래도 가셔야 합니다."라고 말하는 검사와, "아니 아무 문제도 없으시잖습니까. 좋아 보이시는데?", "과장된 걱정을 하시는군요. 기분이 좀 나아지셨을 뿐입니다." 하며 정중하고 뻔뻔하게 부인하는 변호사 사이에 끼어 우왕좌왕할 것이지만, 그래도 그는 판결을 내린다. 그는 여러 수를 생각하지만 결국 머릿속 법정을 폐회하며 과거의 판례, 사고의 전적을 쭉 한번 읊고 '병원에 가라.'라는 판결에 따라 버스에 몸을 싣는다.

당신이 병적 상태에서 아무리 계산하고 생각하고 예측해서 발걸음을 디뎌도 그 길은 당신이 원했던 방향으로 당신을 안내하지 않는다. 그래서 이미 병이 침입한 상태로 병을 다루려 해서는 안 되는 것이다. "이것도 곧 지나가리라."라는 말처럼, "지금 병원에 가라."라는 말 또한 우리에게 언제든 실천할 수 있는 잠언이 될 수 있을 것이다. 그리하여 우리는 옷을 꿰입은 후 병원에 가 고백한다. 이어지는 치료와 치료의 망망대해에 닻을 내린다. 우리는 병식을 가졌으니까.

🐱 '정병러'의 언어들 🐱

오랫동안, 정신병을 앓고 있는 사람들은 마땅한 언어를 갖지 못했다. 정신질환자들이 서로를 지칭할 때 쓰는 용어부터, 병의 증상이나 특징을 설명하고, 때로는 슬퍼하고 울고 웃을 일들을 표현할 만한, 한 집단의 내부에서 사용되는 은어, 약어 등을 찾아보기 힘들었다.

모든 정신병자가 어느 순간 속으로 중얼거려본다. '내가 그 정신병자구나.' '정신병자', '정신질환자' 같은 말들은 우리를 지목하고 호출하며 판단한다. 대부분 병자들이 주변 사람들과 나누는 일상 대화에서 정신질환을 언급해야만 할 때는 "나 '약'을 먹어.", "내일 '상담'에 가."처럼 우회적으로 표현한다. 그러나 모두 알고 있다. 그런 말로는 절대 우리와 병에 대해 설명할 수 없다.

2015년경 SNS에서부터 '정병러'라는 단어가 사용되다가 점차 우후죽순처럼 '정병러'라 자칭하는 이들이 늘어났다. 스스로 '정병러'라 말하는 이들은 범적인 동질감에 기반해 하나의 온라인 문화집단을 형성하기에 이르렀다. '정병러'는 '정신병'이라는 단어와, 행위자를 의미하는 영어 어미 -er의 합성어다. 정신질환을 '정병'으로 축약한 후, 환자, 당사자, 병을 가진 사람을 통틀어 당시 유행하던 조어법, 즉 행위 뒤에 행위자를 의미하는 영어 어미를 붙이는 것으로 만들어진 단어다.

이 자조적이고 조악하며 거친 말 앞에서 거북함을 표현한 '정상인'들이 여럿 있었다. 그러나 '정병러'들은 개의치 않았다. '정신병자인 우리의 삶에는 정신병이 포함되어 있다.' 단지 그 정도의 이야기에 도달하기 위해 정신병자들은 길고 지난한, 변명에 가까운 설명을 해야 했고, 정신병을 밝히는 순간 어쩔 줄 몰라 하는 상대를 안심시키기 위해 안간힘을 써야 했다.

이런 상황에 피로를 느껴왔던 사람들은 간단한, 직접적인, 그리고 자조적일지언정 유머러스한 당사자의 말이 필요했다. 그리고 이

제것 없었던 '우리만의' 지칭을, 자신이 자신을, 너와 내가 서로를 부를 이름을 마침내 가졌다고 느꼈다. 결국 5년이 더 지난 지금에도 '정병'이라는 말은 어떤 의미로든 살아남아 다종다양한 인터넷 커뮤니티에서 계속 사용되고 있다.

'정병러'라는 용어를 인터넷에서 처음 사용했던 사람들 중 하나로서, 나는 정신병에 대해 설명하려는 요량으로 상당 부분 퀴어 문화의 용어를 차용했다. '병체성(병+정체성)'과 '병밍아웃(정신병+커밍아웃)'이 그것이다. 나 자신이 퀴어 당사자이기 때문에 퀴어로 정체화하고 커밍아웃하는 과정이 얼마나 길고 다사다난한지 잘 알고 있다. 주변, 특히 친구나 또래집단을 제외한 곳(학교, 직장, 가족)에 이를 밝히는 것은 아주 난관이다. 이런 경험을 토대로 내 안에서는 정신병과 퀴어 정체성을 밝히는 과정이 자연히 유사한 수순으로 연결되었다.

커밍아웃에서 내가 늘 유념하는 방법론이 있다. 아무리 커밍아웃을 해도 그것은 일회로 끝날 가능성이 높다는 것, 그리고 단발로 끝난다면 상대는 이를 진지하게 받아들이지 않는다는 것이다. 커밍아웃은 한 사람이 퀴어로 '데뷔'하고 박수받으면 끝나는 일보다는 오히려 끝없고 어쩌면 고될지도 모르는 노정의 시작이다. 또 커밍아웃은 필연적으로 그 과정에서 여러 집단과 부딪히고 자신의 정체성을 공고히 하며, 그 과정에서 자아 정체감을 확고히 다지기 위해 스스로 부여하는 일종의 주문이 되어야 한다는 것도 알고 있었다. 그러나 실제로 그 일을 실천하기란 어려웠다. 처음 폐쇄병동에 입원했을 때 나는 부모에게 내가 레즈비언이며, 정신질환자라는 사실을 동시에 통보했다. 그러고는 돌아가는 아버지 손을 붙들고 "나…… 이해하지?"라고 말함으로써 화룡점정을 찍었다.

그저 '내 진짜 모습'이 이런 정신병자고 이런 퀴어라는 걸 사방팔방으로 알리고팠다. 나의 핵심을 구성하는 것, 내가 사랑하는 것들, 내 이야기와 자연스러운 일상을 언제나 숨기거나 거짓말하거나 변명해야만 하는 상황들이 지긋지긋했으니까. 나는 일원으로 받아들여지고 싶었고, 그러려면 가까워져야 하고 대화하며 나를 드러내야 하고 그러기 위해서는 나의 핵심을 상대에게 전달해야 하니까. 그래서 그때 우리는 그렇게 절박했다. 주위의 퀴어 정신질환자 친구들은 그렇게 비슷한 마음으로 비슷한 과정을 거쳐 집을 나가거나 의절당하는 등 험난한 일들을 겪었다.

이런 맥락에서 나는 '병밍아웃'이라는 용어를 사용했다. 이 용어는 명백히 퀴어의 단어를 차용한 것이다. 그리고 정신병을 밝히는 일 역시 1) 반복해야 하고, 2) 말을 꺼낼 상대에 대한 사전 조사가 필요하며, 3) 밝힐 상대 그리고 자신에게 감정적 동요가 발생하여 갈등이 발생할 가능성이 높다.

처음 이러한 맥락을 밝히기 전 '병밍아웃'이라는 용어를 사용했을 때, 그 용어가 '커밍아웃'이라는 단어의 본래 의미를 희석한다는 비판이 있었다. 정신질환자들은 언어를 빌려서 사용한다. 증상이든 기분이든 병증이든, 설명하려는 모든 단어가 아무리 말하고 말해도 항상 적확하지 못한 기분이다. 우리 문화 내부의 언어가 없었기 때문이다. 그래서 '병밍아웃', '정병 아우팅' 같은 단어들이 잠시 폭발적으로 유행했다 사그라지고 다시 또 여럿이 사용했다가 보이지 않다가를 거듭하는 것이다. 자신의 병을 사회적 맥락 속에서 발화해야 하는 이들은 이 '정신병'이라는 것을 어떻게 표현해야 할지 몰라 다른 (비슷한 소수자의) 습속이라든지 문자를 베꼈다. 이에 관해 '퀴어의 소수자성을 지운다.'라고 비판한다면 반론이 있을 수밖에 없다. 퀴어라는 집합의 여집합에 정병러가 있는 것이 아니다. 수많은 이들이 두 집합의 교집합에 속한다. 피차 언어 없는 소수자들끼리, 기저도 서로 공유하고 있는 이들끼리 누가 누구의 언어를 갖다 쓰고 말고 한다고 하나가 다른 하나를 '지울' 만큼 권력이 강대하다고 할 수 있을까?

언어 못지않게, 아니 더욱 중요한 것이 바로 병 정체성이다. 질병은 일회적, 단발적이 아니라 반복적으로, 시간이 지나며 차츰 몸집을 불려 개인의 삶에 누적된다. 그러나 우리는 다른 사건과 달리 병에 대해서는 쉬이 시간성과 인과를 소거한다. '과거에 그랬지.', '지금은 아니야.', '내 성질머리가 좀 더러워.' 하고 착각하기 쉽다. 하지만 병으로 누적된, 병을 수행한 시간은 숨김 폴더에 있는 것뿐, 재발하면 그때 그 모습 그대로 나타난다. 병자들이 절망하는 순간이 바로 여기다.

병중에 타인에게 위해를 끼치거나 자신에게 해를 입힌 일 등은 공중에 내팽개치고, 자신이 괜찮았던, 그럴싸했던 시기만 취사선택하고자 하는 함정에 너무나 쉽게 빠진다. 그러나 그때 그건 '내'가 아니고, 이것저것도 '내'가 한 게 아니라고 밑장 빼면 곤란하다. 우리는 우리 행동의 무게를 지고 가야 한다. 당신이 일으킨 일을 재편하고, 통합하여 서사를 만들어나가는 것이 당신이 해야 할 일이다.

무엇이 변했는지, 우리가 어떤 시간선으로 왔는지, 우리가 행한 일을 이 지평선 어느 면 어느 점에 거둘 수 있을까. 우리는 결정해야 한다.

🐱 스스로 돕는 병자들 🐱

'자조모임'의 자조(自助)는 '스스로 돕는다'는 의미이다. 정신질환을 표현할 수 있는 언어적 수단에는 한계가 있기 때문에, 병자들은 같은 경험을 해봤거나, 같은 시기를 보내는 동류를 찾는다. 그리고 함께 충동적 행위, 일탈, 여타 다양한 시도를 통해 고통과 공허 따위를 해소해보려 하는 것이다. 이런 질풍노도의 시기를 얼추 겪은 뒤, 이번에는 치료에 순응할 마음을 먹기도 한다. 이때 중요한 게 자조집단이다.

조증이 광대히 펼쳐진 사람이 매한가지로 조증이 있는 사람에게 "야, 너 조증이구나.", "약 뭘로 바뀌었냐?", "으악 이만큼 먹는데도 살아 있네." 같은 농담을 들으면 당연하게도 히죽거리게 된다. 정신과 약을 복용한다는 일의 어려움을 함께 말하고, 약의 부작용이나 크기 등에 대해 투덜거리고, 나아가 병을 바탕으로 농담을 하는, 그러니까 병에 대해 기본적인 인식을 공유하는 병자들로 구성된 자조집단은 병자의 마음에 안정을 준다. 더 나아가 물리적으로 도울 수 있는 거리인 경우 구성원의 미세한 SOS를 알아채 같이 식사를 하거나, 청소를 돕거나, 병원까지 동행하거나, 경우에 따라서는 소정의 금전적 도움을 주기도 하는, 넓은 의미의 자조집단까지 확장해볼 수 있겠다.

나는 2016년 초에 '여성 정병러 자조모임'을 개최하였는데, 매월 참여자 대부분 자조모임의 효용에 대해 긍정적으로 반응했다. 어떤 회기에는 열여덟 명이 참여해 비좁은 강의실이 인산인해가 되었다. 자조모임의 성원들은 다양한 정보와 유용한 팁을 공유했다. 차상위 계층 의료지원이나 장애등급 같은 복지 관련 정책, 의사에게 수월하게 얘기하는 방법, 아침 약 안 잊어버리고 복용하는 비결 같은 정보부터 부모의 학대나 학창 시절 괴롭힘을 당한 경험, 가족 갈등 등의 인생사를 이야기하기도 했고, 자기 증상을 설명하면서 비슷한 처지의 참석자의 조언을 받기도 했고, 위기 상황에 처한 사람에게 모두 자기 일처럼 매뉴얼을 전수해주는 등 자그마치 다섯 시간을 얘기했다. 병과 병증, 병으로 인한 에피소드 등의 민감한 개인사가 포함된 대화가 오가는 장이었기 때문에, 이루어진 모든 대화는 익명으로 진행하고 친목을 경계하고 회차별 정해진 주제를 벗어나지 않도록 규칙을 정하고 진행했다. 특히 '자살'을 주제로 모임을 열었을 때는 나 또한 당시 심각한 자살 시도를 한 지 얼마 지나지 않았을 때였다. 진지한 대화를 나눌 수 있어 혼자서는 절대 할 수 없는 방식으로 자살이라는 주제를 생각하고 매듭지을 수 있었던 기억이 있다.

이 자조모임을 필두로 SNS에서는 각 지역의 정병러 자조모임이 만들어져 운영되었다. 또 '청소년 정병러 자조모임', '퀴어 정병러 자조모임'같이 특수한 자조모임도 생겨났다. 물론 그 모든 시도들이 반드시 성공적이었던 것은 아니다. 그러나 정신질환을 앓는 사람들이 자조의 목적을 위해 사회적인 모임을 꾸릴 수 있다는 사실이 증명된 것이었다.

'정신병자들이 모인다.'고 하면 듣는 사람 대부분이 부정적인 반응을 보인다. 전문가를 동반하지 않으면 무슨 불상사가 일어날지 모른다는 둥, 그러다 사고가 나면 어쩌냐는 둥 막연히 불신한다. 그러나 참여해본 사람들은 알겠지만 자조모임은 오히려 월요일 아침 회의 시간과 더 흡사한 분위기다. 사람들은 진지하게 둘러앉아 토론을 하며, 다른 이의 고통에 대해 자기 일처럼 고민한다. 세간의 편견과 다르게, 정신병을 가진 사람들이 만난다고 해서 서로 해를 끼치며 자해 파티를 하거나, 파괴적인 행위를 서로 권하고 즐기며 앞다투어 반사회적 행동을 일삼는 것이 아니라는 의미다. 소속 집단에서 일어나는 문제에 진지하게 임하며, 모임에서 생겨나는 갈등을 해결하고, 상황을 살펴 대응하고 일을 처리하는 많은 사람 중에 정신병자 또한 존재한다.

　나는 자기 주변의 사람들과 자조집단을 꾸려보기를 권한다. 월 례회의 같은 자조모임만 있는 게 아니다. 자조집단은 마음이 맞는 주변 사람과 얼마든지 만들어볼 수 있다. 유의할 점은 '이 사람을 바 닥에서 끌어올리자.'와 같은 비장한 목표를 갖는 게 아닌, 적당한 거 리감을 유지하는 것이다. 병자들이 주기적, 지속적으로 외출과 같은 사회활동을 하도록 서로 장려하는 동시에 자신의 상태에 대해 정기 적으로 알릴 수 있는 느슨한 모임을 말이다.

4장 💊 고양이처럼: 우울증 환자가 삶을 운영하려면

리단 안녕하세요? 고양이 선생님. 리단입니다. 우울증 환자들에게 도움이 될 수 있는 조언들, 그리고 우울증 환자를 주변에 둔 사람들을 위한 얘기들을 들려주십사 자리를 마련했습니다. 선생님은 여러 우울증 환자들과 함께 생활하면서, 극심한 우울장애를 겪는 이들을 아끼고 사랑해오셨지요. 그 과정에서 우울증에 유의미한 접근법을 다수 발견하셨다고 알고 있는데요.

고양이 안녕하세요. 반갑습니다. 저는 고양이입니다. 우울장애나 정신질환은 제 전공 분야는 아니지만 저의 삶에 큰 연관이 있는 주제이며 항상 머리에 이고 있는 숙제이기도 합니다. 중증이 아니라도 우울증이 재발한 사람들, 우울증이 만성화된 사람들은 중증 우울증으로 곤두박질치기 쉽습니다. 우리는 기약 없는 우울증에 탑승한 채로 생활을 영위해야 하는데 이것은 보통 일이 아닙니다. 우울증 한복판에 놓인 사람들은 모두 무엇인가와 싸우고 있습니다. 그것은 물리적 형체를 가진 것이든, 추상적인 형상이든 언제나 우리의 일상을 절망케 하고, 삶과 자신을 유리되게 하며, 사람들과 갈등을 빚게 합니다. 중증 우울증 환자들의 양태를 분석하고 어떻게 하면 우리가 좀 더 잘 우울 삽화에서 살아남을 수 있을지 그 접근법을 공유하고자 합니다.

리단 다음과 같은 증상을 보이는 우울증 환자는 스스로, 혹은 주변에서 어떻게 해야 할까요?

> ★ 하루종일 침대에만 누워 있는 경우
>
> ★ 바깥에 나가지 않는 경우
>
> ★ 씻지 않는 경우
>
> ★ 집구석이 개판인 경우

고양이 우울증을 앓게 되면 우울증 환자의 세계는 점진적으로 축소됩니다. 처음에는 여타 사람들처럼 사회생활을 하고 무리와 소속에 어울리기도 하지만 이런 일들이 점점 힘들어지고 사람을 만나는 횟수, 외출하는 횟수가 급격히 줄어듭니다. 대인관계에만 해당하는 것이 아닙니다. 처음엔 어디든 갈 수 있으나 점점 자신이 편하게 여기는 공간들의 수가 줄어듭니다. 탈 수 있는 교통수단도 줄어듭니다. 지하철을 사용할 수 없고, 버스를 이용할 수 없게 되면 그의 반경은 집 주변으로만 줄어듭니다. 그리고 외출조차 꺼리게 되면 집 안으로 한정되고, 침대에서 일어날 수 없게 되면 침대로 한정됩니다. 최종적으로는 자기 육체, 신체에 대한 감각도 사라져 자신을 돌볼 수단도 방법도 필요도 느끼지 못합니다. 질문하신 사례들은 모두 우울증 환자의 반경이 집 안, 침대, 신체로 축소되는 현상을 보여줍니다.

이런 상황에 처했을 때에는 육체→침대→방→집 순서로 회복하는 것이 아니라 전체를 한 번에 해결해야 합니다. 왜냐고요? 예를 들어, 모처럼 씻고 나왔다고 합시다. 그러나 수건은 지저분하고, 바닥의 이물질이 깨끗한 발바닥에 달라붙습니다. 그러는 순간부터 다시 우울이 덮치기 때문입니다. 저는 청소 서비스를 추천합니다. 앱을 다운받아 신청하면 자신이 일정과 시간을 정할 수 있고, 얼굴을 마주치지 않은 채 밖에 두어 시간 나와 있다 들어가면 말끔히 청소와 빨래가 된 집에 들어갈 수 있습니다. 그때 몸을 씻고 나오면 순식간에 중첩된 생활환경과 위생 문제가 해결될 수 있기 때문입니다. 저는 거실이 있는 투룸에 거주하는데, 빨래를 포함한 청소 전부를 5만 원(2020년 기준) 이내로 해결할 수 있었습니다. 일정 정도 우울증에서 회복하기까지 이런 서비스에 청소와 환경 관리를 맡긴다면 한결 수월하게 회복에 집중할 수 있습니다.

리단 아래와 같은 경우에는 어떤 식으로 접근해야 할까요, 고양이 선생님?

> ★ 자해를 하면 기분이 나아지는 경우
>
> ★ 매일 술을 마시는 경우
>
> ★ 자살 얘기를 반복하는 경우
>
> ★ 자신을 위험에 처하게 하는 행위를 일부러 하는 경우

고양이 자해와 자살사고, 혹은 자살 시도는 우울증의 매우 빈번한 증상입니다. 저는 딱 두 가지만 말씀드리고 싶습니다. 자해를 말릴 수는 없다, 그러나 상대방이 평소와 다른(수법, 정도, 위치의) 자해를 한다면 분명히 "네가 이전에 하던 자해/자살 시도와 매우 다르다."라고 고지하고 그 이상함을 병원에 가 얘기해보라고 하라. 왜냐하면 자해 수법은 반복행동의 과정을 거치며 서서히 진화하기 때문입니다. 그래서 돌연 달라진 수법은 많은 것을 암시합니다. 특히 만에 하나 그 사람이 실수로 죽을 수도 있다는 것까지도요. 자해가 함의하는 것은 매우 많습니다. 결코 한 가지가 아니며 여러 의미가 공존할 수 있습니다. 때문에 자해는 반드시 '타인에게 보내는 SOS'도 아닐 뿐더러, '끔찍한, 다시는 일어나면 안 되는 금기'도 아닙니다. 관심을

받으려는 행동도 아닐 가능성이 있고요. 비록 20대 중반을 기점으로 자해 욕구 자체가 하락하는 양상을 보이지만, 때로 나이를 가리지 않고 욕구가 잔존할 수 있습니다.

자해가 비교적 능동적인 행동 양태라면, 그와 달리 수동적인, 자신을 위험과 궁극적 자살에 이르게 하는 행동 습관이 있습니다. 가령 술을 매일 마시는 알코올중독자라고 반드시 자살하는 것은 아니지만, 술을 마시기만 하면 소위 '개가 되어' 싸움을 붙이거나 싸우거나 차로로 뛰거나 높은 곳에 올라가거나 충동적인 섹스를 하거나 하는 일은 셀 수 없이 많이 일어날 수 있습니다. 이런 '내버려둔' 습관이 더 위험하며 버릇이 되어 그 사람의 정체성에 개입하게 될 가능성이 큽니다. 능동적인 형태의 자해는 자신의 욕구가 줄어들면 함께 사그라지지만, 버릇으로 남은 해로운 습관은 환경과 조건이 맞아떨어지면 항상 부상하기 때문입니다.

리단 아래와 같은 경우는 자신의 병증에 대해 설명을 하기도 어렵고, 설명을 하더라도 사람들의 설득을 끌어낼 수 없을 것 같은데요. 이와 같은 때에는 어떻게 하나요?

* 의사소통이 안 될 정도로 언어가 빈약해진 경우
* 감정을 못 느끼는 것 같은 경우
* 이상한 생각(bizarre thought)을 하는 경우

고양이 우울증이 절망적인 이유는 언어를 앗아가기 때문입니다. 우울증 환자들은 자신의 병을 설명하는 데에서부터 난관에 봉착합니다. 우울증 환자의 언어는 우울증 환자의 세계가 좁아지듯 소실됩니다. 언어의 입력 또한 온전히 이뤄지지 않고요. 우울한 사람들은 언어 바깥의 모호하고 불분명한 것들을 가지고 사고를 진행합니다. 생각이 반드시 활자와 현실 이미지를 그대로 차용해서 이뤄지는 것이 아니기 때문입니다. 우울증 환자들이 가장 많이 하는 말 중 하나가 "잘 모르겠다."입니다. 언어가 우울증 환자와 현실의 연결고리가 될 수 없음을 환자도, 주변 사람도 알아야 합니다. 교류는 반드시 행동으로, 혹은 언행으로 구성해야 합니다.

예를 들어보겠습니다. 제 동거 인간 한 명은 약 1년에 걸친 우울 삽화 중 자기는 너무 쓸모가 없기 때문에 먹을 자격이 없다고 생각해 식사를 등한시하는 행동을 보였습니다. 그런 이에게는 아무리 "너는 쓸모가 있어, 밥을 먹어도 돼."라고 말해도 들리지 않습니다. 이런 경우 차라리 식사를 2인분 차려서 함께 먹자고 권하며 자리에 앉히는 것이 훨씬 도움이 됩니다.

우울증 환자들은 대개 감정이나 정동의 둔마를 띠고 있고 말하는 것이나 반응하는 것이 느려 보이는 경우가 있습니다. 그러한 이상 행동, 강박행동이 나타나고, 눈치챌 수 있을 만큼 언행이 둔해진 경우, 그의 시간 감각과 행동 습관을 지켜봐주는 것이 제일 좋은 해법입니다. "너 왜 그러니?", "왜 이렇게 말을 느리게 하냐?", "어디 아프냐?" 같은 질문은 환자에게 자극적입니다. 병자가 자신의 병이 밖으로 노출되었다는 사실을 지적당한 것으로 여겨 깊은 수치심을 느낍니다. 그리고 오히려 문제가 되는 사고방식, 행동방식을 적극적으로 감추려 하기 때문에 결과적으로 환자가 장애적 상황에서 벗어나는 시간을 늦춥니다.

리단 이런 문제는 어떻게 해결할 수 있을까요, 고양이 선생님?

> ★ 이 사람이 병원에 가봐야 할 것 같은데 데리고
>   갈 사이는 아닌 경우
> ★ 같이 있으면 우울이 전염될 수준인 경우

고양이 위의 사례들은 모두 '개입'과 관련이 있습니다. 개입의 과정에서 가장 우선으로 고려해야 할 것은 개입의 대상이 아닌 개입자 자신입니다. 명심하십시오. 우리 주변에는 어려운 정신병자들이 너무 많고, 모두에게 도움을 줄 수는 없습니다. 거리가 먼 관계부터 차근히 생각해봅시다. 이를테면 자신이 SNS상에서만 알고 있는 지인

인데 그가 가정에서 문제에 처했을 때 과연 감히 "집을 나가라, 쉼터로 가라." 등의 얘기를 할 수 있을까요? 그리고 역으로 만일 자신이 온라인에서만 아는 사람에게 "그렇게 살지 말고 집을 나가라."라는 말을 듣는다면 당신은 과연 행동할 수 있을까요? 돕고 싶지만 거리가 먼 온라인 이웃의 삶을 바꿀 수 있는 일들은 거의 없습니다.

우울의 전염은 우리의 선의를 괴롭게 합니다. 상대의 기약 없는 우울증에 함께 탑승하는 것이기 때문입니다. 우울은 힘이 세며, 전염됩니다. 도우려 하던 사람이 같이 우울해지는 경우는 너무나 흔합니다. 병자의 감정에 일정 정도의 거리를 두어야 합니다. 어렵지만 표면적으로라도 거리 유지의 제스처를 보이는 것이 중요합니다. 예를 들면 알코올중독인 아버지가 술을 달라고 떼를 쓰고 방을 뒤집고 있어도 남은 가족들은 저녁 밥상에 앉아 아무 일도 없다는 듯 TV를 보며 자기 밥그릇을 비워야 가정이 유지되는 것처럼요. 상대의 우울에 빨려 들어가지 마십시오. 상대가 밥을 먹지 않아도, 잠만 자고 집안일을 하지 않아도 자신의 생활 스케줄만큼은 흔들리면 안 됩니다. 그렇게 자신이 버티고 있어야 후에 조금 호전된 우울증 환자가 짚고 일어설 생활환경의 토대가 됩니다.

리단 우울증과 자살은 떼려야 뗄 수 없는 관계죠. 이런 상황에 놓여 있는 사람들에게 한 말씀 해주시길 바랍니다.

고양이 우리는 자살과 자살 시도, 그리고 자살자가 주위에 있는 상태에 대해 이해가 부족합니다. 누군가 자살 기도를 했다고 하면 그것이 얼마나 죽음에 가까운 시도였는지, 즉 얼마나 위험했는지, 죽을 뻔했는지를 두고 그의 진정성을 따집니다. 또 주변에 자살자가 있다고 하면 사망자가 얼마나 가까운 사람이었는지를 두고 그 사람이 받았을 충격을 은연중에 계산합니다. 리단 님은 만약 '한강 투신자살 기도'라고 하면 어떤 상태를 상상하시나요?

리단 강물에 떨어져 구조대에 구조되어 살아난 것을 상상하지요.

고양이 그렇죠. 뛰어내렸느냐 아니냐는 사실 아주 큰 가름 선이 됩니다. 왜냐면 이런 극심한 자살 기도를 실행한 순간 그의 삶은 한 번 끝난 거거든요. 깨어나서 다시 현실에 내던져졌을 때 이 사람은 적응에 많은 어려움을 겪습니다. 리단 님은 자살한 자들이 가는 공간이 따로 존재한다는 말을 하신 적이 있지요. 저도 비슷한 것을 상정합니다. 자살에서 살아 돌아온 사람을 대할 때 저의 원칙이 이것입니다.

그가 얼마나 죽고 싶었는지, 얼마나 심각한 시도를 했는지에 상관없이, 또는 객관적으로 봤을 때 별것 아닌 것을 자살 시도라고 말하더라도 그것을 얕잡아 대하지 않는 것입니다. 자살을 기도한 사람들이 겪는 공백, 그들에게 시도 직후부터 시작된 '비현실감'을 그 사람이 충분히 느끼고 다음 단계로 넘어가 다시 사회에 복귀할 수 있을 여백을 만들어주는 겁니다. 요약하자면 자살하고자 했던 이에게 자신이 처한 새로운 변화에 적응할 시간을 주는 것입니다. 자살의 정황이나 기타 사항들에 대해 질문해도 좋고 그렇지 않고 묵묵히 있어도 상관없습니다. 그리고 반드시 본인의 템포를 유지하며 자살 관련자 특유의 공기에 과몰입하지 않는 것이 중요합니다.

만약 자살한 사람이 주위에 있는 경우 그를 기억하는 것이 당신의 책무처럼 느껴질 수 있습니다. 더는 그와 아무런 상호작용을 하지 못한다는 것이 인생의 큰 공허가 되고요. 당신은 기일을 전후해 삽화를 겪을 수 있습니다. 죄책감에 시달릴 수도 있습니다. 그가 남긴 기록에 집착할 수 있습니다. 때때로 그의 죽음이 내 머릿속에서 꾸며낸 거짓이 아닌지 생각할 수 있고, 정작 확인은 할 수는 없을 수도 있습니다. 그러나 한 가지는 명백합니다. 애도는 산 자의 특권입니다.

리단 이런 경우엔 어떻게 할까요?

고양이 우울증 환자들은 그들이 상상하는 정상 상태보다 기능이 저하된 경우가 많습니다. 그럼에도 우울증 환자는 자신이 그렇게까지는 나빠지지 않았음을 증명해 보이려는 시도를 많이 합니다. 그리고 그 시도들은 좌절되기 일쑤고 우울증 환자들을 더욱 괴롭게 합니다. 특히 직장이나 학교 등에서 사회적인 문제에 부딪혀 크게 실패를 하고 나면 우울증 환자는 쪼그라들어서 숨거나 도망치거나 도피합니다. 그리고 불행히도 이 순환은 계속됩니다. 우울증 환자는 자신이 다시 도전할 수 있도록 재정적 지원을 받으면, 컨디션이 좋으면, 다른 문제가 발생하지 않으면 괜찮을 것이라 믿을 수도 있지만, 누구도 그렇게 장담할 수는 없을 것입니다. 다만 우리가 도울 수 있는 게 있다면, 우울증 환자가 다시 도전하려 할 때에 심적, 물적으로 지원하는 것입니다. 같은 사고가 반복되거나 같은 실수를 반복하는 상태의 우울증은 아직 기회가 많은 상태라고 볼 수 있습니다. 병자가 이런저런 시도를 끊임없이 해오고 있다는 증거이니까요. 여건이 맞으면 그들이 필요로 하는 도움을 적시에 줄 수 있다는 의미가 될 수도 있습니다.

또 실패했을 경우 비난의 제스처를 취하지 않는 것도 핵심입니다. 비난이나 실망과 같은 노골적인 표현은 안 그래도 자신을 비난하고 있는 우울증 환자에게 독과 같습니다. 특히 충격요법이라고 흔히 말하는 '심한 말'을 퍼붓는 경우도 있는데, 자극이 되기는커녕 평생 마음의 상처로 남았다는 우울증 환자들의 고백이 수두룩하기 때문에 절대 해서는 안 되는 일입니다. 지지적인 표현과 담담한 반응을 유지하는 것이 가장 낫겠습니다. 우울증 환자의 가장 탁월한 능력 중 하나는 빈말로 위로하려는 상대의 의도를 읽어내는 능력이기 때문에, 가만히 곁에 있어주는 것이 더 나을 수도 있습니다. 하다못해 밥 한 끼, 음료 한 잔 사는 것이 백 마디 말보다 마음에 위로가 될 수도 있습니다.

리단 우울증으로 인해 체중 증가와 체력 저하를 호소하는 이들이 많은데 어떤 식으로 해결할 수 있을까요? 자신의 모습이 매우 추하다고 생각하는 경우, 주변 사람들은 뭐라고 말해줘야 할까요?

고양이 주변 사람들은 한 가지만 기억하시면 됩니다. 요즘 살이 쪘다는 둥, 우울증 환자가 이미 알고 있는 사실을 입 밖에 내지 않는 것. 하지만 이 작은 사실을 말하지 않기란 쉽지 않은 모양입니다.(웃음) 우울증으로 이미 고통받고 있는 사람들에게 그런 말을 하는 것은 "나는 너랑 관계를 지속하고 싶지 않다."라는 말과 다름없습니다.

　우울증 환자들이 경험하는 것 중 하나가 자신을 평가절하하는 스스로의 시선입니다. 외모 변화가 없더라도 종종 자신을 스스로 추하다고 여깁니다. 외출을 나갈 수 있을 정도로 호전되었다 해도 외출 시도가 두 번 중 한 번은 좌절됩니다. 거울을 보고 '이런 모습으로 나갈 수 없다.'라고 생각하기 때문이죠. 급격한 체중 변화를 겪은 우울증 환자들은 이미 자신의 체중 증가를 너무나도 확고하게 인지하고 있기 때문에 체중과 관련한 일상적인 대화 자체에도 민감합니다. 우울증 환자를 움직이게 하고 싶다면, 당신도 움직여야 합니다. 사람이 많지 않은 조용한 산책길을 골라 함께 걷는 것은 언제나 환영입니다. 걷는 것 이상으로 움직이게 하고 싶고, 식단도 조절시키고 싶다면 채소를 사서 방문하세요. 스틱 형태로 잘라 절반은 같이 먹고 절반은 냉장고에 두면 그가 먹습니다. 더 움직이게 하고 싶다면 돈을 들이세요. 그가 하고자 하는 장면을 실현할 수 있게 학원이든 운동이든 등록비를 주세요. 그리고 이 기술은 우울증자 자신에게도 해당되는 말입니다. 스스로에게 먹이를 주세요. 물을 주고요. 한 주에 한 가지의 채소를 사서 먹이십시오.

이는 중증 우울증자에게 유용한 방법입니다. 자신이 하고 싶은 것을 구체적으로 설명하기 어려워하는 이들에게 장면을 생각하게 하는 겁니다. "뭘 하고 싶어?"가 아니라 "뭘 보고 싶어? 뭘 듣고 싶어? 어떤 온도가 좋아?" 이런 식으로 구체적으로 물어보면 해당하는 장소를 고를 수 있습니다. 바다를 보고 싶다, 조개껍질을 줍고 싶다, 바다에서 수영을 하고 싶다고 하면 그 특정한 곳(아열대, 해변에 인접한 곳)에 갈 계획을 함께 세웁니다. 해당하는 곳이 오키나와라면 오키나와로 가는 비행편을 알아보고, 숙소를 잡고, 수영복과 입을 옷을 고르고 떠납니다. 도착해서 관광이고 뭐고 필요 없습니다. 그가 생각했던 그 장면으로 가는 겁니다. 이렇게 하나의 장면을 달성하면 중증 우울증자에게는 여러 변수들을 거치고 통과해 얻은 귀중한 시간, 공간, 기억이 됩니다.

　마찬가지 방식으로 국내 여행, 도시 방문, 짧은 소풍을 계획할 수 있습니다. 우울증이 심하면 장소를 환자의 가능 반경 안으로 좁혀 고르면 됩니다.

리단　덧붙여 질문하고 싶은 점은 금전에 대한 것입니다. 이를테면 계속 금전적인 곤란으로 힘들어하는 병자가 있습니다. 이 사람을 돕고 싶지만 제게도 재정적인 한계가 있기 때문에, 어디까지 어떤 식으로 도움을 주어야 하는지 잘 모르겠습니다. 돈을 주는 게 나을까요? 현물을 주는 게 나을까요?

고양이　금전 문제는 병이 없는 사람에게도 고통스러운 문제입니다. 하물며 정신질환이 있는 상태에서 금전 문제가 결합되면 보통은, 대개는 자살을 함께 고려하게 됩니다. 우울증 환자는 이미 우울증 그자체로 소요되는 비용이 많습니다.

　중증의 세계는 돈이 많이 듭니다. 그것은 병원비나 약값이 늘어나는 정도의 문제가 아니라, 중증 우울증 환자에게 들어가는 기본 비용이 아주 높다는 의미입니다. 단지 의식주 문제가 아닙니다. 중증 우울증 환자들은 자신의 기분을 조금이라도 낮게 해주거나 자신의 삶을 혁신적으로 바꿔줄 외부 변수를 언제나 갈망하기 때문에 잦은 소비를 합니다. 반드시 사지 않아도 될 1만 원짜리 물건을 열 개 사는 식으로 말입니다. 중증 우울증 환자들의 공간은 호딩(hoarding)의 공간이 되기 쉬우며, 또 그렇게 산 물건은 (불필요한 소비를 했다는 패배감이 느껴지므로) 쳐다보기도 싫고 처분하기도 귀찮아하기 때문에 언제나 짐짝처럼 취급됩니다.

우울증 환자들이 올바른 금전 감각을 갖기란 쉽지 않습니다. 그에게 필요한 것은 재무 컨설팅이 아닙니다. 자신이 사용하는 금전의 현실적 가치를 아는 것이 먼저입니다. 이를테면 1만 원에 해당하는 노동은 무엇이고 얼마나 소요될지 계산해본다든지, 1만 원으로 교환할 수 있는 가치에 대해 목록을 만드는 것이 도움이 되며 이것이 5만원, 10만 원, 100만 원 등으로 확장될 때 훨씬 적절한 소비를 할 수 있습니다. 돈을 굴릴 수 있는 능력을 가져야 자본주의 사회 안에서 머물 수 있습니다. 노동을 상상하기 어렵다면 먼저 물품이나 재화로 환산해보는 것을 추천합니다. 의외로 1만 원의 가치는 1만 원의 물품을 쇼핑했을 때 얻을 수 있는 만족감과 사뭇 다를지도 모릅니다. 이 상황을 타개하는 가장 빠른 방법은 직접 돈을 버는 것이지만, 미래를 상상하기 어렵고 노동하기 쉽지 않은 환자들에겐 이 허들이 아주 높을 것입니다. 그런 경우에는 자신의 낮은 금전 감각을 인정하고 하루에 많은 돈을 쓰거나 낭비하지 않도록 금지 장치를 걸어둬 필요한 돈이 다른 곳으로 흘러가지 않도록 방지하는 편을 권합니다.

우울증 환자의 주변 사람들이 우울증 환자에게 쉽게 도움을 주는 방법이라고 가장 먼저 생각하는 것은 당장 필요한 만큼의 돈을 보태주는 일입니다. 그런데 이 '필요한 만큼'은 누구나 다르게 해석할 수 있기 때문에, 그 사람과 당신의 관계나 그 사람의 병적 상태에 따라 신중하게 생각한 후 내려야 할 선택입니다. 우울증 환자가 굉장히 위험한 상태(자살 고위험군, 병원비나 당장의 식비도 없음, 주거 불안정, 폭력에 노출되어 있음)라면 일단 공공기관에 연락하여 우울증 환자가 복지 시스템과 무사히 연결될 수 있도록 하는 것이 먼저입니다.

그런 위급한 경우가 아니라면, 차라리 그에게 필요한 물품이나 생필품을 보내주는 편이 나을 수도 있습니다. 가까운 거리에 있다면 함께 필요한 물건을 사러 가는 것도 좋은 선택입니다. 하지만 무엇보다 자신이 충분히 물질적으로 여유가 있는지, 일시적으로 돕고 싶은 마음이 드는 건지 스스로에게 물어보세요. 한두 번 작은 도움을 주는 정도는 할 수 있습니다. 그러나 장기적으로 한 인간에게 지속적인 도움을 줄 수 있을 만큼 당신이 여유롭고 건강한 상태인지 먼저 판단해야 합니다. 우울증 환자가 매우 가난하고 열악한 상황인 경우 한 개인이 그 인생을 구원하기는 어려운 일입니다.

리단 그렇군요. 여러 얘기를 아주 인상 깊게 들었습니다.

고양이 우울증의 끝은 누구도 예상할 수 없습니다. 호전세를 보이다 다시 보합 상태로 머물 수 있고, 지속적으로 나빠지다가 어느 순간 다시 '정상'의 궤도에 오르기도 합니다. 하지만 기본적으로 숙지해야 할 것은 우울증을 자신이 조절할 수 없다는 사실입니다. 이것은 당신이 할 수 있는 일은 없다는 뜻이 아닙니다. 당신의 가능 범위 밖에 있는 것이므로 우울증을 물리치기 위해 없는 힘을 짜내지 말라는 의미입니다. 우울증을 다루고자 할 때, 사람마다 효과가 있는 방법이 다르므로 남들이 추천하는 행동들을 모두 다 해보고 진력이 나고 좌절할 필요 없이 자신에게 적합한 방법을 찾는 것이 우선이라는 뜻입니다. 누구도 당신에게 이번 우울증은 한 달 갈 거야, 6개월 갈 거야, 1년 이상 소요될 거야 하고 알려주지 않을뿐더러 당신도 자신의 병의 예후와 기간을 짐작할 수 없습니다. 우리가 나아가야 할 길은 우울증이 얼마나 길게 지속되든 그것에 대항하는 저항성, 회복탄력성을 갖추는 것입니다.

리단 우울증에 대처하는, 혹은 현재 자신의 우울증에 저항하는 법은 무엇일까요?

고양이 우울증은 단절의 병입니다. 내가 오늘 우울증에 맞서 씻고,

먹고, 외출하고, 직장에 나가거나 사회적으로 괜찮은 인간을 연출하고 만족스럽게 잠자리에 들더라도 다음 날엔 끔찍한 기분으로 눈을 뜰 수도 있습니다. 지금 조금 괜찮지만 언제라도 이 길에서 추락할 것만 같습니다. 무엇이든 이어지리라는 보장이 어디에도 없습니다. 나빠질 것이라는 확신만이 있습니다. 이것이 우울증의 가장 지긋지긋한 점입니다. 확실한 것은 무가치함, 쓸모없음, 무기력, 무능력, 자신의 추한 모습과 기분, 감정, 정동의 둔마가 또다시 찾아올 거라는 사실입니다. 우울증 환자들에게는 이것이야말로 끈덕지게 달라붙어 아무리 씻어도 씻어도 벗겨지지 않는 진실입니다.

우울증 환자들은 자기 내면에서 갑자기 긍정적인 무언가가 솟아날 것이라 생각하지 않습니다. 이미 자신의 기본값은 아무것도 느끼지 못하고, 감각하지 못하고, 기력이 없고, 힘이 없고, 삶을 구성하는 기초적인 행위조차 어려운 상태이므로. 우울증 환자들은 자신을 과소평가합니다. 많은 경우 스스로 쓸모없고 능력도 없고 타인에게 어떤 긍정적인 인상도 영향도 줄 수 없다고 판단합니다. 더 심각한 경우에는 자기는 아무것도 하지 않는 무가치한 존재이기 때문에 길가의 개미보다 가치가 없다고 진지하게 믿습니다.

우울증 환자의 생각은 비슷하면서도 다른 두 방향으로 흐르는데, 첫째로 외부에서 무언가 혁신적인 일이 일어나 삶이 바뀌기만을 고대하는 케이스입니다. 세상의 멸망을 상상하거나, 전쟁이나 갑작스런 사고, 재난 등이 일어나면 그때야말로 벼랑 끝으로 몰린 자신에게 새로운 세계(파국이나 죽음)가 닥쳐올 거라고 생각합니다. 둘째는 자신의 삶을 영원히 바꿀 확실한 방법인 자살에 몰두하는 케이스입니다. 이런 상태까지 온 우울증 환자가 조금이라도 병에 저항하려면 오로지 시간을 보내는 방법을 익히는 수밖에 없다고 해도 무방합니다.

아주 간단히 말하자면 벽에 못을 정확히 박을 때나 무거운 화분을 조심스레 옮길 때는 우울함이 힘을 발휘할 수 없는 이치입니다. 여러 신체 기관이 협동해 할 수 있는 많은 일을 일과 사이사이에 끼워 넣어봅시다. 거창한 것이 아니어도 좋습니다. 방 정리, 대청소, 설거지, 짐 옮기기, 침구 정리, 양말 짝 찾기, 빨래 각 잡고 개기 등의 가사노동에서부터 시작해보세요. 행위 하나하나에 집중하면서 해보세요. 정확성과 반복성, 그리고 시간을 보내는 법을 우리에게 가르쳐줄 것입니다.

꼭 이런 방법이 아니더라도 당신만의 방법을 찾아보십시오. 상태가 호전될수록 운동이나 취미 가지기 등으로 확장할 수 있습니다. 감정에 질식할 것만 같다고 느낄 때는 미리 정한 특정 행동을 당장 시작합니다. 연속되는 우울의 줄기를 찰나에 인지하고 행동으로써 끊어내는 이 방법은 정말 실천하기 어려울 수도 있겠지만, 숙련된다면 매우 강력한 당신만의 저항법이 될 것입니다.

리단 마지막으로, 우울증 환자로서 어떤 노력이 가능하다고 생각하시나요?

고양이 우울증 환자는 노력을 합니다. 아주 많이 합니다. 다만 그 노력의 방향에 대해 잘 알지 못한다는 점에 주목해야 합니다. 이를테면 제가 목격한 많은 청년층 우울증 환자들이 호소하는 증상이 기억력 감퇴, 난독, 쓰고 읽는 능력의 저하 등의 문제였습니다. 이들은 글을 다시 읽기 위해 무진 애를 씁니다. 페이지를 누차 읽기도 하며, 노트를 사서 필사를 하기도 합니다. 대부분 당면한 학업이 있는 그들에게 읽고 쓰는 능력은 자신의 존재 가치와도 결부되어 있기 때문에 이것을 잃는다는 것을 몹시 끔찍하게 생각합니다. 그러나 실질적으로 중증 우울증 상태에, 뇌 기능이 저하된 상태에 놓인 사람에게 '옛날처럼' 독해하라는 것은 너무 과중한 요구입니다. 많은 우울증 환자들이 비슷한 경험을 합니다. 이전처럼 착착 책장이 넘어가지 않고 문장도 확확 들어오지 않아 일차적으로 좌절을 하고, 필사를 하거나 일기를 쓰기 위해 비싼 노트를 구입하고 만년필도 구입해서 시험해보지만 다섯 페이지를 넘기지 않았을 것입니다. 그리고 그런 노트들이 쌓일수록 당신은 자신의 능력에 대해 체념하게 되고 억울해지고 그런 것도 못하는 자신을 원망할 것입니다.

　우울증 환자로서 자신의 가능성을 최대치로 올리려는 시도를 성공적으로 해낼 수 있을까요? 그리고 과거에 자기가 밟았던 고지에 지금의 상태로 다시 오를 수 있을까요? 그런 싸움이라면 당신은 반드시 패배할 수밖에 없습니다. 당신의 목표는 예전의 능력을 다시 획득하는 것이 아닙니다. 당신은 일시적 장애를 겪고 기능을 회복시키려는 상태의 환자가 아닙니다. 가지고 있던 것을 전부 잃어버린 사람입니다. 모든 것이 끝났다는 말이 결코 아닙니다. 당신의 시작 지점이 여기다, 라고 말하는 것입니다. 따라서 절대 능력을 위주로 고려하지 마십시오. 당신의 능력도 병과 싸우고 있는 중입니다.

우울증 환자는 자기의 삶을 운영하는 주체가 되어야 살아남을 수 있습니다. 규칙, 반복, 훈련 등을 적극적으로 삶에 가져오세요. 행동과 행동을 엮어서, 도미노를 넘어뜨리듯 행동의 연쇄를 이어지게 하십시오. 꼭 자신을 긍정하고 사랑하지 않아도 됩니다. 이제 우리는 기분이 사람을 구원할 수 있던 시기를 지났습니다. 오로지 움직이십시오. 고양이들처럼. 충분히 잠자고 맑은 물을 마시는 고양이처럼.

5장 ⬤ 정직한 자들이 가는 지옥, 조증

조증이 처음 발발한 사람들은 이것을 가히 신이 자신에게 내린 선물인 것처럼 받아들인다. 그들은 뭐든지 할 수 있고 또한 뭐든지 될 수 있었다. 조증을 딛고 솟아난 인생. 그러나 몇 차례 재발하게 됐을 때 조증 환자는 비로소 시름에 잠긴다. 아직 조증이 망칠 미래가 선명하지 않은 이들은 이 과정에서 조증을 숨긴다. 일이 터졌을 때야 조증을 재우려 한다. 그리고 마지막으로 모든 조증이 어떤 식으로든 자신을 벼랑으로 몬다는 걸 알게 된 조증 환자들은 솔직해진다. 그들은 증상이 생겨나기도 전에, 예감이 들었을 때 즉시 병원에 간다. 그리고 그전까지 먹던 모든 약들을 항조증 약으로 바꾸고, 거대한 데파코트와 줄줄이 이어지는 리튬과 라믹탈과 셀 수 없는 알프라졸람을 달고 돌아온다. 그렇게 돌아온 곳은 지옥이다. 조증에 정직한 사람들이 가는 지옥. 이번 장에서는 그 지옥을 선보이려 한다.

최근 나는 석 달을 연이어 정직한 사람들이 가는 지옥에 갔다. 그것은 병원에 가서 조증임을 싹 다 밝히고 항조증제를 잔뜩 타서 온다는 말이다. '조증에 대해 정직하게 군다.'라는 말은 경험과 병식이 있는 1형 양극성장애 병자인 우리끼리 쓰는 언어다.

　몇 년 전에 퀴어문화축제에서 사회를 보던 사람 중 한 명이 "조울증처럼 오늘 기분이 좋았다 나빴다 해요."라는 표현을 사용했다. 그 사람은 심적으로 상승-하강 곡선이 있다는 의미로 말했을 것이고, 사실 실제로 조울증 환자일 수도 있다. 그러나 해당 발언에 대해 온라인에서 몇몇 이가 비판적으로 언급했던 것을 기억한다. 그중 인상 깊었던 말이 "리단 님도 옆에 부스를 내셨는데."였다. 나는 부스에서 만화를 판매하고 있었다. 『조색기』에는 조증 챕터가 있었고, 『자해장려안하는만화』도 판매하고 있었다. 마이크와 앰프에서 "조울증~" 하고 울렸던 소리, 그리고 사람들이 와르르 웃던 것을 기억한다. 그들이 웃을 수 있었던 이유는 말하는 이의 기분 상태가 오락가락한다는 의미를 '조울증'이라는 말이 직관적으로 표현해주었기 때문이었다.

　"조증 올 것 같다.", "나 오늘 조증인 것 같다.", "조울증처럼 어떠어떠하다." 이런 표현들을 필두로, 모호한 환상으로 점철된 조울증에 대한 갖가지 인식은 대부분 부정확하다. 정신병자가 아닌 이들은 조울증이라는 조어를 보고 병의 전부를 상상한다. 바른 이해이든, 일회적일 뿐인 이해이든 말이다. 그러나 조(躁)와 울(鬱)이 주는 상승과 하강 곡선 그래프만을 가지고는 결코 조울증을 제대로 이해할 수 없다.

조울증 환자들은 자신의 병 내에서 결국에는 플러스와 마이너스로 통보되고 마는 투병 곡선에 진력이 나 있다. 조울증이 남기는 상해는 몇 번의 S자 곡선이 인생에 존재했는지로 가늠할 수 없다. 오랜 조울증 병자들이 다다르는 곳은 망망대해 같은 정신증의 세계로, 이곳의 파고와 충격과 영향은 "오늘 내 기분은 수치로 따지면 이러하다."의 수준이 아니다. 우리는 망상에 빠지고 편집증에 빠지고 사고장애에 빠지고 인간이든 동물이든 신이든 지식이든 감정이든 집착하는 신념을 갖고 범죄를 저지를 것 같은 기분이 들고 범죄를 저질러도 괜찮을 것 같고, 아무도 나를 믿지 않고 그러니 나는요 나랑 병이랑 머리를 굴려서 이 난국을 헤쳐나가야 하였습니다, 다리 없는 사람과 팔 없는 사람이 서로 업어 길을 갔답니다던 우화처럼 그렇게 망그러지는 정신을 끌고 가는 것이다.

조울증에 대한 몇 가지 인식은 다음과 같을 것이다.

* 조울증은 기분이 오락가락한 병이다.
* 조울증은 갑자기 기분이 좋았다가 갑자기 기분이 나빠지는 것이다.
* 조증은 천재의 병이다.
* 조증 때는 행복하고 목표지향적이기 때문에

> 자살할 이유가 없다.
>
> ★ 조증인 사람은 타인의 도움이 필요하지 않다.

먼저 우리가 짚고 갈 것이 있다. 조울증, 조증이 '기분'과 관련한 장애라는 설명은 병의 극히 일부를 말할 뿐이다.

조증자는 더 생산적이고 더 많은 것을 할 수 있을까? 그럴 수도 있다. 그러나 그것이 반드시 자신이나 타인에게 해를 끼치지 않는다고 말할 수도 없다. 조울증의 우울증 시기가 단극성 우울장애의 우울보다 낙차가 더 크다는 점에서 그래프의 바닥이라고 말할 수도 있지만, 사실 병과 싸울 때 가장 어려운 지점은 따로 있다. 병이 자신을 강타할 때 기존의 생활을 유지할 수 있는 관리 시스템을 스스로 가동하는 것이다. 이를 행하기에는 오히려 우울증 시기일 때가 조증 시기일 때보다 유리할 수 있다. 조증자는 기본적으로 패턴 유지보다는 충동과 새로움을 따라가고, 반추와 분석보다는 영감이나 실험에 몰두한다. 그래서 생활습관의 '유지', '지속'이라는 개념에 흥미를 잘 느끼지 못할뿐더러 왜 관리를 해야 하는지 납득하지 못할 가능성이 높다.

조증인 사람은 자신이 꽂힌, 자의적으로 관계된 사고 내에 몹시 몰입하며 다른 것들, 예를 들어 의식주, 수면 등은 관심도 없다가 시간이 지나 탈진한다. 조증인 사람이 보내는 SOS는 존재하나 미미하고 언어표현이 아닐 때도 있다. 타인을 기이하게 신경 쓴 나머지(머릿속에서 너무 많은 대화와 공방이 이루어진다.) 그들은 자신이 다른 이들의 시간을 빼앗거나 위화감을 줄까 봐 일부러 표현을 피하고 고립을 향해 돌진하거나 떠나버리는 경우도 있다. 조증자가 주로 꽂히는 것은 생산, 성취, 목표, 달성, 유산, 그리고 자아이다. 자아의 부름, 사명감을 뒷받침할 철학, 종교, 심리학은 조증자가 관심을 쏟기 좋은 학문이다. 우리는 학문의 언어를 빌려 자신에게서 벌어지는 일들을 설명하려 한다.

조울증이 깊어지기까지는 유사한 수순을 밟는다. 대개 10대에 자잘한 조증 증상을 보이지만, 일탈적 행위 혹은 예술적 행위로 여겨져 반응 없이 넘어가거나 장려받는 경우가 종종 있다. 그리고 20대 초입에 보통 큰 조증 삽화를 겪는데 그때 저지르는 일들이 이번에는 만취 상태의 행위 혹은 일회성 일탈로 간주되어 병적인 것으로 다뤄지지 못한다. 이처럼 '일회성 일탈로 간주되는 것'은 조울증 환자를 죽을 때까지 따라다닌다. 어쩌면 아무도 당신이 저지르는 조증을 당신의 병이라고 생각하지 않을지도 모른다. 당신 자신조차 말이다. 단지 과로해서, 스트레스가 커서, 살기 어려워서, 궁핍해서, 취해서, 또는 당신을 자극할 사건이 있었기 때문이라고 말할 수도 있다. 그러나 전부 틀렸다. 한 번 조증이 왔다면 이제 당신은 기차에 탄 셈이다. 그리고 이 기차는 내릴 수 없다. 점점 빨라질 뿐.

사람들이 조울증에 대해 갖는 고정관념은 흔히 두 가지로, 하나가 위의 사례처럼 조울증이 단순히 '기분 변동이 심각함'을 이르는 것이라는 생각이고, 다음은 조울증이란 '예술가들의 병', '창조적'이라는 고정관념이다. 그리고 많은 역사적 인물들이 '조울병'이라는 명목으로 현대의학의 장 안으로 이끌려 왔다. 영화 「사도」가 인기리에 상영되었을 때 사도세자가 조울증일 가능성도 있다고 분석한 기사를 여럿 봤다. 그리고 과거의 예술가들을 현대 질병 의학의 좌표로 해석하는 것이 그리 정합하지 못하다는 사실을 우리는 알지만, 이 시도를 가장 열정적으로 한 의사들이 바로 조울병 환자들을 진료하는 의사들, 조울병 당사자인 의사들의 노력이었다. 조울병과 관계된 사람들은 이 병에서 병증의 긍정적 가능성을 찾으려 했다. 이런 시도는 마치 성소수자들이 프라이드 운동을 펼치며 과거의 인물들에게서 '동성애'적인 모먼트를 발굴해내는 것과 비슷하지 않은가.

◎ ◎ ◎

몇 년 전부터 나는 그때그때의 증상에 따라 약을 짓는 대증치료가 아닌, 이전 해의 통계를 바탕으로 작성한 약물 치료 방식을 취했고 상당한 성과가 있었다. 그것은 지난 치료 기간 중 삽화의 빈도를 토대로 약물을 조절하는 방법이다. 아주 단순하게 나누면 나는 약 2월부터 8월까지 조증 기간, 그리고 9월부터 2월 전까지 우울 기간을 보낸다고 통계적으로 가정할 수 있다. 그에 맞게 항우울제와 기분 조절제를 투약하기로 했다.

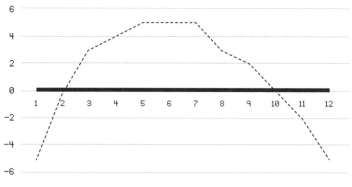

나의 조울 기분 그래프(월별)

　내가 겪었던 처음 삽화는 조증 삽화라기보다 혼재성 삽화였다. 그전에는 항상 여름엔 몰래 가출해 노숙을 하고 자전거로 타지에 갔다. 10월이 될 무렵이면 글을 쓰는 빈도가 다섯 배가량 증가했고, 매해 겨울이면 홀로 여행을 갔다. 이런 충동성을 부모와 내가 해석하는 바가 달랐다. 부모는 나를 활달한 아이로 여겼고(맙소사), 나는 나를 잘 이해하지 못했다. 열여섯 살부터 있었던 환각이 고등학교 3학년 9월까지 함께 있었다. 그 후에도 노숙을 하거나, 일면식 없는 타지에 가서 히치하이킹으로 이동해 아무 데서 불을 피우고 들어가 자거나 했다. 이렇게 하면 모종의 해소감이 들었다. 나는 훗날 세브란스에서 반사회적 인격장애를 진단받았다.

　스무 살이 된 나는 정말로 정신증을 향해 성큼성큼 굴러떨어지고 있어서, 지금의 난장판을 만든 나쁜 내(우울증)가 가버리고 생산적이고 좋은 내(조증)가 오기를 대비하고 염원하고 바라고 있었다. 매일 술을 마셨다. 새벽에 부모와 같이 자는 친구네 담을 올라타고 술을 먹자고 창문을 두드렸다. 그리고 자해를 했다. 이미 자해라고 불릴 법한 많은 행동을 하고 있었지만 당시의 자해는 달랐다. 칼로 긋는 것이었는데 문제는 칼이 캠핑용 나이프로 날 두께만 수 밀리미터에 육박했다. 이 칼을 가지고 당시의 '나쁜' 환각들과 매일 새벽 '너는 그걸 할 수 없어~', '할 수 있어!', '너는 못 해~ 네가 이걸 해내면 너를 인정해줌' 옥신각신하며 주도권 쟁탈전을 벌였다. 그때 이미 약 8개월을 잠들지 못한 상태였다. 식사는 맥주로 대체했고, 어느 기분 좋은 날은 이 친구 저 친구 학생증을 빌려다 책을 수십 권 빌려서 끙끙거리며 집에 갖고 가 하나도 읽지 못하고 수만 원씩 연체료를 냈다.

당시 나의 협소한 정신질환 세계관으로는 대낮 같은 조증과 어둠의 우울이 있었고, 해가 뜨면 다 좋아질 거라 생각했다. 하지만 내게 달라붙은 건 그런 물질적인 형태의 밝기가 아니라 나만 알게 되는 생각의 씨앗이었다. 나는 다 아는 줄 알았다. 내 개판인 생활에도 원인이 있을 것이며 그것이 무엇인지를. 내 친구들이나, 내 애인이나, 내 부모나 내가 이러는 원인을 납득하고 있을 거라고 생각했다. 얼마나 유치하고 한심한 생각이었는지. 그리고 내가 품은 자의적인 합리들은 훗날 하나둘 꽃처럼 사이좋게 피어나 열매까지 맺고 열매에서 순이 돋고 가지가 나고 그렇게 숲을 일궜다.

조증을 경험했지만, 교훈이 없었다. 무엇을 하지 않아야, 무엇을 하지 말아야 하는지 감이 하나도 없었다. 이번에는 '에너지론'을 펼쳤다. 적절히 에너지를 소모해 조증의 오름세를 조절하는 방식이었다. 어디 가자고 권하는 사람이 있으면 무조건 따랐다. 줄줄이 이어지는 술자리에선 언제나 왕이었다. 총여학생회 선거도 하자고 꾀었다. 사람 모실 자신 하나는 자부했다. 조증을 겪어본 사람은 알 것이다. 새로운 것이 우리를 구원할 것이니.

당시의 나는 조증의 알파벳 정도밖에 못 읽는 수준이었다. 조증은 내게 키릴 문자로 쓰인 간판들이었다. 주먹구구로 끼워 맞춘 바, 내게 생긴 첫 번째 규칙은 이러했다. '새로운' 것이 하고 싶다든지, 말끝마다 '새로운, 새로운' 노래를 부른다든지, 무의식중에 어떤 행위를 '새로운'이라고 수식하면 일단 조증의 전조라고 판단하기로 했다. 이는 비교적 정확한 판단이었다. 현재 내 주치의는 조증의 전조를 두 가지로만 파악한다. 1) 약을 바꾸고 싶은가? 2) 잠을 안 자고 싶은가?

지금의 나는 조증 전조증상이라고 판단할 만한 몇 가지 행동의 목록을 가지고 있다. 이것은 오랜 시간 누적된 경험에서 기록/관찰된 것으로, 어디까지나 나의 경우에 한정된 것이다. 하지만 조증을 겪을 가능성이 있는 분들이 평소에도 짧게나마 자신의 상태에 대한 기록과 관찰을 토대로 자신만의 전조증상을 파악하는 방법을 도입한다면 더 신속하게 병에 대응하는 데 도움이 될 것이라 생각한다.

예를 들어, 나는 청소를 거의 하지 않고 정리도 대충이다. 그러나 조증이 다가올 무렵에는 다른 사람처럼 군다. 아주 꼼꼼하게 또는 평소에 전혀 청소하지 않았던 구역(이를테면 창틀)을 공들여 쓸고 닦고 털고 대청소를 한다. 때문에 자연스럽게 청소용품 구입, 생활용품 구입을 위해 슈퍼나 생협에 자주 가며, 몇 시간을 쉬지 않고 계속되는 청소 도중 혼잣말을 계속 한다. 이런 전조는 이 글을 쓰고 있는 지금, 최근 노트를 보았을 때 극명하게 식별할 수 있는데, 3월 18일에 나는 매우 우울해했으며 아무것도 하지 못하고 "가망이 없다.", "죽고 싶다."라고 썼다. 그런데 바로 옆 장 3월 31일에는 각종 집 안 환경 개선 계획과 그에 필요한 도구의 목록, 건강한 식생활을 위해 살 것들 등 빽빽한 리스트를 적어놓았다. 그 이후 할 일 목록을 계속 만들어 달성하는 바람직한(?) 상태가 되었다. 나는 이것을 조증의 전조로 본다.

ⵙ ⵙ ⵙ

조증의 전조는 빠르게 조증이 된다. 전조증상에서 나타나는 정신흥분을 거쳐, 이틀만 잠을 자지 않아도(수면 박탈) 정신증과 신체 증상이 동반되는 본격적인 조증으로 돌입하게 된다. 이때부터는 새로운 세계로 도항하게 된다. 그 섬들에 도착하면 당신은 실제로 이런 것들과 마주하게 된다. 조증의 증상은 무궁무진하다. 젊은 사람이 나이 들며 원숙해지듯 초발 이후의 병증 또한 성숙해진다.

허황된 생각, 망상 조증의 흔한 망상은 그다지 기괴하지 않다. "나는 특별하다.", "나는 할 수 있다.", "나는 약자이다.", "나는 알고 있다." 이런 것들을 토대로 선민의식, 자신이 종교적으로 선택받은 존재라는 생각, 나는 누구에게든 관여할 수 있다는 생각, 누구를 꾀어도 성공할 것이라는 생각, 무슨 일을 저질러도 큰 잘못을 한 것이 아니라는 생각 등이 파생된다. 이전에 어떤 가게든 나설 때면 물건을 훔치는 조증 환자를 본 적 있는데 그는 절대로 그것이 잘못이라고 생각하지 않았다. 오히려 "너는 왜 내가 걸릴 것이라고 생각하냐?"라고 불쾌해했다. 이처럼 조증 상태에서는 자신의 능력에 아주 자신만만하다. 마치 자기만 아는 신의 가호를 입고 있는 것처럼.

내가 겪은 기이한 사고의 예는 다음과 같다.

> ★ 사람들은 나를 다 사랑한다. 내가 재치 있다고
> 하고 다들 나를 칭찬한다. 내가 마음먹으면
> 친해지지 못할 사람이 없다. 친구가 술자리가
> 있다고 했다. 초대받지 않았지만 갈 것이다.
> 왜냐면 아무 술자리에 끼어도 환영받을 테니까.
> 가서 재미있는 얘기를 해주면 다들 기뻐할
> 것이고, 술자리를 주도하게 될 것이다.
> ★ 가난한 사람들은 자동차를 가지기 어렵다.
> 비싼 차를 타는 사람들은 어차피 다
> 부르주아다. 내가 조금쯤 차 위에 올라가

> 뛰어다닌다고 화를 내다니 이상하다. 나는
> 마르크스주의적 저항의 몸짓을 한 것뿐이다.
> ★ 내가 저 공사장 건물에서 물건 하나쯤
> 주워오더라도 공사장 물건들이야 다 버릴
> 것이기 때문에 상관없을 것이다. 오히려 내가
> 예술품으로 만들면 더 나은 가치를 만드는 것
> 아닌가?

시간·속도·사고 정신에서는 신세계가 펼쳐지고 있다. 먼저 시간이 일반적인 시간이 아니라 자기만의 시간으로 돌아가게 된다. 조증자는 1초 안에서 1분을 감각하거나, 한 시간이 10분 정도의 속도로 흘러가는 자의적인 시간 변화 따위를 왕왕 느낀다. 그들의 시계는 24시간으로 구성되지 않기 때문에 때로는 몇 날 며칠을 연속하는 동일한 시간대로 여기기도 하고, 어떤 때에는 30초가 지나가는 것도 견디지 못해 치솟는 초조를 참을 수 없어한다. 그들에게 표준시는 무너져내렸기 때문에 기준이 되는 시계가 존재하지 않는다. 자연히 그전에 투병하던 시간과 단절이 생기며 빠르게 멀어져간다.

속도감은 조증의 시간 왜곡과 사고 문제를 가속하는 특성이다. 조증은 너무 빠르다. 말도 빠르고 생각은 더 빠르고 생각을 자아내는 글자든 음악이든 장면이든 이미지든 정말 빠르게 생겨나고 그보다 빠르게 사라지길 반복한다. 조증자가 시간의 한계에 초조감을 느끼는 건 당연한 수순이다. 조증 환자들은 눈앞의 장면들이 종종 너무 느리게 흘러가는 것, 눈앞의 사람의 입에서 말이 너무너무 늦게 뱉어지는 것을 견디지 못하며 그 사이 동안 딴짓, 딴생각을 아주 많이 한다.

생각이 물질이었다면 조증 환자는 방 안에서 질식해 죽었을 것이다. 조증의 사고법을 나타내는 용어는 많다. 사고 비약, 사고 질주 같이. 조증은 이를테면 사과와 바나나가 놓여 있으면 같은 과일임을 알아채고 묶는 집합적 사고에 취약하다. 그에게는 사방팔방에서 새로운 우주가 탄생하고 죽고 있기 때문에 이 사고에서 저 사고로 넘어가는 과정이 너무 빠르게 이어지지만, 결국 이어졌던 흔적은 쉽게 휘발해서 종국에는 기이한 사고 집산만 남기기 쉽다.

위의 세 가지 특성이 조증이 갖는 생산성, 창의성, 창조성을 자극하면서 동시에 셋 모두를 발휘할 수 없게 만드는 것이 이해가 가는가? 그림을 그리려 하는 조증 환자는 하루 종일 해도 부족하다고 느끼고 잠을 자고 저를 먹이는 것에 역겨움을 느끼며 초조에 몸을 떤다. 자기 작업을 찢고 훼손하는 경우도 많이 봤다. 그래서 예술적 가치가 있는 작업을 남기기는 굉장히 어렵다. 자기 자신만 이해할 수 있는 셈법을 사람에게 보여 사회적인 합의를 거친 예술의 영역에 띄워 올리기가 여간 어려운 일이 아니다.

감각 환각 조증이 호소하는 감각 증상들은 매우 신기한 것들이 많다. 보통 과잉된 감각을 말하는데, 아마 다들 들어보셨을 것이다.

너무 많이 보여요. 너무 많이 들려요. 일전에 나는 수면 박탈로 조증 증상이 심할 때 집에 가려고 택시를 탔는데 바닥에 1만 원짜리 지폐가 굴러다니고 있었다. 그걸 보고는 선택받았다는 느낌이 폭발해 종이 딩딩 울리면서 그 상태로 '고통스러운 마약 상태'가 되어, 택시에 바짝 엎드려 택시가 내가 돼서 멀미와 공황에 죽을 것 같은 기분이 든 적 있다.

환각 또한 오래된 벗이다. 재미있는 것은 자기가 지닌 가장 날카로운 감각에서 가장 원초적인 환각이 피어오른다는 것이다. 나는 줄곧 시각 인지에 능했는데, 그동안에는 환각이 시각의 형상을 띠고 찾아왔으나, 20대에 희귀한 안구질환을 진단받고 시각 세계가 무너지면서 청각의 형태로 방문하기 시작했다.

환각은 알아차릴 수도 있고, 알아차릴 수 없을 수도 있다. 나는 환각을 응시할 때에는 측면이나 후면을 옆눈으로 흘긋 보듯 봐야 한다는 개인적인 규칙이 있다. 일부러 시각 환각을 관찰해서 못다 갖춘 묘사를 이미지로 조합하는 일도 별로 권장하고 싶지 않다. 왜냐하면 시각 환각이 디테일을 갖출수록 우리는 현실 세계와 만들어낸 세계의 차이를 알아채지 못하게 된다. 나는 주로 존재하지 않지만 그럴싸한 것들이 놓여 있는 환각을 보았고, 특히 '누군가 있다'는 존재감을 주로 느끼며 환각을 시작하는데 최근에 겁나는 일을 겪고 환각을 헤아리길 그만두었다. 여럿이 밤에 차를 타고 도시와 도시를 이동하고 있는데 창밖에 눈이 내리고 있어서 '눈이 오고 있네.'라고

10여 분 정도 생각하다가 운전자가 와이퍼를 켜지 않고 가는 것을 문득 깨닫고 이것이 환각인 것을 알고 눈을 돌리고야 말았던 것이다.

그에 비하면 환청의 세계는 정말 압도되는 경험으로, 과거 종종 목소리 환청이 있었지만 일회적이거나 특정 사건과 결합된 것이었다. 최근에 오로지 조증으로 일궈진 환청을 들었다. 길을 가는데 교향곡 오케스트라와 합창단 수십 명이 바흐의 곡을 연주하고 부르는 게 아닌가. 그게 공기 중에 가득 차고 바깥의 소리, 그러니까 길거리 소음이란 것이 모두 그 음악으로 들려서 '야 (조증 병이) 이렇게까지 해주는데, 그냥 기분 좋다고 인정할게. 병원 안 갈게.' 하는 느낌이 들 정도였다. 그들이 보여주는, 아니 들려주는 세계에 기꺼이 뛰어들어보게끔 만드는 어마어마한 환각이었다. 심지어 그때 환청은 공간과 위치마다 다르게 버스에서는 레게 풍으로, 택시에서는 허밍으로 들렸다. 사실 그것은 실제로 듣는 행위와 다른 점이 있다. 듣는 행위는 진동을 느끼는 것이기도 하다. 앰프 같은 것 앞에서 큰 연주 소리를 들으면 몸이 웅웅 울리는 것처럼. 환청에는 그런 게 없다. 훈장님이 이 방을 가득 채울 것을 가져오라고 퀴즈를 내니 어떤 아이가 초를 들고 와 방을 불빛으로 밝혔다는 옛날이야기처럼, 등불처럼 공간을 메운 환청에 그저 자신을 던져 넣으라고 그 좋은 음악들이 와와 메우며 말하는 것이다.

더 많은 경험들이 모여야 통계적으로 어떻다 말할 수 있을 것이지만 보통 환각의 생성-유지기는 상상할 수 있는 만큼 길어질 수 있다. 한번 환각을 경험한 사람은 미래에 환각을 다시 경험할 확률이 아주 높다. 그리고 한번 환각이 생겨났다 사라진 이후에 다음에 등장하는 새 환각은 이전의 환각보다 더 설득력 있는 존재로 다가올 것이다.

탈진 조증이 온 사람은 일단 잠을 잘 수가 없다. 그의 정신은 드높이 흥분해 머릿속에서 끊임없이 생각이 이어지고 번져가며, 이것을 해라 저것을 하자 요구하고 있기 때문이다. 그는 해야 할 일이 아주 많기 때문에 자신에게 걸림돌이 된다면 그것이 사람이든, 개념이든, 사상이든 다 뒤집어 엎어놓고 자기의 정신의 속도를 몸도 똑같이 따라가길 원한다. 재미있는 건 조증자의 육신은 이러한 막무가내의 요구에 태업을 하거나 손을 놓고 따라가길 거부하지 않는다는 것이다. 조증이 온 사람이 갖은 일을 다 저지르고 밤을 새우고 또 새워도 몸은 끝없이 따라갈 수 있음을 어필한다. 이는 초반에 조증을 잡지 못하는 큰 이유가 된다. 조증의 육신은 잠을 자지 않아야 하고, 허기를 느끼지 않아야 하고, 심지어 음료를 섭취하고 배설을 하는 기본 중의 기본도 실행하지 않는 극히 불가능한 상태를 유지해야 함에도 불구하고 오로지 정신이 제시하는 곳으로 온순히 따른다. 문제는 이런 식으로 며칠을 생활하다 보면 계속해서 정신을 자극해 조증이 가속되는 악순환을 불러온다는 점이다. 이런 생활이 월 단위로 지속되다 보면 신체가 셧다운되는 일이 일어난다. 그리고 신체의 탈진을 목격한 당신과 정신의 조증은 결국엔 자기 몸을 낙오자 취급하며 자기들끼리 갈 길을 간다.

생각이 끊임없이 온다. 그것도 아주 기가 막힌 생각이 몰려오기 때문에 감히 잠을 자 그 시간을 낭비할 수 없다고 믿는다. 이것을 이렇게 저렇게 하고 싶은 생각, 생각들로 가득 차 정리도 못 하며 사라지려는 생각을 붙잡으려 병아리 풀어놓은 마당에서 잡으러 뛰어다니는 것마냥 군다. 조증 환자가 이렇게 사방팔방 날뛰는 모습은 우울증의 호전기와 아주 다르다. 구분하고자 한다면 환자에게 왜 밥을 먹지 않는지, 왜 잠을 자지 않는지를 물어보면 된다. 조증일 때에는 수면제 3종 세트를 써서라도 잠을 재워야 하고, 식사를 거부한다면 내과에 내원해 수액이라도 맞게 해야 한다.

범죄 극심한 조증의 경우, 왜곡된 사고 및 행동으로 인해 현실 세계에서 형사적 처벌을 받을 행위를 저지르거나 그 대상이 되기도 한다. 단순히 폭력을 저지르는 것만이 아니라, 조증 상태에서는 일반적인 상황에서라면 하지 않았을 판단을 내리는 바람에 사기를 당하거나 범죄 행위의 피해자가 되기도 한다. 실제로 조증 환자는 범죄의 가해자가 되기도, 피해자가 되기도 쉽다. 때로는 둘이 섞인 복합적인 형태의 사건 사고에 휘말리기도 한다. 여느 정신질환과 매한가지로 조증 또한 자기가 본래 꽂혀 있었던 문제와 연결된다. 즉 평소에 가난 때문에 큰 스트레스와 고통에 시달리고 있던 이라면 조증 시기에 금전과 관련한 교묘한 신종 사기에 쉽게 노출될 수 있다는 것이다. 조증은 쉽게 자신을 과대평가하게 하므로, 자신의 능력이나 영향력을 스스로 알고 있고 통제하고 있다고 평가하는 일은 신중히 해야 한다. 이를테면 누구에게나 "나 같은 사람이?", "내가 설마 그런 것까지 하겠어?" 싶은 행위들이 있을 것이다. 조증은 그런 선들을 아무렇지도 않게 넘어버린다. "조증은 뭐든지 할 수 있다."라고 말한다면 언뜻 긍정적인 말처럼 들리겠지만, 결코 그런 의미만은 아니다. 이것은 당신이 무엇이든 될 수 있다는 뜻도, 동시에 어떤 범죄든 저지를 수 있다는 뜻도 된다.

중독 중독이 조증에서만 발생하지는 않는다. 사실 우울증에서 중독 증상이 더 심해지는 경우도 있다. 우울증이든 조증이든 공통적으로 미래에 대해 고려하거나 판단하기 어려운 상태이기에 중독을 벗어나기도 어렵다. 아무튼 조증 환자들에게 중독이 발생하기 쉬우며 그들이 가면 위험한 곳이 있다. 몇 가지 들자면 강원랜드(카지노), 경마장, 사행성 게임장 그리고 온라인 토토 같은 도박장들이다. 조증의 정신 흥분 쾌감이 도박에서 돈을 따는 행위와 철석같이 궁합이 맞기 때문이다. 이건 동일한 정신 흥분을 느끼기에 피하라는 말이 아니다. 나는 강원랜드에서 빅 휠에 돈을 걸고 30배를 땄을 때 환청을 들었다. 환청은 나더러 30배에 칩을 놓으라 했고, 그다음 번엔 골드(3배)에 놓으라 했다. 그런데 두 번 다 돈을 따고 말았다. 이런 상황은 '도박은 확률'이라고 믿는, 도박에 빠진 아저씨들보다 더 위험한 것이다. 나는 간택을 받은 느낌이었고, 견딜 수 없는 간질거림이 들었으며, 이런 흥분을 또 느끼고 싶어서, 혹은 또 느끼기 위해서 강원랜드에 들락거릴 것 같은 위기감도 동시에 들었다. 하물며 손수 카드를 던지는 바카라나 포커에서 딴다든지 한 게임에 5만 원인 시카고(슬롯머신) 따위에서 돈을 딴다면 뇌의 어느 부분이 표백될 것 같았다. 그런 경험을 조증 환자들은 매우 조심해야 한다. 운에게 선택을 받는 느낌은 조증 환자에게 하등 이로울 것이 없다.

조증에 더해 술을 많이 마신다면 위기의 신호다. 만취의 감각 또한 조증과 유사하기 때문에 시너지 효과가 일기 때문이다. 알코올 중독자들이 대개 그러하듯 이들도 빨리 취하고 싶어 한다. 조증에 알코올을 붓는 것은 추동 엔진에 엔진을 더 달아버리는 느낌으로, 그 '뭐든지 할 수 있는 기분+끝까지 가보자는 기분'에 중독될수록 알코올중독 조증 환자는 정신 흥분이 가시는 날이 없는 채로 사는 것이다. 만약 집에서 계속 술을 마신다면 가장 심각한 상황이다. 집 자체가 위험한 공간이 되는 것이다. 이런 환자는 공간 감각이며 시간 감각이 단절되고 조증으로 인해 감각이든 기억이든 왜곡된 상태가 심해진다. 시간을 인지하지 못하고 정신 흥분만이 지속되는 양상을 보이는 조증 환자는 결국 탈진-음주-탈진-음주를 거듭하다 영양실조나 섬망이 오는 등 매우 위험해질 수 있다.

초조·불안·긴장 조증 환자는 기분의 좋고 나쁨 여하에 상관없이 지속적인 불안과 초조를 느낀다. 이는 실제로 빈맥, 발작, 공황, 혼란 등을 유발하기도 한다는 점에서 신체와 긴밀하게 결부되어 있다. 사람마다 다르지만 가만히 있는 동작을 해내지 못하는 경우부터, 그간 없었던 불수의운동(지연성 운동장애)이 진행되거나 수전증을 겪기도 한다. 평범한 동작을 수행할 때 어려움을 겪는 사례들도 있다. 사람들은 조증이 진행되는 사람을 보면서 그들의 자유로움, 거침없음, 속박되지 않음 등을 엿볼지 모르지만 실제 조증인 사람들은 극도의 긴장감, 떨림, 초조함, 식은땀, 오한, 메스꺼움, 어지러움, 그리고 빈번하게 뒷목으로 올라오는 불안감을 겪는 일이 많다. 문제는 이러한 감각이 다음 조증엔 더 심각해져서 돌아온다는 점이다. 오래전부터 조증 시기를 예감하는 내 신체적 증상은 수전증이었으나 해가 갈수록 손떨림이 더욱 교묘하게 장기간 잔류해, 예전엔 세밀화를 그리지 못할 정도였다면 지금은 심할 때에는 타자를 치기 곤란할 정도로 강도가 심해졌다.

강박 나는 본래 강박증과는 거리가 멀었고, 결벽이나 위생, 정렬이나 비례 등에 집요하게 구는 사람이 아니었다. 그런데 몇 년 전 조증 삽화를 겪으며 이런 강박도 있다는 것을 알게 되었다. 본래 조증 환자들은 수다스럽기 때문에 말할 상대가 없어도 자기와 자기가 만들어낸 대상들과 토론을 몇 시간이고 한다. 나는 2박 3일 동안 다섯 시간 자고 매시간 여러 망상에 대해 인터뷰를, 한 주제를 가지고 네 시간, 다음 주제를 가지고 여섯 시간, 이렇게 얘기를 멈추지 못하며 방 정리를 했던 것이다. 원래 내 방은 지독한 쓰레기방이고 집도 그리 깨끗한 편은 아니었는데 청소용 물티슈를 300장 쓰고 밀대로 닦고 쓸고 솔질하고 카펫을 햇볕에 널고 이불을 털고 옷을 수납하고 접고 개고 난리를 피웠다. 물론 내 머릿속에서는 아주 핫한 인터뷰가 진행되고 있었지만. 동거인은 그 모습을 보고 진력이 나고 공포감에 사로잡혔다고 했다. 이 조증은 유례없이 강력해서 첫날부터 수전증이 시작돼, 이튿날 틱 증상이 왔고, 셋째 날 대형 환청이 들렸다. 조증 삽화를 잡기까지 3주가 걸렸다. 3주가 지나서야 비로소 자가입면을 30분 정도 할 수 있었다.

자살 조증일 때 발휘되는 사고장애의 인력은 상상을 초월한다. 그리고 괴이한 언변으로 그 얘기를 듣는 사람들에게 '이상하지만 그럴 수도 있는' 논리로 작용해 대부분의 사람들이 사고장애가 진행되는 것을 막지 않는다. 조증인 사람들은 아마도 자신이 왜 죽어야 하는지를 사람들에게 설득시킬 수도 있을 것이다. 조증이나 정신증을 함부로 여기거나 얕게 대하다가는 자칫하면 그 논리에 동조하고 방조하게 된다. 사고장애의 가장 대표 격이 바로 자살사고이며, 조증과 자살사고가 결합되었을 때 그 사람이 죽을 확률 혹은 영구적인 장애를 입는 등 심각한 손상을 입을 확률은 정말 높아진다. '스스로 죽음을 택하는 것'이야말로 자신의 존엄을 지키는 일, 나 자신을 증명하는 일이라는 생각을 하는 것이다. 조증 시기에는 수많은 사고와 생각들이 별처럼 뜨고 진다. 그중에서도 자살사고는 굉장히 분명한 형태를 가진 병증으로, 생겨나서 사그라들 때까지 끝없는 자기혁신을 도모하고 자기 자신을 설득해오고 부지런하게도 찾아온다. 따라서 자살사고와 조증의 행동력이 손을 잡아 자살로 향하는 건 심지어 논리적으로도 자연스럽게 느껴진다. 따라서 평상시에 자살사고가 일었던 환자가 조증 시기에 죽고 싶다는 생각이 들면 환자 본인을 비롯해 연관된 모든 이들이 훨씬 더 주의를 기울여야 한다.

⊘ ⊘ ⊘

누구나의 조증에 '처음'은 있다. 극도의 정신적 흥분과 고조를 겪을 수밖에 없는 커다란 곡절과 사건들이 존재한다. 하지만 시간이 흐르면 계기라고 생각했던 사건과도 멀어지기 마련이다. 유감스러운 것은 내가 생각했던 '내 병의 원인'이 더는 나에게 영향을 주지 못할 만큼 시간이 지나도 삽화는 계속 온다는 데에 있다. 병에서 멀어지지는 않는다. 자기 자신도 해석할 수 없는 새로운 증상들이 새 조증마다 나타나기도 한다. 여러 차례 재발한 조증은 저마다 이유와 원인이 있어서 발생한다고 보기 어렵다. 자연 발생하는 형태가 많은데, 병자는 없는 이유를 찾아다니고 어떻게든 외부적 요소가 원인이 되었다고 믿고 싶어 한다.

처음에 조증자의 정신에는 작은 생각의 싹이 자라난다. 그 뿌리가 그의 정신에 천천히 내리면, 그 생각은 이윽고 굉장히 타당하고 합리적이며 대단한 신념, 믿음인 나의 일부가 된다. 이 단계에서 그 생각이 합리적인지 적절한지 '객관적인' 판단을 내리는 것은 불가능하다. 조증자는 이미 훌륭한 근거를 확보했고 그에 입각해 행동한다고 여긴다. 그러나 타인이 보기에 그것은 보고서를 자기가 올리고 자기가 결재하며 뿌듯해하는 모습처럼 기괴해 보일 것이다. 이미 검증 체계에 오류가 생긴 조증자를 말로 설득하거나 논박하는 것은 어려운 일이다. 조증 시기에 겪는 정신증은 대부분 평소 자신의 생각과 연관되어 있다. 갑자기 뜬금없는 소리를 하는 것처럼 보이지만, 평소의 생각에서 출발했다는 얘기다. 조증자의 기이하거나 엉뚱한 결론은 사실 남들도 아무나 다 하는 평범한 생각에서 출발한다는 점이 조증 환자를 더 고통스럽게 한다. '돈을 벌고 싶다.', '사랑받고 싶다.', '취직하고 싶다.', '졸업하고 싶다.', '독립하고 싶다.' 같은 생각이라든지 혹은 정치적인 제언, 운동(exercise와 movement 둘 다) 경험 등도 활활 타는 장작처럼 당신을 불사를 수 있다.

병은 제일 먼저 당신의 신념, 믿음 체계, 그리고 사고방식을 공격할 것이다. 그래서 당신이 쥐고 있는 그 아이디어가 모든 문제를 해결해줄 혁신적이고 혁명적이며 창조적인 방식이라고 여겨지겠지만, 이는 높은 확률로 함정이다. 이 매력적인 함정에 발을 들이면 당신은 목도하게 될 것이다. 당신의 사상, 믿음, 사고방식, 가치관과 조증이 사이좋게 앉아 야광봉을 흔들며 동조하고 열광하는 모습을 말이다. 당신도 그 옆에 앉아 남은 야광봉을 흔들며 쾌감을 느끼는 사태를 맞기 전에 최대한 당신이 사족을 못 쓰는 부분들, 그로 인해 당연히 그래도 된다고 믿는 그 결정에 앞서 잠시 멈춰야 한다. 당신의 신념과 사고를 고수하는 것은 중요하지만, 병은 일차적으로 그것을 제일 먼저 공격할 것이다. 그리고 그것은 높은 확률로 이미 함락당했다. 따라서 주위 사람들이나 의사와 이야기해 결정을 검토하는 것이 필수적이다. 자신이 조증 상태이고 새로운 결정을 내렸다면, 의사 또는 믿을 수 있는 주변 사람과 이야기해보자. 의사는 당신의 상태에 맞는 약을 처방해줄 수 있고, 주변 사람들은 "내가 평소와 달라?", "내 결정이 평소보다 극단적으로 느껴지니?" 하는 물음에 답해줄 수 있을 것이다. 사실 주변 사람들이 당신의 행동 자체를 막을 수는 없을 가능성이 높지만, 이 시기가 지난 후에 너는 그때 그랬지, 하며 회고해줄 수는 있다. 의사는 항조증제 또는 입원소견 등으로 의료적 개입을 할 수 있는 여지가 있다. 자신의 상태에 대해 객관적인 태도를 견지하기 어려운 조증자들에게 조증에 대한 타인의 인지나 기억은 후일 어떤 방식으로든 도움이 된다.

당연한 얘기지만, 조증을 막기 위해 삶에서 생겨나는 변수를 스스로 모두 통제할 수는 없는 노릇이다. 조증이어도 사회생활을 할 수 있고, 병을 조절할 수 있고, 새로운 친구를 사귈 수 있고, 자신의 높은 에너지를 생산적 방향으로 표출할 수 있다. 우리가 겪을 미래가 순탄치 않을 것이고, 번번이 병과의 싸움에서 질 수도 있고, 언제나 우리를 가로막는 최소 열 개 이상의 장애물이 존재하지만 조증인 사람들이 제대로 자신의 몫을 다할 수 있을 것을 나는 항상 믿는다. 조증이어도 여러 결정을 내릴 수 있고, 의사 없이도 생활을 영위할 수 있다. 조증 환자는 끔찍한 괴물이 아니며, 조증이 살면서 절대 겪으면 안되는 사건도 아니다. 많은 이들이 조증을 관리하고 있으며, 조증을 겪으면서도 삶을 살아가고 있다. 그리고 우리는 언제나 기회를, 더 많은 기회를 가져야 마땅하다고 생각한다. 우리는 우리가 얻을 수 있는 것을 항상 버리고 정직한 사람이 가는 지옥으로 향한다. 그리고 우리는 서로를 알아본다. 한 아름 약을 끼고 느린 걸음으로 집으로 돌아가는 저 조증자에게 신이 있다면 신의 가호가, 사람이 있다면 사람의 애정이 깃들게 하소서.

6장 ◖▶ 경계선 인격장애라는 슬픔

내가 반사회적 인격장애로 진단받은 것은 이제는 거의 5~6년 전의 일이다. 내게 반사회적 목표, 이를테면 훔친다는 행위는 그저 갖고 싶은 것을 값을 지불하지 않고 가지고 나오는 단순한 차원의 일이 아니었다. 절도의 성패는 자신의 존재를 확립하기도 위협하기도 하는 위험한 게임이었다. 물론 반사회적 인격장애를 가진 인간도 자신이 따를 더 나은 선택지가 있다면 굳이 반사회적 행각을 저지를 까닭이 없어서, 그것을 택하면 나는 그냥 조용한 지나가는 사람일 뿐 이상한 사람은 아니었다.

인격장애로 진단받은 사람들은 두 유형으로 나뉜다. 하나는 절망이요, 다른 하나는 안도다. 치료를 통해 완화하거나 '관리'할 수 있는 우울증, 조울증 같은 병증과 달리 인격장애는 자신의 피와 살처럼 깊숙이 내재한다. 바로 그렇기 때문에 영영 함께 살아야 하는 식구가 된다는 데서 오는 좌절이 있고, 또는 역으로 바로 그렇기 때문에 자신이 이제까지 행해온 이상하고 기이한 행태를 납득할 수 있게해 안겨주는 안도감이 있다. 나의 경우는 이미 오래전 아이 시절부터 반사회성을 드러내고 있었기 때문에 좌절도 안도도 아닌 '그래서 그렇구나.'쯤으로 그쳤다. 나는 내기나 도박이라면 사족을 못 쓰고, 우연히 발생하는 모든 일들은 죄다 자기가 잘했기 때문에 그런 것으로 여겼다. 그 혼돈의 소용돌이가 너무 강력해 크게 관련 없는 사람들도 모두 흡수해버리는 경향이 있었다. 게다가 이런 경향은 조증과 결합하면 가히 폭발적으로 작용했다. 조증의 나는 모두가 심각하게 여길 만한 행동들을 저지르고 기억이 없는 상태에서 깨어나곤 했다.

하지만 반사회적 인격장애는 위에 말한 것과 같은 이유에서 얼마든지 숨기거나 발휘하지 않고서도 무리 없이 지낼 수 있다. 한편 이번 장에서 다루려고 하는 인격장애는 경계선 인격장애(borderline personality disorder, 이하 BPD)로, 이제까지 내 지인 중 최소 다섯이 경계선 인격장애를 정식으로 진단받은 이들이었다. 내가 만난 그들은 간단히 말해서 RPG 게임의 히든 보스와도 같은 고요하며 폭발적인 임팩트를 가진 이들이었다. 나 또한 정신병의 강호에서 보고 들은 것이 남다르다 자부했건만, 이 BPD 친구들과 어울리며 '내 병도 유일하고 특별한 병이 아니라 강호의 한 유명 문파의 제자 정도일 뿐이지.' 하고 겸허히 깨우쳤다. 이 얘기를 하면 어쩌다 그렇게 많은 BPD 친구들을 갖게 되었는지 놀라워하는 말도 종종 들었다. BPD 자석이라고 놀리는 이도 있었다. 이 말에 대해 어떻게 생각하는지 한 BPD 친구의 의견을 물었더니(어디까지나 그의 사견임을 밝힌다.) "너라는 인물 자체가 BPD들이 관심을 가질 요소의 총집합을 갖추고 있어."라고 말했다. 또한 내 주위의 높은 BPD 인구 밀도(?)에 대해서는 "한번 BPD 레이다를 장착하면 여기저기 많다는 걸 알게 되는 거야." 하는 말도 남겼다. 아무튼 BPD의 친구가 되는 것이 사람들이 생각하는 것만큼 험난한 일은 아니다.(물론 BPD마다 다르다.) 수많은 책과 매체에서 겁을 주고 있지만 그들과 연애를 하거나 깊은 관계를 갖는 것도 내 경우에는 자청해서 불길로 뛰어드는 일과는 거리가 멀었다. BPD는 종종 증오나 분노 같은 강렬한 감정을 내뿜기도 하는데 그것은 '불을 뿜어 너를 태워 죽일 거다!'보다는 '나는 지금 불타고 있어! HELP! HELP!' 하는 호소에 가깝다. BPD는 사람들의 공용어를 사용할 줄 알지만, 그들이 정말로 설명하고픈 것들을 말할 때에는 자기의 고유한 언어로 말하기 때문에 그들의 언행이 지닌 패턴을 충분히 습득하면 크게 싸우지 않고도 관계가 지속될 수 있다. 하지만 이 모든 것은 임시방편으로, 우리의 BPD들은 아무 일도 일어나지 않을 때 몹시 괴로워하며 그런 지난한 상황을 끊기 위해 자살도 불사할 이들이다.

자신이 BPD라는 것을 알게 된 사람은 죽을 때까지 그 병을 탐구한다. 다른 정신질환군과 비교해도 거의 월등히 자신을 분석하고, 해석하고, 이유를 부여하는 데 집중한다. 이 현상은 특히 우울증이 있는 BPD인 경우에 가장 두드러지게 나타난다. 동시에 BPD는 거의 중증 정신질환으로 향하는 자동문이나 마찬가지이기 때문에 이것에 대해 의식할수록 다른 병증들도 함께 무럭무럭 자란다. BPD는 약물요법에 빠르게 순응하는 경우가 드물며 결국 병자 개인의 주의와 관리를 요하는 장애다. 하지만 이 병을 스스로 관리하고 장악하기란 보통 어려운 일이 아니다.

🐱 BPD의 진단 🐱

상당수의 BPD는 진단을 받기 이전에는 자신의 행동들, 특히 대인관계에 불안정하고 기복이 심한 것 등에 대해 '내가 성질이 나쁜 것', '내 성격이 거지 같은 것'이라고 생각하는 경향이 있다. 하지만 그것이 단순히 성격 문제가 아니라고 진단받으면서 위기를 겪는다. 또 이를테면 진단을 받지 않은 BPD를 주변에 두고 고통을 받았던 주변 사람도 BPD라는 인격장애가 존재한다는 것과 그게 병이라는 것을 알게 되었을 때 관계의 국면이 전환될 수 있다.

BPD를 진단받고 스스로 경계선 인격장애임을 인정하는 사람과 그러지 못하고 그저 자신의 성격이 문제가 많다고 자조하며 시간을 보내온 사람은 시간이 흘렀을 때 극명한 차이가 난다. BPD 진단을 받고 경계선 인격장애임을 인정하고 관련 정보를 알아보는 BPD는, 이제껏 느꼈던 독특한 고통을 명명할 수 있는 '경계선 인격장애'

라는 이름이 있으며 여기 속한 이들이 어떤 삶을 살고 있는지, BPD 적 경향성을 고집한다면 어떤 실패를 겪게 되는지, 주변 사람들에게 어떻게 기억되는지 알게 된다. 반면 '나만의 특별한 이상한 성격' 정도로 BPD를 인식하는 사람들은 이 모든 것을 자신만의 실패로 여긴다. 이에 대한 성찰 역시 개인적 불행을 대하는 정도에 지나지 않는다. 물론 진단을 받은 이도 해당 병에 대해 검색을 하고 찾아볼수록 속이 답답해진다. BPD는 약물 치료로 쉽게 좋아지는 단일한 '증상'이 아니라는 점에서 여러 정보들이 도리어 BPD를 좌절케 할 것이다.

* 실제적, 가상적인 유기를 피하기 위한
  필사적인 노력
* 극적인 이상화와 평가절하가 반복되는
  불안정하고 강렬한 대인관계
* 정체감 혼란, 심각하고 지속적인 불안정한
  자아상 또는 자아 지각
* 낭비, 성관계를 포함한 충동적인 행동
* 반복적인 자살 행동, 자살 시늉, 자살 위협,
  자해 행위
* 현저한 기분의 변화에 따른 정동의 불안정성
* 만성적인 공허감
* 스트레스에 의한 망상적 사고 또는

심한 해리 증상

★ 부적절하고 심한 분노

위는 인터넷에서 몇 초 만에 검색할 수 있는 BPD의 진단 기준이다. 그러나 병원이나 의사를 통해 정식으로 진단받지 않은 채 이런 항목을 읽고 자의적으로 '나는 BPD인가 보다.'라고 짐작하고 정체화하는 것은 금물이다. 충동적인 점, 인간관계가 불안정하다는 점, 내면이 공허하고 극단적인 점 등 상세히 살펴보면 상태가 나쁜 정신질환자의 특성과 중첩되는 부분이 많다.

인격장애의 진단은 전문가와 수 시간에 걸친 심층 면담을 통해 이루어지는 것이다. 또 진단 기준의 어구들(예: 유기를 피하려는 필사적인 노력)에 자신의 행동이 해당된다고 해서 BPD로 확정되는 것도 아니다. 정식 면담에서는 다양한 관찰법과 테스트를 통해 접근하며 여러 정신질환의 해당 여부, 여러 인격장애의 가능성, 인지기능의 상태, 성장환경 청취, 위기 상황 혹은 스트레스의 양상, 치료 이력, 심지어 로르샤흐 테스트의 결과까지 폭넓게 염두에 두며 신중히 근거를 들어 진단한다. 두 명 이상의 담당 의료진이 검수하는 것은 물론이다. 스스로 BPD라고 생각하더라도 의료적 관점에서는 다른 결론이 날 수 있다는 이야기다. 따라서 진단 기준의 항목들이 당신에게 들어맞는다고 느끼고 지금까지 그로 인해 큰 스트레스를 받아왔다면, 무엇보다도 현재 당신의 정신적 고통이 매우 큰 상황이기 때문에 전문적인 의료인에게 상담받는 것을 권한다. 대형 병원에서 종합적인 정신과 검진을 받아볼 수도 있고, 가까운 병의원에 찾아가 간단한 검사와 함께 진료를 받아보는 것도 좋다.

🐱 관계의 병 🐱

모든 BPD가 1차 집단의 환경에 영향을 받는 것은 아니지만, 내가 만난 이들은 대체로 가족 간 불화를 안고 있었다. 특히 부모와의 관계가 성장 과정에서 큰 축을 형성했고, 양육 과정에서 일관성보다 가변성, 안정감보다 불안정성을, 특히 수치심이라든지 아동에게 부여된 과도한 책무 등을 크게 감각하며 성장해온 공통점이 있었다. BPD가 되는 데에 유전인자가 영향을 더 발휘하는지 환경적 요인이 더 큰지는 차치하더라도, BPD라는 드라마틱한 인간이 완성되는 데에는 어린이 자신보다는 극적인 가정환경과 부모가 자리하고 있다는 사실은 변하지 않는다. 따라서 성장한 BPD의 휘몰아치는 감정과 과격한 언행은 자연스럽게 그의 부모에게 향한다.

BPD의 주변에서 사건을 겪은 이들은 BPD라면 학을 뗀다. 물론 BPD 스스로도 자신의 장애에 대해 학을 떼고 있을 것이다. 그러나 그러한 절망감은 자신을 BPD라는 이름에서 벗어나게 해주는 것이 아니라 더욱 고착시키는 방식으로 전개된다. 이를테면 아래와 같은 전개다.

"너는 이러이러한 잘못을 했어."

"그래서 내가 나빠?"

"?"

"내가 나쁜 거니까 그만하자."(관계를 끝낸다. 자살한다.)

우리의 BPD들은 아주 점잖은 사람들이다. BPD는 막무가내로 쌍욕을 퍼부으며 관계를 끊어내지 않는다. 그들은 조사 하나하나에도 정성스럽게 의미를 부여한다. BPD에게 인간의 언어는 모국어이지만 동시에 모국어가 아니다. 왜냐하면 그 언어로는 그들의 고통을 한 숨갈도 덜 수 없기 때문이다. 많은 BPD들이 특정 행동에 몰두한다. 중독, 자해, 남용은 BPD가 일상적으로 행하는 행위다. 그리고 많은 BPD가 공통적으로 쉽게 작금의 엉망진창인 상황에서 벗어날 수 있는 방법으로 자살을 꼽는다. 많은 BPD들이 자살 시도를 하는데 그들에게는 충동이 일회적이고 단발적으로 날카롭게 스치고 지나는 것이 아닌, 자신이 쥐고 놓지 말아야 할 마지막 에너지 자체이기 때문이다. 그들은 혜성을 기다리듯 충동을 기다린다. 술을 먹고 싶은 마음, 담배를 피우고 싶은 마음, 사람을 만나고 휘두르고 싶은 마음, 사람을 만나고 복종하고 싶은 마음, 누가 자기를 좋아하면 드는 마음, 마음에 들지 않는 사람을 밀어내는 마음 등 각기 각종의 마음들이 BPD의 안에서 난립한다. BPD는 근본적으로 '드라마퀸'과도 같은 사고방식을 보이기 때문에 삶을 자살로 마치는 것을 두려워하지 않는다. 특히 BPD이자 우울증인 사람들이 중증의 정도일 때, 이들에게 자살이란 '선택지'조차 아닌, 마땅히 그래야 하는 일처럼 여겨진다.

　나는 BPD는 사람들에게 좀 해를 끼쳐야만 살 수 있다고 생각한다. 그리고 동시에 '살면서 그런 해를 좀 입으면 어때?' 하는 마음이기도 하다. 그래서 BPD의 존재가 그렇게 사람들이 말하듯 불가촉민인 양 여겨지지는 않는다. 오히려 정말로 누군가 자신에게 해가 된다면 그를 내치는 방법도 배우고 해봐야 하는 일이라 생각한다.

　BPD는 관계의 병이다. 내 반사회적 인격장애가 나와 사회의 관계에서 작용하는 병이라면, BPD는 일대일의 관계에서 그 재능이 폭발한다. 무의식적으로 CCTV의 사각지대를 찾고 도주 경로를 파악하는 것이 나의 병의 속성이라면, BPD의 속성은 한 명의 선택받은 특별한 인간에게 달라붙어 자라나는 넝쿨 같은 것이다. 한해살이 덩굴식물 말고, 서서히 밑동부터 죄어 올라가 종국에는 원래 나무를 죄어 짜내 수분과 햇볕을 차지하는 넝쿨 말이다. 그래서 BPD를 여럿 본 의사 중 누군가는 "이것은 어지간한 주변 사람이 버틸 병이 아니고 결국엔 가족만 남는다."라고 말할 정도다.

　BPD의 악명이 드높은 한편, BPD의 속성에 매료되는 이들도 많다. 그리고 BPD들에게 특별한 인간으로 취급받는 일도 종종 있는데, 나의 경우는 두 번 남짓 그러했고 그들은 아낌없는 애정과 재화를 퍼부으면서 동시에 보답은 바라지 않는 기이한 행태를 취했다. 후에 알았지만 보답은 애초에 내게서 우러나오는 것이 아니었다.

BPD들 자신이 내 언행을 보답으로 해석한 것에 가까웠다. 그들은 아주 사소한 것에서 특별한 가치를 찾아냈다. 이를테면 그 가치는 내가 행하는 비언어에서 지나가는 안부 인사까지 모든 것에 깃들어 있기도 했고 또 그런 사소한 계기로 버려지기도 했다. 정작 나에게 이끌리는 이유를 물어보면 다분히 평범한 말들을 늘어놓았지만, 그들은 자신들의 애정이 세상에 다시없는 것인 양 대했다. 그리고 그 사랑은 고유하고 특별하고 영원한 동시에 거의 늘 순식간에 나락으로 떨어지는 마음이었다. 상황이 조금만 자신의 시나리오에서 멀어져도(그것이 행동이든 말이든 하다못해 자신의 술잔을 먼저 따라주지 않고 나중에 따라준 것이든) 쉽게 당황했고, 수치스러워했고, 피했고, 도망하려 했으니 말이다.

BPD는 관계를 지표로 자신의 좌표를 파악하는 이들이다. BPD는 마음에 들면 한없이 친절하게 대한다. 일대일 관계이든 다대일 관계이든 자신이 통제하고 제어하는 수준에서는 완벽한 서비스를 제공한다. 그러나 이 완벽은 본인의 기준에서 상상할 수 있는 완벽이므로 사전적인 형태의 완벽과는 다른 형태일 가능성이 높다. 보다 흔히 접할 수 있는 BPD의 특징으로는 유기에 대한 두려움, 충동 조절 문제, 관계에 대한 과도한 집착, 그 외 중독 문제 등을 찾아볼 수 있다. 어떤 BPD가 자신이 발견한 마음에 드는 관계에 자신의 모든 자원을 쏟아부어 재능을 발휘한다면, 곧 우리는 그 BPD의 모든 특성이 날개를 달고 날아오르는 광경을 목도할 수 있을 것이다. 한편에서는 로맨틱 코미디를 촬영하지만 다른 쪽에서는 자살 시나리오를 쓰고 있는 것이 BPD의 일상이며, 이 아이러니가 발각되어도 그는 상대가 왜 충격을 받았는지 이해하지 못할 것이다. 그에게는 원래 극단이 당연하기 때문에. BPD의 감정이야말로 롤러코스터처럼 역동적이다. 그들은 아주 오래전부터 고도도 모를 곳까지 끌려올라갔다가 하루에도 몇 번이고 내동댕이쳐지는 삶을 살아왔다. 만성적인 불안과 공허에 지속적으로 시달려 익숙해진 그들의 내면 세계에서는 파괴적인 생각과 실험 들이 연이어 이루어지고 있으며 그것은 다분히 폭력적인 방향으로 흘러갈 수도 있다. 이로 인해 자살사고나 타인에게 해를 끼치고자 하는 마음으로 기울어도 이것을 '그렇게 해야 하는', '마땅한' 것으로 여긴다. 문제는 BPD들에게 생각(사고)이란 단순히 머릿속에 있는 무언가가 아니라 바로 행동으로 옮길 수 있는 모범적인 역동이라는 데에 있다. 사람의 마음을 얻지 못해 이는 고통은 BPD들에게 수족을 잘라낼 때 느끼는 것처럼 실제로 감각하는 고통과 다름없다. 그런 고통을 지우기 위해 무슨 수든 쓰는 BPD를 사람들은 언제나 오해할 뿐이다.

BPD들이 느끼는 고통은 단발적이라기보다 상시적이고, 기타 동반이환된 정신질환과 함께 BPD를 안고 있는 환자들의 고통은 그보다 더 고역이다. 그리고 우리가 이들을 대할 때 취해야 할 기본 원칙은 동정도 위로도 신비화도 아니고 윤리적이고 모범적인 태도도 아니다. 당신은 그저 옆에서 심드렁하게 있으면 된다. 여기서 말하는 심드렁함은 무관심이 아니라 BPD의 요동에 좌우되지 않는 안정성을 의미한다. BPD들은 대다수가 시간을 두려워한다. 일월과 시계를 두려워한다기보다는 '시간이 가는 것'을 제대로 다루지 못한다. 시간이 주는 당연한 변화 때문일 수도 있고, 통제력을 시간 앞에서 상실하기 때문일 수도 있으며, 비어 있는 시간을 어떻게 채워야 하는지 늘 속수무책이기 때문에 그럴 수도 있다. BPD들과 할 수 있는 가장 기초적인 관계는 바로 시간을 함께 보내는 사이이다. 감정과 기분을 말하고 공유하는 것은 그다음 단계에서 해도 된다. 어쨌든 BPD에게 '같이 시간을 보냈다'는 사실은 많은 의의가 있다.

BPD의 주변 사람으로서 당신은 두 역할 중 하나만 할 수 있다. 하나는 BPD의 다시없을 특별한 존재이며, 다른 하나는 그의 다른 인간관계 중 하나다. 그리고 문제가 빈번하게 발생하는 경우는 대부분 전자다. BPD의 애인이 된다는 것은 인간으로서 한 번쯤 해볼 만한 도전이기도 하다. 이것은 농담으로, 너무 진지하게 받아들이지 마시길 바란다. 어쨌든 BPD와 장기 지속하는 관계를 맺는 것은 상호에게 굉장한 도전이 되는 일이다. BPD와 장기 관계를 맺으려면 관계의 헤게모니를 장악해야 한다. BPD에게는 마음속에 언제나 내재하는 불안정한 요동이 있고, BPD는 그것을 사랑이라 말한다. BPD가 말하는 그 감정, 그 사랑을 매개로 관계를 결속시키려 한다면 언제나 파국으로 치닫고 말 것이다. BPD에게 '지속적인' 파트너십을 제안하고 함께 달성할 수 있는 단계를 제시해야 BPD의 유기 불안과 불안정한 관계 인식('사랑이 식으면 나를 버릴 것이다.')을 넘을 수 있을 것이다.

그러나 언제든 BPD는 관계에 깽판을 칠 수 있다. 아니, 비단 관계에만 국한되는 문제가 아니다. BPD들은 좌절 상황에서 쉽게 자해나 자살을 선택하기도 한다. 또 쉽게 다칠 수 있는 환경에 스스로를 노출시키기도 한다. 애인의 다른 생활을 질투하여 그의 컴퓨터나 계정을 해킹하기도 한다. 자기가 모르는 부분이 있는 것을 참지 못해 타인의 정보나 일기를 읽기도 한다. 상대를 장악하기 위해 교묘한 조종을 한다. 상황이 뜻대로 되지 않으면 자해를 하거나 자살 협박을 하기도 한다. BPD는 자신에게 절대 채울 수 없는 커다란 구멍이 있다고 느낀다. 그는 그 구멍을 채우기 위해 여러 절박한 시도를 한다. 충동적이며 거침없는 소비로 물량공세를 펼치거나, 음주나 약물 남용 등 중독에 발을 들이거나, 안전하지 않은 성관계 혹은 위험천만한 상황에 일부러 자신을 던지는 등 다양한 방법을 통해 '충만감'을 느끼려 한다. 단 한순간이라도 저 끔찍하고 상시 존재하는 공허를 몰아내준다면 뭐든, 어디든. 그러나 이런 방식 탓에 주위 사람들에게 매우 불안정하고 파괴적인 행보로 걱정을 사거나 피해를 입히는 경우도 있기에 주변 사람과 마찰이 생기거나 관계가 단절되거나 하는 일이 잦다.

보통 인격장애(B군)는 서른 즈음 되면 가라앉는다는 정설이 있다. 너무 널리 퍼진 말이라서 이것이 진실인지 미신인지 알 수 없을 만큼. 그러나 인격장애 환자들은 30세를 바라보고 삶을 헤아리기엔 이미 너무 고된 10대, 20대를 보내게 된다. 나는 20대 중반에 반사회적 인격장애라는 이름을 받기 전에 이미 갖은 반사회적 행동들은 다 저질렀다고 생각했는데, 미래 또한 실로 무궁무진한 영역이었다. 즉 나이가 먹고 추동이 잦아들어도 그 사람이 그렇게 살아오면서 굳어진 행동 패턴과 습관은 쉬이 변하지 않는다는 것이다. 나의 경우 그나마 관리하고 있는 와중에는 이성이 개입해 이 특성이 그나마 잠잠한 편이지만, 수면 박탈을 지속해 정신흥분 상태가 유도되거나 조증이 개입 가능한 수준보다 강하게 치밀 때 언제나 반사회적 양상이 도드라지는 것을 보게 된다. 범죄의 영역은 아니나 범죄의 성격을 갖는 것들이 그것을 원하고 있을 때 얼마나 큰 쾌락으로 다가오는지 알고 있다. 그래서 항상 한 걸음 물러나야 하고, 손을 뻗지 말아야 하고, 내가 하고 싶은 것을 해도 되는지 주위에 물어본 뒤에 승낙을 얻고 나서야 하게 된다.

BPD인 이들은 비단 대인관계뿐 아니라 현재의 모든 상태에 고통받고 있을 확률이 높다. 그들은 만성적인 권태와 우울, 공허, 그리고 유기 불안을 비롯한 거의 모든 불안증, 과민한 감각에 시달리고 있으며 이것은 언제나 BPD들이 살고 싶지 않게 만드는 원동력이다. 그리고 이런 개인적인 특성으로 인한 고통을 타인에게 표현할 수 없다는 것도 BPD들을 절망케 만든다. 따라서 웬만한 내공으로는 BPD를 위로하기는커녕 그들과 갈등만 빚을 뿐이다. 그리고 연차가 깊은 BPD들은 이제 타인에게 이해를 받을 수 있다는 생각을 거둔다. BPD들에게는 마음에 드는 지점으로 뛰어드는 것만큼 그것을 단념하는 것도 크게 어려운 일은 아니다. 많은 BPD들이 자신과 자신의 관계로 말미암아 벌어진 사건들에 진절머리가 나 더는 아무것도 하지 않겠다고 마음을 접는 일은 굉장히 많다. 그러나 부정적인 방향으로 또는 극단적으로 표출되는 BPD의 충동적인 패턴은 여전히 내재해 결국 그는 죽음에 이를 수도 있다.

BPD 당사자의 자살 경향성은 이들과 긴밀한 관계를 맺고 있는 이들에게도 영향을 줄 수 있다. 자살은 강력한 하나의 방도로서 BPD의 세계관에서 중요한 요소다. 관계의 갈등에서 BPD는 자살 시도나 파괴적인 행동으로 대응하기 쉬우며 이런 일들이 누적되면 주위 사람도 자살 경향성에 둔감해지거나 자살을 문제의 대응 방식의 일환으로 여겨 덜 심각하게 생각할 수 있다. 결국 양측 모두 자살이라는 사건을 항상 염두에 두는 왜곡된 방식의 사고를 할 수 있다. 이렇게 한번 자살에 대한 사고가 시작되고 전염되어 관계에 고착되면, 자살에 대한 허들이 아주 낮아져 위기 상황에서 실행으로 옮길 가능성이 높아진다. BPD에게는 자신이 느끼는 수치감과 공허에 직면하는 것이 자살보다 어려운 행위이다. 실제로 자살을 택하는 것은 수치와 공허를 직시하고 그를 뛰어넘는 행위라기보다 모든 문제 상황을 다 내버리겠다는 것과 비슷하다.

그렇다면 BPD에게 수시로 찾아오는 공허감, 수치심 등을 어떻게 다루면 좋을까? BPD의 경우 특히 자신의 느낌이나 감정들을 직면하기 어려워한다. 자기가 자신을 계속 속이려 한다는 느낌, 솔직할 수 없다는 느낌, 스스로 거짓말을 계속 한다는 느낌을 떨치기 힘들고, 혼자 있을 때에도 자신을 연출하려 하고 사고실험하며 자기 안에서 계속 맴도는 경향 때문에 이 자기파괴적 목소리에 대항하기 힘들기 때문이라는 당사자의 증언이 있었다. 한 BPD 친구의 사례를 예를 들면, 기존에 익숙한 문자 언어를 사용하는 일기로 자신의 인격장애를 분석하고 설명하던 때에는 크게 효과가 없었으나 자신의 행동을 만화로 그렸을 때에는 전혀 다른, 신선한 전환을 경험했다고 한다. 기존에 사용해온 익숙한 양식으로 표현하는 것보다 다른 언어(외국어, 그림), 다른 형식(노래 가사 짓기, 코미디 대본 짜기)으로 접근했을 때 내면의 '지긋지긋한' BPD성이 발휘되지 않는 경험을 할 수 있었다는 증언이 있었다.

마지막으로 이것은 내가 만나는 모든 BPD에게 드리는 팁인데, 강력한 인격장애를 흔들 수 있는 힘은 바로 유머에서 나온다는 것이다. 병은 우리 곁에 언제나 머물고 있으며, 우리의 사고를 더욱 딱딱하게 만들어 자살과 자해와 그 밖에 타인에 위해를 주는 일들에게 논리를 부여하고 벗어나지 못하게 한다. 우리는 장애적 사고의 위병(衛兵)이 아니며, 병에도 불구하고 스스로를 웃게 할 수 있는 힘을 가지고 있다. 병을 모시고 사는 것만큼이나 병을 버려두고 놀러 나갈 수 있는 것이 바로 병과 대항할 수 있는 최후의 힘이다. 나는 BPD가 남에게 피해만 끼치는 악마적 존재도, 그렇다고 유년의 고통스러운 환경이 창조한 가여운 피해자도 아니라고 본다. 그것은 일단, 그저 병이다. 정해진 습속, 정해진 패턴, 호오가 확고한 병이다. 그리고 웃긴 것과 병적인 것은 종이 한 장 차이다. 만약 병을 두고 웃을 일이 필요하다면 기꺼이, 그 종이 한 장을 넘기면 그만이다. 어렵다면 BPD의 장기인 연기로 '넘기는 척'해도 좋다. 그렇게 한 번 넘긴 종이를 다음에 넘길 때에는 더욱 쉬울 것이다.

7장 ⬤ 조현병: 현을 조율하는 사람들

너를 대체하는

너를 망실하는

그러나 너는 괜찮은 병.

나는 조현병에 두 가지 편견이 있다. 하나는 발발 이후에 조현병자가 적극적으로 자신의 서사를 재편한다는 것, 그 과정에서 주변 사람들이 아는 부분이 소거되고 망실되며 무언가로 대체되어 다시 돌아오지 않는다는 것이다. 다른 하나는 조현인들이 자신의 질병에 대해 비교적 담담한 태도를 갖는다는 것이다. 한이 깊거나 모든 것을 질병의 탓으로 돌리는 것이 아니라, 다소간 어쩔 수 없었다, 그럴 수밖에 없었다는 식의 차분한 설명과 태도를 보인다는 것이다.

조현병 환자는 그들이 외부에서 들리는 소리라고 인지하는, 이른

바 환청들이 존재하는 다른 세상을 알고 또 가지고 있다. 자신의 내면에서 생성된 이런 관계가 진짜 외부 세계의 교류보다 설득력 있고, 현실적이고, 중요하며, 필요하다고 여기고 있다. 이 내면의 목소리들은 일반적으로 잔인하고(자살하라고 부추김), 특이하고(너를 감시하고 있다고 말함), 부적절하며(저 사람을 따라가라고 시킴) 청자로 하여금 그러한 생각과 행동을 하게끔 부추긴다. 이런 목소리를 듣는 사람은 겁에 질리거나, 진절머리를 내거나, 신경질적으로 반응하거나, 과민 반응을 하거나, 완전히 믿거나, 몰입하거나, 교류하거나, 대화하거나, 망상하기도 한다.

때때로 목소리나 소리의 형태가 아닌 시각적 형태, 즉 환시나 환영을 본다. 심지어 냄새나 촉감으로도 느낄 수 있는 이 세계는 조현병 환자의 망상을 현실이라 믿게끔 만든다. 피해망상이 있는 이들은 다른 사람이 자신을 쳐다본 것만 가지고도 이를테면 저 사람은 내가 제일 나쁜 사람이라고 생각한다는 눈초리로 읽고 해석하고 믿는다. 조현병이 진행되면 자신이 집착하는 망상이나 목소리의 세계와 그렇지 않은 현실이 점차 희미해진다. 그러나 현실 자체를 정말로 떠날 수는 없고 조현병의 세계와 현실 사이에 갇혀 고립될 뿐이다. 과거 병이 없던 시절의 드문드문 남은 흔적만 종종 수면 위에 떠오르고 현을 조율하는 자는 홀로 외로이 병적인 사고를 하는 상태가 된다.

조현인들은 여러 가지 이유로 자신의 기억과 감정들의 가지를 쳐낸다. 누군가 감시하고 있기 때문에, 지켜보고 있기 때문에, 정보를 빼내 나를 공격하거나 내 이야기임에도 불구하고 빼앗아가 자기 이야기처럼 쓰기 때문에. 그들은 당황하고 화가 나고 예민해져서 자신의 기억과 감정을 공격한다. 그것들에 폭격을 퍼부어 아무것도 살아남지 못하게 폐허로 만드는 것이다. 그리고 폐허 속에서 우리는 그의 옛날을 어렴풋이 발견한다. 그가 발병 이전에 가졌던 슬픔과 기쁨, 누군가의 이름, 과거에 추구했던 정치성 등이 잔존한다는 것에 대해 만감이 교차한다. 그는 심지어 옛날과 같은 농담을 하며 비슷한 농담에 웃기도 한다. 사라지는 것과 남는 것이 체계적이지 못하므로, 우리가 상실의 속도를 따라잡거나 잔존하는 것들을 보관하려는 노력은 헛되고 때로는 그것에 배신감을 느낄 수도 있다.

확실한 건 병이 앗아가는 것은 기억이나 습관의 일부만이 아니라 타인과 교류하는 방법, 이성을 합리적으로 사용하는 방법, 자신을 스스로 돌보고 씻고 먹이고 보호하는 가장 기초적인 능력이라는 것이다. 그리고 우리가 쌓아온 삶의 부분들이 환각과 환청, 목소리, 망상, 편집사고로 대체된다.

우리는 그 소리(환청)가 얼마나 강력한지 알 수 없다. 특히 더는 그 소리에 귀를 기울이지 않고 생활해나갈 수 있는 강인한 사람들이 어떻게 살아가는지, 어떻게 삶을 지속하는지에 대해서는 완전히 깜깜하며 잘 알지 못한다. 그런 조현인들은 지속적인 환각에도 불구하고 믿을 수 없이 뛰어나게 균형을 잡고 자신의 역할을 수행한다. 그들은 자신에게 일어나는 일을 이해함으로써 쉽게 행복해질 수 없지만 그들 자신을 구제할 수는 있다.

환자들은 대부분 자신의 병이 조현병임을 처음부터 알았던 게 아니라 우울증이나 다른 신체 질환 등으로 오인한 채 병 생활을 시작한다. 이때 이미 고착된 사고방식이 병적이라는 의사의 소견을 받고 긍정과 부정 둘 다 가능한 상태로 조현병이라는 커튼을 열고 나선다.

주된 증상은 사람마다 다르기 때문에 공통분모(이를테면 피해망상, 추적망상, 관계망상 등 공통된 성질)가 존재하더라도 양상은 다양하다. 경험하는 바도 서로 다르며, 내가 조사를 통해 알게 된 조현인들의 경험도 각기 매우 독특한 성질의 것이었다. 예를 들면 자신은 부잣집 자식으로 태어났지만 다른 집안에서 자랐는데 지금의 가족과 원 가족이 짜고 자신을 조현병으로 만들려고 조작한다는 진술도 있었고, 국가가 자신을 감시하고 있다는 패턴도 있었고, 피해망상이 머릿속에서 다양한 시나리오의 영상으로 재현되고 피드백되면서 더더욱 각인되어 치료가 어려워지는 상황 등이 있었다. 환청과 망상 등은 공통적으로 겪는다 해도, 세부적으로는 100명의 환자가 있으면 100가지 이상의 증상이 가능하며 서로 이를 결코 이해할 수 없다. 조현병 당사자들은 홀로 자신을 위협하는 거대한 위험과 외로운 싸움을 하는 것이다.

그럼에도 불구하고 조현병 환자들은 재발을 예방하거나 대처하기 위해 병식을 쌓고, 의사에게 자신의 생각이 적절한지 질문하고 확인받으며, 병을 견뎌내는 방법을 습득하고 체화해 다음 삽화를 대비하는 행동을 해나간다. 망상 속 행복에서 살고 싶고 약을 거부하고 싶은데도 약물 치료를 이어나가는 노력은 정말 놀라운 것이다. 자신에게 일어나는 알 수 없는 일의 해답을 찾기 위해 끝없는 노정을 계속해야 하기에, 그것이 병식이 강화되는 방향이든 병이 강화되는 방향이든 이들은 존재 자체로 고난의 길을 겪고 있다.

　다수의 조현병 환자는 자신이 잘 알지 못하는 타인에게 병명이나 병증을 공개하지 않는다. 정신질환자(특히 조현병)의 범죄 보도가 늘어나고 병명이 강조될수록, 정작 환자들의 생활, 정신질환 당사자들이 요구하는 회복에 필요한 치료와 복지 시스템은 가려진다. 이처럼 병이 오로지 시선 끌기 좋은 소재로만 사용되는 것은 문제적이다. 강력범죄가 반드시 조현병에서만 기인하는 것은 아님에도, 현재 보도되는 사건들은 가해자가 조현병 전적이 있다는 사실만 알려지면 마치 사건의 모든 인과관계가 밝혀진 것처럼 여긴다. 그들이 정신질환자이기 때문에 범죄가 잘못이 되지 않는다는 말이 아니라, 범죄란 정신질환이라는 마지막 퍼즐이 충족되어 발생하는 것이 아니라는 의미다.

　사람들은 조현병을 어느 기이하고 괴상한 사람의 광증이라 생각할지 모른다. 하지만 조현인의 세계란 굉장히 정교하게 만들어지는 세계이며 아주 강고하여 쉽게 그 안으로 들어갈 수 없다는 점을 짚고 싶다. 사람들은 쉽게 조현병에 대해 상상하지만, 일반적인 상상

속의 조현병과 달리 그 세계는 다채롭고 다양하며 수많은 존재들이 난립하고 피었다 지는 완전히 다른 공간이다.

　나는 섣불리 이해할 수 없더라도, 그 사람이 어느 시점 이전으로 돌아오지 않는다 하더라도 포기하지 않아야 한다고 믿는다. 내가 멀리 이런저런 병을 거쳐 좌충우돌 해오는 동안 내 옆에 있었던 이들이 "기다린다.", "돌아와라." 말하지 않고 그저 옆에 있었던 것처럼. 나는 당신의 옆에 있고 싶다. 이 뒤에 실린 이야기들은 조현인 당사자 레드빈과 퍼플하트가 들려준 이야기이다. 당사자들의 이야기를 읽고 조현인의 삶의 더 많은, 풍부한 결을 느끼시길 바란다.

　내게 이야기를 들려준 여성 조현인 분들께 감사 인사를 드린다. 발병한 이들이 옛날과 완전히 같은 이가 아닐지라도, 그것에 개의하기보다 함께 보낼 앞날을 생각하라는 교훈을 준 모든 이들에게 고마움을 표하고 싶다.

레드빈의 이야기

먼저 조현병이라는 말에 관해 제 생각을 덧붙일게요. 명칭 변경의 취지♢는 좋았지만, 말이 어렵고 이름만 들어서는 잘 알 수 없는 미지의 병처럼 느껴지게 되었다고 생각합니다. 그래서 사람들의 두려움이 더 심해지는 것 같아요. 홍콩에서는 사각실조증 또는 사고지각민감증이라 불리는데

이 말이 제일 나아 보이기도 하고요. 실상 어떤 이름을 붙여도 스키조(분열)에서 벗어날 수 없지만요.

저의 병은 자신이 붕괴되는 느낌, 내가 '내'가 아니라는 감각과 함께 시작되었어요. 스물한 살 무렵에 주변 사람들의 태도가 확 달라졌다는 것, 내가 하는 행동이 정말 이상한 행동이라는 것을 느꼈습니다. 하지만 병이라 인정하지 않았죠.

그러다 스물넷이 되어서야 의사에게 조현형 인격장애로 진단받고 조현병 스펙트럼이라는 것을 알게 되었습니다. 일종의 조현 증상 형태의 덩어리가 인격장애처럼 굳어져 있다고 설명하면 될까요?

확진을 받고서도 세상이 나를 무시한다는 생각이 들었고 싸움도 잦았어요. 왜 내가 하필 인격장애인지, 왜 하필 '조현형' 스펙트럼인지 이해가 안 되고 이해하고 싶지도 않아서, 그냥 생각 저편에 내버려 뒀습니다. 저를 '미친 사람'으로 몰고 간다는 생각에 반감이 들고 괴로웠습니다.

열 살 때부터 매일매일 죽고 싶다, 사라지고 싶다고 생각했어요. 그게 자

✧ 조현병의 명칭은 본래 정신분열병이었다. 그러나 이 용어로 인해 많은 오해가 생겨났다. 성격이나 인격이 분열되는 것으로 잘못 받아들여지는 경우가 생긴 것이다. 특히 한국에서는 환자들이 정신분열병이라는 병명으로 인한 사회적 편견과 낙인이 심한 것으로 파악돼 대한조현병학회와 대한신경정신의학회는 2007년부터 병명 개정 작업에 착수했고 이후 '조현병'이라는 새로운 이름으로 바뀌게 됐다. 조현(調絃)은 '현악기의 줄을 고르다'라는 뜻이다. 병으로 인한 정신의 부조화를 치료를 통해 조화롭게 하면 좋은 소리를 내는 현악기처럼 정상적인 생활이 가능하다는 의미를 담고 있다. 이는 뇌신경망의 이상 증세로 발병하는 조현병의 특성상 뇌신경망이 적절하게 조율돼야 한다는 뜻도 담겨 있다. 박미라, 「'정신분열병' 이름 때문에 오해 부른 질환」, 《메디컬옵저버》(2014년 11월 11일) 참고.

살사고라는 걸 중학교 때 알았죠. 죽고 싶다는 사고는 쭉 이어져서 자살 시도까지는 아니어도 약을 먹거나 목을 조르는 정도의 자해를 했습니다. 지금은 약물 자해를 하지 않아요. 거의 100알 먹고 실려 간 적이 있었습니다. 급성 횡문근융해증이 일어나 못 움직이고, 오만 난리를 피우며 실려가 입원했어요. 나중에 돌이켜보니 그런 행동에는 '나쁜 짓을 하면 기분이 좋아진다.'라는 전제가 있었던 것 같아요. 이후 꾸준히 약을 먹자 병이 좀 사그라졌습니다. 이런 경험들을 저의 서사라 할 수 있을까요?

학창 시절에는 전교적인 왕따였습니다. 걸어 다니면 폭언이 날아와 언제나 땅바닥을 보며 걷는 버릇이 들었고 지금도 그렇게 걷습니다. 지나가면 "병신이다.", "병따다."처럼 모욕을 주는 말을 많이 들었죠. "너 학교에서 유명하다며? 왜 유명한지 아냐?" 같은 모욕도 많이 들었고요. 자연히 위축된 생활을 했습니다.

제일 선명하게 기억나는 건 책상에 앉아 노래를 들으며 그림을 그리고 있는데 발로 차여서 넘어지고 맞았던 일입니다. 누가 때렸나 쳐다보니 "왜 꼬나보냐?"라며 맞았고, 고개를 돌리면 안 본다고 또 맞았어요. 다른 기억은 대부분 남아 있지 않은데, 이 기억은 잃어버리지 않고 지금도 1인칭 시야로 전개된다는 점에서 여러 기분이 듭니다. 트라우마적인 장면이지만 지금은 웃으며 얘기할 수 있으니 시간이 지나며 좀 나아진 것 같긴 하네요. 그래서 더욱 공부로 나를 증명받고 싶었어요. 중고등학교 때는 공부하면 원하는 성적을 얻을 수 있었고, 뭔가 하려고 하면 됐으니까요. 그런데 대학교를 다니던 어느 시점부터 공부를 점점 못하게 돼버린 거죠.

여하튼 대인관계와 얽힌 싸움들이 많았습니다. 지금 생각하면 발병에 좋은 양분이 될 만했죠. 사람들이 나를 싫어하고 쫓아내려 한다는 생각이 있었는데, 이게 피해망상으로 번져서 세계의 모든 이들이 나를 쫓아내고 밀어내기 위해 음모를 꾸미고 있다고 생각하게 되었습니다. 국정원이 나를 추적하거나 텔레비전이 나를 감시한다고 생각했어요. 게다가 의사가 준 약이 미심쩍고, 의사가 약에 독을 탔다, 약이 오염됐다고 생각했죠. 또 가족들이 내 물건을 버렸다든지, 타인이 나를 배척하고 몰아내려 한다는 생각이 기저에 깔려 있었습니다. 세상이 원망스럽고, 가족들이 나를 미워하는 것 같고, 결국 싸우게 됩니다. 가족에게 화풀이하는 식으로요.

친언니는 제가 병 때문에 힘들다고 하면 "같은 환경에서 자랐는데 왜 너만 힘드냐?" 같은 말을 합니다. "어릴 때 똑같이 집안 환경이 좋지 못했는데 왜 너는 아프고 나는 멀쩡하냐, 억울하다." 같은 반응을 보입니다. 가족들이 나와 나의 병을 지겨워한다고 생각해요.

병을 특히 자극하는 상황이 있어요. 모욕적이고 자존감을 깎는 말을 들으면 크게 자극을 받아요. 이를테면 "이러니까 그 모양 그 꼴로 살지.", "평생 그렇게 정신병자로 살아라." 같은 말들이요.

도덕적인 딜레마에 처하게 되는 상황도 힘듭니다. 대인관계나 연인 사이에서 언제나 착한 사람이 될 수는 없는데, 저는 착한 역할을 맡고 싶은데 마음과 달리 문제가 생길 때 힘들죠.

입원은 두 번 했는데요. 첫 번째 입원한 곳이 열악한 곳이어서 사건 사고가 굉장히 많았습니다. 환자와 보호사가 싸우는 것도 일상이고, 다른 환자가 절 죽이겠다고 한 적도 있어요. 두 번째 병원은 대학병원이었고 상당히 괜찮았습니다. 가끔 다시 입원하고 싶은 마음이 듭니다. 물론 자살 시도와 같은 응급 상황에는 반드시 입원해야 한다고 보고요.

병을 완전히 인정하게 된 것은, 소셜네트워크상에 제 병과 관련한 정보 봇(자동계정)을 만들기로 결심했을 때라고 할 수 있겠습니다. 내가 이 병을 가시화해야 한다는 소명의식 같은 게 있었달까요. 긍정적인 효과가 있었어요. 타인의 관심을 끌 수도 있고, 공감을 받기도 했고요. 조현형 인격장애에 대해 많은 질문을 받은 것도 고무적인 일이라 느껴요. 정보를 제공하는 일을 하는 동안에는 객관적인 인식과 표현을 하는 데 집중하게 돼요. 내가 무엇인가 하고 있구나 하는 기분이 들지요.

정보 봇을 운영하는 일은 병식 관리에도 큰 도움을 주었습니다. 물론 병식을 가지고 유지하기 위해서는 약이 늘 기본이고, 먼저 약물 치료에 충실해야 도움이 되죠. 약을 먹는 것은, 자신의 품위를 지키는 일이라고 생각해요. 약을 안 먹고 일을 저지르는 것보다 낫죠.

제 병에 고유한 특성이 있다면 애매함이겠네요. 남들이 보기엔 정말 충분히 이상할 텐데 막상 정신과에 가서 약을 받으면 이상해 보일 만큼의 용량이 아니라고 느껴져요.

병이 심한 상태인지 아닌지는 스스로 구분하기 어려운 것 같아요. 잘 구분할 수 있다면 상태가 심하지 않은 거겠죠. 환청이 "너는 쓰레기야.", "살 가치가 없다."라고 말한다고 해도 그건 결국 나한테서 오는 내 일부잖아요.

병으로 인해 손해를 본 게 있다면 단연 지적 능력의 저하입니다. 병이 기세가 오르면서 전처럼 멀티태스킹이 안 된다는 느낌이 들었어요. 사고의 깊이가 제한되고, 얕아졌다고 느꼈고 실제로 학업에 지장이 생겼죠. 저는 졸업 시험에서 두 번 떨어져서 최근에야 비로소 졸업하게 되었습니다.

그러나 병이 함께하기에 좋은 점이라면 남들이 제게 '특이하다', '4차원이다', '창의적이다', '다른 사람은 안 할법한 말을 한다'라고 묘사하는 걸 듣는 것일까요? 그러나 저는 사고에서 중요한 것은 질과 양이라고 생각해요. 사고의 양이 많아도 얕고 빈약한 생각을 할 수 있으니까요.

그런 면에서 사람들이 제게 특별하다고 말하지만, 저는 특별한 면도 평범한 면도 다 가지고 있는 것 같아요. 싱어송라이터가 돼서 비범해지겠다는 특별함에 대한 욕구와, 평범하고 싶다는 마음, 양쪽의 생각이 공존하죠. 동시에 전 둘 다 아니에요. 왜냐면 특별함과 평범함 사이에서 아무것도 안 하니까. 평범해지려는 노력도 비범해지려는 노력도 안 하기 때문에 그렇죠. 병의 기능 저하가 양쪽 모두를 실행으로 옮길 기력 자체를 앗아가는 느낌이에요.

심하게 스트레스를 받을 때에는 대처 방법을 몰라 쓸려가 버려요. 가족과 이야기를 나누기도 하지만 대부분 그 시간이 지나가길 기다리죠. 그래도 저를 위로해주는 것들이 있다면, 우선 음악 듣기가 있고요. 그림을 그리고 글을 쓰는 것, 게임, 넷플릭스…… 아무튼 전자기기를 매개로 하는 모든 것을 좋아해요.

제 병에 대해서는 온라인 공간에서 주로 이야기합니다. 지인이나 가족이 병에 대해 일정 부분 안다고 해도, 대화에 한계가 있다고 생각해요. 이해

못 하는 부분이 있지만 그래도 부모님은 절 지지해주시는 것을 느껴요. 예전에는 가족 모두를 싫어했어요. 제가 학교에서 따돌림당할 때 절 지켜주지 않았다고 생각했고 그 원망이 컸는데, 지금은 뭘 해도 가족만이 저를 지지할 것이라고 믿어요. 가족과 좋은 시간을 보내고 싶습니다.

퍼플하트의 이야기

안녕하세요. 퍼플하트입니다. 심리학과 불문학을 전공했고 주방 보조로 1년 일하고 백수 생활을 하다 장애등급을 받고 기초생활수급자가 되었습니다. 한·중·일 요리를 배우고 있으며 조금 내향적인 성격입니다.

저는 약물 치료에 어려움이 많습니다. 약에 오물이 묻고 오염물질이 떨어지는 환시가 있습니다. 감기약 같은 것은 잘 먹는데, 정신과 약은 오염도가 눈에 띄어 약을 먹으면 안 된다는 생각이 들어요. 그래서 1회 맞으면 한 달 정도 효과가 지속되는 주사 치료로 대체하는 쪽이 편합니다. 제 병의 특성상 약을 경구 복용하기가 어려워서, 다른 치료법이 있다는 게 다행입니다.

초등학교 때는 따돌림이 일상이었죠. 6학년 때부터 중학교 시절까지 공부를 잘해서 자신감도 생기고, 친구가 많진 않았지만 잘 지냈습니다. 교칙도 안 어기고, 학생부도 안 가고요. 친구가 많진 않았어도요. 그러다 고등학교 때 자퇴를 했습니다. 이과로 진학했다 문과로 바꾸려고 했으나 그러려면 3학년 때까지 기다려야 해서, 빨리 문과 공부를 하고 싶어서였죠. 시간이 많이 생겨서 구립도서관에서 책이나 영화를 많이 볼 수 있었고, 감수성, 음악, 미적인 것에 집중할 수 있어 좋았습니다. 다만 돈이 없어서 힘들었죠.

10대 후반부터 우울증이 있었지만 자퇴 때문은 아니었어요. 정신과 의사를 만나보고 싶었는데 아버지가 반대해서 치료는 받지 못했고요. 시간이 지나니 괜찮다고 여겼던 것 같습니다. 그렇게 치료를 안 받은 시간이 길었고 20대 초반까지 우울증을 앓았어요. 지금의 저는 아버지 문제도 정리했고, 병도 관리받고 있으니 10대의 제가 보면 많이 부러워할 것 같습니다.

20대 중반에 망상과 환각이 시작되었습니다. 저는 심리학이나 이상심리학 등을 공부했음에도 이것이 병인지 몰랐습니다. 스마트폰 없이도 좋아하는 사람과 텔레파시가 통하게 되었다고 생각했습니다. 이것들은 모두 '브레인-브레인 인터페이스'나 '브레인-머신 인터페이스'에 의해 일어나는 일이라고 생각했지, 환청이나 망상이라고 생각하지 않았어요.

입원을 하며 진단명도 받았습니다. 입원을 계기로 병을 인정하게 되었어요. 입원 전까진 내 생각을 남이 엿듣고 있다는 생각 때문에 일부러 생각 자체를 하지 않으려 했어요. 특히 미래에 대해선 더욱더 생각하지 못하는 상황이었는데 입원하면서 굉장히 많이 달라졌거든요.

그 전에 통원하면서 약물 치료를 했을 때는 약이 오염된 것 같아서 처방약을 못 먹는 날이 많았습니다. 입원하고 나서는 약을 삼키는지 검사를 했으니까 약을 거를 수 없었고, 약을 먹자 치료 효과를 느낄 수 있었어요.

가장 심각했던 증상이라고 한다면, 제가 쓴 글이 불타는 소리가 들린다거나, 아니면 어떤 목소리가 자살하라거나 한 적이 있었어요. 그러면 저는 당황하면서도 지시에 따라 라이터로 옷에 불을 붙이려 했습니다. 전기 콘센트에 나사나 젓가락을 넣어 전기 충격을 받으라는 주문을 받은 적도 있습니다.

당시 좋아했던 사람이 지금 어느 레스토랑에서 밥을 먹고 있고 어디에서 무엇을 하고 있으니 가보라는 환청도 있었어요. 물론 가면 그 사람은 없었고 "야, 이미 걔는 갔다." 하고 환청이 비웃었죠. 그리고 저를 향한 공격이 있기 때문에 보도블록을 걸을 때도 어떤 것은 밟으면 안 된다는 등의 제한이 많아서, 남들은 5분이면 갈 거리를 한참 걸려 가곤 했습니다. 이동 자체가 어려웠죠.

심할 때에는 환청이 계속 어디에 가면 누가 있으니 어디로 가라고 하거나, 집에 가지 마라, 집에 들어가면 안 된다고 해서 외박하고 배회하는 경우가 잦았어요. 어머니를 많이 걱정시켰죠. 또 그렇게 늦은 시간에 길거리를 헤매다 보니 남자들이 집적거리며 모텔에 가자고 말을 걸거나, 섹스 요구를 하거나, 제가 거부하니 욕을 퍼붓거나 하는 위험한 상황도 있었습니다.

환청이 요구하는 대로 길거리를 돌아다니고 밤은 밖에서 새고, 그래서 경찰이 집에 데려다 주려 한 적도 많습니다. 소방서에 내 핸드폰에 번개가 치고 있으니 위험하다고 신고하고, 경찰에도 내 여권이 사라졌는데 누가 쓰고 있다고 신고하고, 핸드폰에 독극물이 있다고 신고하고…… 허위 신고로 법원에 다녀온 적도 있어요. 형제가 군에 있던 동안에는 내게 불법카메라가 설치되어 군대에서 날 볼 수 있다고 여기게 되어, 바깥에 나가거나 사람들과 교류하기가 전부 불가능할 정도였습니다. 지금은 증상이 심하지는 않아요. 요즘은 환청이 거의 안 들리고, 차 소리나 소음이 많을 때에만 근처에서 웅얼웅얼하는 소리나 환청으로 존재가 형성되기에는 애매한 정도의 소리만 들립니다. 백색소음과는 다르고 환청이 되기엔 애매한, 거슬리는 소리죠.

저의 인간관계는 가족, 동네 친구에서부터 온라인의 지인까지 다양하게 걸쳐 형성되어 있습니다. 엄마와는 사이가 좋고 아빠와 사이가 나빴는데 두 분이 이혼해서 싸움이 없으니 만족도도 높고 행복합니다. 아버지는 한창 음식에도 뭐가 떨어지는 환시가 보일 때 밥을 못 먹겠다고 하면 대신 먹어줬습니다. 제게 이것은 "특별한 재능이다."라고 하셨고요. 입원 후 병문안도 오고 가족으로서 기본적인 것들을 해주셨어요. 반면 동생들은 직장이 있고 둘 다 면회 온 적도 없고 제가 장애등급을 받은 것에 대해서도 무반응이었습니다. 엄마가 제 병에 대해서 많이 이해하시는 편입니다.

아주 힘들 때는 잠을 잡니다. 산책을 하고, 맛있는 것을 먹기도 하고요. 음악 듣기, 누워서 하늘 보는 것도 좋죠. 수영을 배운 것, 부모님에게 이혼하라고 한 것, 심리학을 공부한 것이 많이 도움이 되었어요.

조현병 진단을 받았을 때, 처음에는 내 생각이 망상이라는 것에 기분이 나쁘고 조현병이라는 점도 기분이 나빴는데 지금은 오히려 잘된 것 같다고 생각이 들 정도로 전체적인 밸런스가 호전되었습니다. 처음에는 인생 곡선이 내려갔으나 점점 호조되며 올라가는 곡선의 그래프가 되었죠. 병에 대해 긍정적 인식을 갖게 됐어요. 지금은 여러모로 만족도도 높고 병식도 생겼고, 괜찮죠.

저는 장애등급을 받은 것이 정말, 정말 잘한 일이라 생각해요. 1년 이상 치료받은 기록을 제출하고, 2~3만 원의 비용을 지불해 증서를 받아 주민센터에 내고 두 달 정도 후에 결과를 받았습니다. 장애등급을 받으면 손해가 된다는 얘기도 있지요. 그런 의견에 대해서는, 가장 큰 손해는 병이라고 생각해요.

저는 개성과 능력이 있었지만 그것에 조현병이 영향을 많이 끼쳤어요. 10대 때는 책을 많이 읽었는데 지금은 독서 모임을 하는데도 어려움을 겪고 있습니다. 다른 조현병 친구도 인지 기능이 떨어져 걱정을 많이 하더군요. 그러나 그런 어려움이 눈에 띄게 포착되냐 하면 사실 그렇진 않아요. 다만 이제는 글이 잘 안 써지고, 저도 글을 잘 안 쓰게 된 걸 꼽을 수 있을까요. 쓸 일이 없어서이기도 하죠. 일기도 지금은 거의 안 씁니다.

조현병이 일찍 발병하면 대학을 자퇴하는 경우가 많다고 합니다. 저는 학업 능력이 필요한 시기를 지나 발병한 케이스라서 그런 영향이 상대적으로 덜했다고 생각하고 있습니다. 대학교에서 최우수상을 받아 해외 연수를 갈 기회가 있었고 그때는 매우 즐겁고 보람도 있었는데, 이후에 조현병 증상이 있을 때 누군가 그 사진들을 보고 있다고 여겨 포맷하고 모두 삭제해버렸습니다. 병증이 과거의 서사 밖에서 자라난 느낌이라 저는 과거의 일을 정리하면서 서사를 만들진 않았던 것 같습니다. 자신의 서사를 재편한다기보다 소멸시켰어요, 저는. 별개의 것이라 생각했거든요.

현재 요리 기술교육을 취미 삼아 받고 있습니다만 장래는 회계 쪽으로 나가 볼 계획입니다. 장애인 취업 알선을 통해서요. 과거에 정신건강 관련한 직업을 가지고 싶었고, 그쪽으로 관심이 있었는데, 막상 직업을 찾다 보니 주방 보조를 하고, 요리를 배우고 있었고요.(웃음) 쉰 살쯤 은퇴해 요리에 더욱 매진할 예정입니다.

오래 살고 싶습니다. 할머니 레즈비언이 돼서 살 거예요.

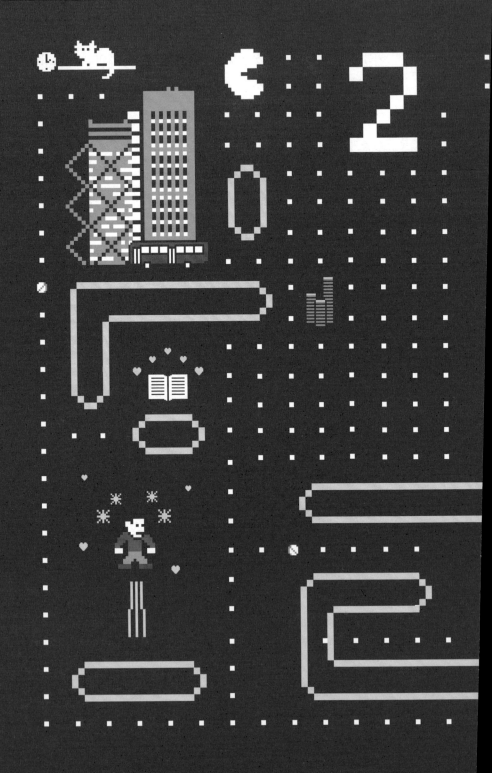

병과 더불어
살아간다는 것

8장 ▭ 병이 낫지 않는 사람들

우리가 감기를 두려워하지 않는 이유는 그것이 낫기 때문이다.

처음 정신질환 증상이 발병했을 때 나는 신체적으로 아주 건강한 상태였다. 그래서 더더욱 기분과 감정, 그리고 나의 질환을 분석하는 데에 몰두할 수 있었다. 기분이 나쁘면 이를 끌어올리기 위해 마다한 일이 없었고, 기분이 좋으면 지속하고자 하는 마음에 비행을 기꺼이 저질렀다. 죽고 싶을 때에는 그 자살사고에 거듭 충성을 맹세한 것처럼 굴었다. 돌이킬 수 없는 강을 건넌다고 생각하지 않았고, 내 행동이 모두 신체를 매개해 이뤄지는 일이라는 사실도 와닿지 않았다. 나의 망가진 정신도 정신이랍시고 제 몸에 목줄을 매서 여기저기로 끌고 다니고 있는 것에 대해서도 심각하게 여기지 않았다.

정신이 망가진 사람이 가장 먼저, 그리고 가장 마지막까지 해치는 대상은 자기 자신이다. 특히 자기 자신의 육체다. 많은 정신병자들이 몸과 정신병을 분리하여 사고한다. 체력 저하, 체중 증감, 무기력증, 수면장애 같은 신체의 신호를 무시하고 자신이 분석한 정신병의 원인을 소거할 수 있으면 지금 봉착한 제반 문제도 해결할 수 있을 것이라 생각한다.

처음에는, 혹은 어떤 시점까지는 이런 전략이 먹혔을 수도 있다. 실제로 많은 이들이 하는 실수가 초발 삽화에서 약물 치료로 호전을 보이면 빨리 약을 끊고자 하는 것이다. 또 다른 실수는 병을 치료할 기간을 이를테면 1~2년 정도로 잡고 그 안에서 해결하고자 하는 것이다. 이들은 자신이 만든 마지노선에 쫓기듯이 치료를 하는데, 그 과정에서 섣불리 자의적으로 단약하게 되면 일이 힘들어진다. 단약 이후에 삽화가 발생할 가능성이 제로가 아니므로 병이 다시 발발하게 되면 이들은 필연적으로 무너지며 재차 병의 이유를 찾으러 돌아다닌다. 사실 이유는 그다지 중요하지 않다. 중요한 건 다시 병원에 가게 되었을 때에 그들은 이미 이전에 먹었던 용량을 상회하는 약을 복용하게 되며, 이런 일들이 반복될수록 병은 점진적으로 자라난다는 사실이다.

자라나는 정신병은 교묘하다. 임계점을 넘어선 정신병은 더는 우리 안의 타자로 존재하는 게 아니라 자기 자신과 긴밀하게 섞여버린다. 병에 오염되었다고 보든, 병과 혼합되었다고 보든 이제 자기 자신의 고유한 감정과 기분을 잃어버리고 병증이 호소하는 대로 사고하고 판단을 내릴 공산이 커진다. 병은 우리가 감각하는 세계를 보다 확장하고, 우리가 인식을 마치면 그 속으로 재빨리 스며들어 자신의 몸집을 불린다.

이 지점에서 우리는 병을 통제하고자 하는 욕구가 상승하는데, 사실 제어가 가능했던 시기는 이미 놓쳤다. 이제는 확대되는 병의 지각을 쫓아가려는, 자기 동일성을 유지하려는 시도에 그칠 뿐이다. 그리고 우리는 알게 된다. 병이 내부에서 발발하는 느낌이 아니라 외부에서 내려오는 느낌을. 병이 내 내적 자양분을 먹으면서 자라나는 게 아니라 다 자란 성체로 불쑥 등장하는 것을 말이다. 그리고 이쯤되면 이제는 물을 수밖에 없다. 이 병을 낫게 하는 게 가능할까?

정신병을 앓는 이들 중 일부는, 의사가 당신이 정신과 약을 평생 먹어야 하고, 이 병은 죽을 때까지 관리해야 하는 병이라고 말하면 실망감과 낭패감을 감추지 못한다. 한편, 일부는 덤덤히 받아들이고 자기도 당연히 그리 생각했음을 피력하는 경우도 있다. 더 이상 무엇을 좋아지게 하기 위해 치료를 받아들이는 것이 아니라 지금보다 나빠지는 것을 막기 위해 약을 복용하고, 생활 습관을 개선하고, 환경과 여건을 갖추는 데에 집중하게 되는 것이다. 그러면서 현 상태를 유지하는 것만으로도 상상 이상의 비용이 들어간다는 사실을 알게 되고, 어떤 이들은 그 비용을 지불할 여력이 되지 못해 간신히 저공비행으로 버티거나 추락하고 다시 올라오지 못한다. 그리고 마침내 이런 교착상태에 새로운 지평이 되어줄 신체 질환이 발발한다. 경증으로는 약물 부작용부터 근골격계 이상, 대사 질환, 각종 감염증,

피부 질환, 자가면역 질환, 심지어 탈모에 이르기까지 더는 몸이 이전 같지 않을 것이다. 그래도 원인과 진단이 명확한 병증들은 비교적 대처하기 용이하다.

약물 부작용이나 정신 흥분 상태가 유발하는 발작을 경험해본 이들이 있을 것이다. 자신의 감각과 육체를 완전히 제어할 수 없고 자기 멋대로 날뛰는 신체 말단들을 갉아대는 듯 기이한 통증을 겪으며 벗어날 수 없는 경험 말이다. 신경과에서도 원인을 찾지 못하고, 증상이 폭발할 때에 응급실에 내원해도 이유 없는 '액팅 아웃(acting out, 말이 아닌 행동으로 갈등을 분출하는 정신과적 증상)' 정도로 받아들여지는 그런 고통들. 당신은 이제 고통이 불합리하게 배분되어 있다는 생각을 하게 된다.

나는 11년 전 첫 삽화가 발병한 이래로 약물 오남용도 하고 과음도 하고 방탕하게 살았는데 몇 년 지나지 않아 희귀한 안구 질환이 생겼다. 한쪽 눈에 실명 수준의 왜곡이 일어난 것으로, 비교적 빠르게 진단과 수술이 이루어져 막상 시각 장애가 있던 상태는 약 2주 안팎이었으나 그때의 충격은 아주 크게 남아 꽤 오랫동안 극복하기 어려웠다. 한쪽 시야가 아예 사라진 게 아니라 겹겹 돋보기를 한 것처럼 꼬여 있고 기울어짐 등 왜곡이 심해서 그 눈으로 보면 사람들이 프랜시스 베이컨의 그림들처럼 보였다. 그리고 시각은 양눈에 의존하고 있으니 양눈으로 보더라도 왜곡이 있어 읽거나 보는 모든 활동을 할 수 없었다. 원인 불명의, 저절로 생기는 병(특발성 질환)을 병자들이 홀로 이겨내기란 매우 어렵다. 이제껏 내 말을 잘 듣고, 내 편이라 여겨왔고, 함께 정신병과 맞서던 육체의 배반은 마치 누군가 나를 포기한 것처럼 느껴진다.

당신의 마음이 지각하는 시간의 흐름이 어떻든, 육체는 차곡차곡 나이 들어간다. 스무 살의 숙취와 서른 살의 숙취가 다르듯 자연스러운 일이지만, 신체가 담보가 되기는커녕 신체의 병이 마음의 병과 손을 잡고 함께 행복의 나라로 가버리는 일들이 벌어지는 것이다. 당신의 사고장애, 정신증이 생각에 국한되는 것이 아니라 너덜너덜한 몸과 결합해 여러 이상 사고를 야기한다. 당신은 '내가 죽어야 이 고통이 끝난다.' 하고 맹목적인 믿음을 갖기도 하고, 얼마나 더 시달려야 구원받을 수 있을지 탐구하는 방식으로 자기를 내몰 수도 있다. 그리고 이제는 반대되는 상황, 즉 육체의 질병을 해결해야만 정신의 짐도 덜 수 있을 거라는, 정신병의 초기와 반대로 작용하는 생각을 키워나가는데, 문제는 육체의 고통이 사라지더라도(고통의 원인이나 고통스러운 요소를 제거·치료하더라도) 정신에 생겨난 얼룩들이 사라지지 않는다는 데에 있다. 이 얼룩은 비단 자살사고나 자해 충동 같은 자기파괴적이고 분명한 형태로 표출되지 않더라도, 스스로 자신의 가치를 평가절하하고, 자신을 돌볼 만한 이유를 찾지 못해 제대로 된 의식주를 제공하지 않는다거나, 병이 어떻게 진행되든지 개의치 않는 무시일관의 모습으로 드러날 수 있다. 어쨌든 긴 투병, 투병과 투병들 사이의 중첩은 우리로 하여금 적극적으로 스스로를 포기하게 유도한다.

병이 낫지 않는 사람들은 울적하다. 그들은 자신에게 새로운 질병이 생긴다는 것을 감당하지 못한다. 사소한 것, 이를테면 위장장애 같은 것에도 쉽게 견디지 못해 한다. 입마름이나 오심 같은 사소한 증상을 겪을 때조차 마치 자기가 앉은 의자가 동댕이쳐졌다는 얼굴로 시름에 젖는다.

그러나 병이 펼쳐지는 장은 다른 나라의 월드컵경기장이 아니라 자기 몸이다. 그 연관성을 병이 낫지 않는 사람들은 이해하지 못한다. 예를 들면 우울증으로 침대에 오래 누워만 있을 때 누워서 스마트폰을 사용하는 습관이 생겼다면, 자연스럽게 팔꿈치에 체중을 싣는 자세가 되므로 테니스를 치지 않아도 테니스엘보가 생길 수 있다. 이처럼 오래 누워만 있으면 테니스엘보가 생길 수 있다는 것, 불규칙한 섭식 습관으로 역류성 식도염이나 만성적 위장장애를 얻게 될 수 있다는 것, 활동을 거의 하지 않기 때문에 특정 근육에만 부하가 가서 근육통이 생긴다는 것 등을 겪으며, 어쩌면 실은 모두 원인은 자신의 행동 양태에 있음을 알고 있을 것이다. 그러나 언제나 문제는, 이유를 찾고 그것을 해결하면 해소되는 일이 아닌, 병이라는 존재 자체가 주는 좌절이다.

병을 주렁주렁 달고 사는 사람들은 잘 알고 있다. 병들은 각기 다른 시기에 날아왔지만, 이 병이 저 병에 어떻게 기대고 있고 저 병은 다시 다른 병이랑 손잡고 있으며, 경한 몇몇의 병증이 사실은 중대한 질환을 암시하고 있다는 것. 서로 연결되어 있어서 모두 함께 개선하는 것이 아니면 그다지 소용이 없을 것이라는 생각. 그러나 불규칙한 식습관과 폭식에서 온 섭식 문제, 활동 부족과 갑작스러운 체중 증가로 관절 이상을 겪어 이를 한번에 타개하고자 마음먹고 운동 계획을 세워 충실히 이행하고자 했고 며칠 실천하였음에도 불구하고, 우리의 정신이 유감스럽게도 갑자기 새로운 활동을 감당하지 못해 손을 들어버려 프로젝트가 실패하는 역설적인 상황에 대해서 말이다.

이처럼 여러 번 자신이 처한 상황을 타개하고자 노력한 사람도 종내에는 두 손 들고 말기 때문에, '질병 관리 프로젝트'는 언제나 조심스럽게 접근해야 한다. 이 프로젝트의 목표와 핵심은 아주 아주 간단한 것으로 잡아야 한다. 그리고 절대 혼자서 완성할 수 없기 때문에 주위의 도움이 꼭 필요한데, 도움을 받으려 할 때 가장 중요한 것은 도움을 요청하기를 수치스러워하지 말아야 한다는 것이다. 그리고 이 모든 프로젝트와 관계 사이에서 당신의 병은 (그것이 정신병이든 육체의 병이든 오래된 병이든 신생 병이든) 언제든 심한 기복을 보일 수도 있다는 것을 염두에 두어야 한다.

이 질병 관리 프로젝트에는 세 가지가 필요하다. 장기간 진료를 봐온 정신과, 내원이 용이한 가정의학과, 식습관 관리. 정신병이 관리의 영역인 우리에게 필요한 것은 지금보다 더 나아진다는 목표가 아니다. 최대한 지금 상태를 유지하기, 지금 상태를 더욱 잘 파악하기를 최우선으로 두고 약물 치료를 병행해 나가야 한다. 이 과정에서는 자신의 동태를 잘 파악하는 정신과 의사의 존재가 필수적이며, 반드시 자신의 모든 점(가정환경, 성적 지향, 기타 배경지식 등)을 알고 있는 사람이어야 하는 건 아니다.

내원이 용이한 가정의학과란 병자에게 새로운 질환의 기미가 보였을 때 최대한 빨리 내원해서 조치를 취할 수 있는 병원을 말한다. 정신병에 수반하는 호흡기 질환(미세먼지가 심할 시 우울증 등에 영향을 준다.), 대사 질환, 피부 질환, 각종 자가면역 질환 등의 검진이 가능한 곳이 좋다. 자주 내원할수록 기록이 쌓여 새로운 병증이 생겼을 때 적절한 의료적 개입이 가능하다는 이점이 있다. 그 외에도 정신병의 영향으로 탈수, 영양부족 등에 시달릴 때 수액을 맞거나 관련된 처방을 받아 회복 단계에 속히 이를 수 있게 한다.

식습관과 활동 패턴은 단번에 바꾸기 어렵고, 바뀌더라도 이전의 습관으로 되돌아가기 쉬우므로 천천히 개선해나가는 것이 좋다. 자신이 이상적이라고 여기는 만큼의 절반 정도만 달성한다고 생각하고 아주 조금씩 개선해나가도록 한다.

식습관 개선을 위해 다음과 같은 방법들을 실천해볼 수 있다. 첫째, 다른 사람과 식사를 같이 하는 시간을 가진다. 하루에 세 끼를 챙기기 어려운 병자에게 끼니를 챙길 수 있는 기회가 된다. 둘째, 다른 사람과 식료품을 함께 구매한다. 생활비를 아낄 수 있을뿐더러, 자연스럽게 쉬운 요리 팁을 공유할 수도 있고, 제철 채소나 과일 등을 더 저렴한 가격에 구매할 수 있으며 사회적 활동도 겸할 수 있다. 셋째, 채소와 단백질 섭취량을 의도적으로 늘린다. 약물 복용, 협소한 활동 등으로 영양소 결핍이 일어나기 쉬운 병자에게 고른 영양 섭취는 중요하다. 그리고 폭식이나 굶기와 같은 식습관은 그 기저에 병적인 사고가 자리하고 있을 수 있다. 단순히 생활 습관의 문제로 여겨서는 안 되는 이유이다. 섭식장애적 행동이 있다면 의사와 상담을 하거나 주위의 도움을 받아보자. 그리고 이를 바탕으로 개선 방안을 찾아보도록 하자.

◎ ◎ ◎

정신병은 처음에는 증상이 양호하고 환자가 잘 대응하는 것처럼 보여도 한 번 균형이 어긋나기 시작하면 비가역적인 파괴를 거듭하다 고립을 맞기 쉽다. 리튬을 1200밀리그램, 토피라메이트를 300밀리그램 먹고, 쿠에티아핀을 800밀리그램 먹고, 그리고도 모자라서 리스페리돈을 8밀리그램, 클로르프로마진을 50밀리그램 먹어도 나아지기는커녕 지금 상태에서 더 나빠지지 않게 간신히 정신을 붙잡고 있을 뿐이라는 비참함을 정신병이 없는 사람들은 모른다. 그리고 그런 비참한 상태가 마치 질 좋은 양분인 양 혹처럼 돋아나는 새로운 질병들의 존재가 얼마나 사람을 괴롭게 하는지, 그것은 정말로 아무도 모른다. 다만 끝없는 병의 계주를 지켜보는 우리가 할 수 있는 일은 다음과 같다. 설명하고 분석하는 데 힘을 쏟지 말 것. 치료할 수 있는 질환은 절망의 상태로 버려두지 말고 충분히 치료할 것. 그리고 희망적일 것. 당신이 자신의 모든 기회가 끝났다고 생각하더라도, 악화일로라도, 가능성이 없더라도 희망적일 것.

마지막으로 당신에게 예상치 못한 질병이 발견되었을 때, 그것이 위중한 질병일 때, 당신을 위로하러 오는 사람들을 밀어내지 마시길 바란다. 고립을 두려워하라. 고립이 죽음으로 가는 티켓을 이미 끊어놓은 자의 최후의 보루 같은 것이어도 그 비장함을 두려워하고 언제나 연대를 구하라.

9장 ● 약물의 이해: 기초

당신이 정신질환자이고, 약물 치료를 받고 있다면 아래의 항목 중 당신에게 해당하는 것을 체크해보자. 해당 사항이 많다고 느끼는 사람들은 '약물의 이해: 심화'부터 읽어도 좋다.

> ★ 내 증상이 얼마나 심각한지 표현할 수 있다.
>
> ★ 내게 잘 맞는다고 느끼는 약이 무엇인지 말할 수 있다.
>
> ★ 1일 2회 이상 약물을 복용한다.
>
> ★ 약물로 인한 심각한 부작용을 경험한 적 있다.
>
> ★ 약물 치료를 중단할 계획이 없다.
>
> ★ 이제까지 10여 개 이상의 약물 종류를 접했다.
>
> ★ '이것만은 끊고 싶지 않다.'라고 생각한 약물이

있다.

★ '이것만은 절대 먹고 싶지 않다.'라고 생각한
약물이 있다.

★ 주위에 당신의 약물 치료를 반대하는 사람이
있다.

★ 특정 약물을 복용하지 않으면 숨길 수 없는
증상이 있다.

★ 약물을 복용해도 효과를 보지 못한 적이 있다.

★ 현재 복용하는 약물을 바꾸고 싶다.

★ 약이 항상 모자란다고 느낀다.

★ 먹어보고 싶은 약물이 있다.

★ 약물 치료 이외의 치료를 시도할 경제적 여건이
안 된다.

🐱 약물 치료의 접근법 🐱

정신질환을 자각하면서 가장 빠르게 접근할 수 있는 치료법은 약물
치료다. 정신과에 처음 내원한 환자는 대체로 약간의 벤조다이아제
핀류의 항불안제/신경안정제와 인데놀 혹은 낮은 용량의 항우울제
를 처방받는다. 그리고 약물의 발현 양상을 관찰하며 천천히 용량을
늘리기도 하고 이것은 저것으로 바꾸거나 빼기도 한다. 보통 처음에

는 자잘한 부작용을 겪으며, SSRI(선택적 세로토닌 재흡수 억제제)계 항우울제는 4주 정도를 복용해야 제대로 약의 효과가 나타난다는 말을 듣고 몇 주 지나면 상태가 괜찮아질까 희망을 갖기도 한다. 이론적으로는 여러 가지 약을 써보며 집중 관찰하여 최적의 약물을 찾겠지만, 우리는 안다. 많은 환자들이 몇 주가 아니라 몇 개월, 심지어는 해가 지나도 '나한테 맞는 약!'의 느낌을 알지 못하며, 지지부진한 통원 치료를 반복하며 부작용만 주렁주렁 달고 절망감만 쌓여가기 십상이라는 것을.

처음 정신과에 갔을 때, 나는 나를 이해하는 의사가 있는 병원에 다녀야 당연히 좋을 것이라 여겼다. 그러나 마음에 드는 병원을 발견한 것은 5년이 지나서였다. 그전에 계속 다니던 병원은 단점이 많았는데, 그럼에도 계속 다닌 이유는 그곳이 좀 더 퀴어 프렌들리하고 (동성애에 유난을 떨지 않아서) 나와 애인이 같이 다니니 관계 문제 등에 대해 이해도가 높을 것이고 그만큼 우수한 처방이나 조언을 받을 수 있을 거라고 믿었기 때문이다.

그러나 이제는 안다. 약물 치료에서 가장 염두에 두어야 할 것은 '의사와 대화가 통하는지'가 아니다. 의사가 자신이 처한 복잡한 상황이나 특수한 관계에 대해 아주 자세히 듣고 고개를 끄덕인다고 약을 잘 지어주는 것은 아니기 때문이다. 당신은 당신의 서사를 이해해줄 만한 정신과에서 진료받기 위해 집에서 매우 먼 곳까지 찾아가거나, 환자가 몰리는 곳이라 오랜 시간 대기해야 해 스트레스를 받으면

서까지 내원하기도 한다. 하지만 투자하는 시간과 비용만큼 내게 도움이 되는지를 꼭 따져봐야 한다. 만약 정신과에 가는 것만으로도 나의 많은 스트레스가 해소된다면 유익한 일이겠지만, 그렇지 않다면 충분히 재고해볼 만하다.

약물은 자신의 고민, 정체성, 관계, 갈등 등을 단번에 해결해주는 마법의 도구가 아니다. 당연히 약을 먹는다고 즉각적으로 행복해지는 것도 아니다. 약물 치료는 몇 가지로 나뉠 수 있는 자신의 증상, 이를테면 불안, 공황, 우울, 조증, 자살사고, 환각 등 병증의 구체적인 면면에 대응하려는 치료다. 그러므로 약물 처방 면에서 신뢰할 수 있는 의사를 찾는 것이 우리가 병과의 싸움에서 반드시 쟁취해야 하는 조건이다.

물론 개개의 정신병 치료의 서사에 한 획을 그었다고 말할 정도로 획기적인 약물 및 용량도 있다. 극심한 자살사고에 쎄로켈을 한 600밀리그램 정도의 고용량으로(쎄로켈은 2세대 항정신병제로, 1세대 항정신병제보다 부작용이 덜하고 효과가 우수하다. 일반적으로 수면을 돕기 위해 최소 25밀리그램에서 50밀리그램 정도의 용량을 처방하니, 600밀리그램이라고 하면 얼마나 많은 용량인지 감이 오실 것이다. 그 정도를 먹으면 벽돌이 뒷머리를 강타한 듯 눌려 잔다. 소주 두 병을 원샷 하면 비슷한 효과가 날까?) 때려 부으면 자살 생각이 날 짬이 없다. 하지만 이것은 드문 경우이고, 대체로 한번 발발한 자살 관념은 높낮이 고저가 존재할 뿐 송두리째 사라지기가 어렵다. 물론 자살 관념, 자해 충동 등은 만 24세까지 주로 치솟고 이후에는 비교적 가라앉는다는 연구 결과가 있지만 이미 십수 년을 문제의 해결책은 자살이라고 사고해왔던 습관이 단번에 사라지는 것은 아니다. 오래 병을 앓은 자들 말로 흔히 "서른 살 넘으면 수그러든다."라는 얘기가 있는데, 그 나이를 넘겼다고 반드시 증상이 소멸하는 것은 아니다. 따라서 약물 치료는 항상 방비하는 측면에서 기대해야 하지 이것이 자기의 모든 문제를 해결해줄 골든 티켓이라고 여겨서는 곤란하다.

🐱 메뚜기처럼 이 병원 저 병원 옮겨다니는 이 🐱

초발했을 때는 약물이 일종의 구원자처럼 나를 구해주리라 여겼다. 그리고 병동에 있을 때 병은 쉽게 온순해졌고, 나는 쉽게 나았다고 판단했다. 약을 끊었고 병원에 가지 않았다. 그 뒤로 병세가 조금씩 올라왔어도 괜찮다고 여겼다. 하지만 무지했던 내가 보기에도 병의 오름세가 이상할 정도로 치솟아 보였을 때, 이번엔 새로운 정신과에 갔다. 치료를 처음부터 다시 시작한 것이다. 그래서인지 별 차도가 없었다. 점점 더 악화해 길을 가다가 찻길로 뛰어들 정도로 자살사고가 거세졌을 때 세브란스 정신과에 가서 쎄로켈을 탔다. 자살사고와 조증이 더불어 있었는데 결국 리튬 900밀리그램, 쎄로켈 650밀리그램으로도 잡지 못하고 당시 비급여였던 아빌리파이도 15밀리그램까지 시험해봤지만 실패했다. 기운 우산에 옷 젖듯이 비싼 병원비에 시달리다 결국 기존의 정신과로 돌아갔다. 다시 돌아간 정신과도 약을 높은 용량으로 주진 않았다.

2015년 겨울부터 갖가지 의약 도서를 탐독하면서 약제에 대해 관심이 많아졌고 관련 지식이 조금씩 쌓이면서, 2016년 초부터는 병의원에서 약물을 이런 걸 쓰자, 저런 걸 쓰자 상의할 수 있게 되었다. 꼭 상의할 필요가 있었던 이유는 이전에 약물 오남용 등을 저지르면서 약물에 대한 내성이 생겨 쓸 수 있던 약들이 별로 없었기 때문이다. 거의 모든 안정제, 거의 모든 항우울제가 듣지 않았으므로. 새로운 약을 시도해도 부작용은 거의 없었지만 대신 대개의 약물에 내성이 심해 곤란했다.

🐱 약물 오남용의 세계 🐱

약을 복용하면서 약물을 오남용하는 경우가 꽤 있다. 먼저 1) 정신과 약물에 대한 부족한 지식, 혹은 잘못된 관념에서 비롯된 경우가 있고, 2) 우울, 자책감, 자살사고 등 병증에 시달리는 이들이 의도적으로 과다복용하는 경우가 있을 것이다.

일단 항우울제는 우리를 행복으로 이끄는 신비의 물질이 아니다. 약물의 기전은 아주 간단히 말하자면 우리 뇌의 신경전달물질의 균형을 잡아주는 것에 가까워서, 많이 먹는다고 그만큼 기분이 좋아지는 원리가 아니다.

약물 오남용은 행위 자체에 큰 힘을 요하지 않아 많은 이들이 쉽게 접근하곤 한다. 약물 자해는 일종의 행위 중독으로, 특정 감정(분노, 우울, 고독, 무가치함 등)이나 상황(관계 좌절, 갈등 상황)에 잇달아 발생하는 행위로 작용한다. 그래서 이들에게서 약을 많이 먹고 싶어 하는 기분만을 골라 소거하기는 어렵고, 약물 자해는 다른 자해보다 비교적 나이가 들어서도 지속된다.

그리고 이러한 오남용은 굉장히 위험한 결과를 초래한다. 기억이 끊기는 블랙아웃을 겪기도 하고, 술과 결합되면 더욱 증폭된 여러 증상들이 나타난다. 습관적으로 약물 오남용을 하면 일반적으로 뇌 기능이 저하되며, 기억력 문제, 여타 인지 기능의 퇴보가 일어날 수 있다. 다른 물질(알코올, 주스)과 병용하는 경우도 위와 마찬가지다.

약물 오남용에 중독되는 경우는 1의 사례보다 2의 사례가 많다. 한편 1의 사례에서 추구하는 쾌감은 마약류를 경험하기 어려운 한국에서 항상 외경의 대상이며, 특히 오랫동안 아무 일도 발생하지 않는 낮은 수준의 정동과 둔마를 겪어온 정신병자에게 판타지를 제공한다. 그러나 이는 항우울제를 많이 복용한다고 얻을 수 있는 게 아니고, 심지어 항우울제 캡슐을 벗겨 가루 내 코로 분다 해도 쾌락이 오는 게 아니니 시도하지 마시길 바란다. 이를테면 ADHD 환자들이 복용하는 메틸페니데이트는 코카인과 유사한 효과를 낸다고 퍼져 있어 종종 오용되는 약물인데, '공부 잘하는 약' 따위로도 알려져 있다. 개인차가 있지만 나의 경우 메틸페니데이트를 복용하면 쳇바퀴를 도는 다람쥐가 된 느낌으로 갑자기 생산성이 치솟고 기쁨을 느꼈는데, 정신 흥분이 야기한 생산성이 으레 그렇듯 금세 효과가 가셔버렸고 불쾌감만 잔존했다. 그리고 그 '생산성'을 발휘한 일이 정말 유익했는지도 의문이었다.

많은 약들이 먹으면 먹을수록 효과가 많이 도는 방식으로 이뤄져 있지 않다. 그것은 착각이다. 알코올과 결합한 약물 남용, 자몽주스와 결합한 플루옥세틴 남용 등은 (일시적) 기억과 기억력 일부를 잃기 딱 좋은 결합체다. 예를 들어 '수면제를 많이 먹는다 해도 하루나 이틀 정도 잠자고 일어나지 않을까?' 생각할 수도 있다. 하지만 나는 약물 남용을 하고 정신을 차려보니 몸만 걸어 다니는 채로 길가를 배회하고 있었다는 종류의 얘기를 100번은 들었던 것 같다. 약물 남용을 자주 했던 사람이 시간이 좀 더 지나 어느 날 자기가 살던 동네의 지리를 전부 잃고 길을 헤맸다던 증언도 들은 바 있다. 오남용은 후유증을 남길 수 있다. 아니, 반드시 남긴다. 기억력 손상, 수전증이나 하지 불안 또는 위장장애 등은 언제든지 발생할 수 있다. 의사들은 최신 약물들은 안전해져서 먹어도 죽지 않는다고 말한다. 그러나 언제나 예외는 존재한다. 약물 오남용이 습관화되어 굳어지면 당신은 사망에 준하는 위험에 처할 수도 있고, 그렇지 않더라도 기상천외한 부작용이나 영구적인 후유증이 따를 수도 있다.

🐱 약물이라는 이름의 언어 🐱

정신병의 특징은 그것을 사람의 언어로는 제대로 표현할 수 없는 데에 있다. 설명하려는 순간들은 으레 빗나가기 일쑤이며, 자기 자신조차도 표현할 방법을 찾지 못해 갈팡질팡 시간을 보내다 오해와 몰이해에 지쳐버리기도 한다.

약은 정신병자의 제2외국어라고 할 수 있다. 정신병자들로 구성된 집단에서는 자신의 증상이나 고통을 구구절절 설명하지 않아도 "나 쎄로켈 200 올랐어.", "나 또 데파코트(밸프로에이트의 상품명) 먹어.", "할로페리돌(조현병 치료에 주로 쓰임) 받았는데 이건 어떨 때 먹냐?" 등의 말로 자신의 병 상태를 표현할 수 있고, 해당 약을 경험해본 적이 있는 이들에게 이것은 그의 상태에 대해 충분한 정보를 제공한다. 약물을 복용하는 정신병자에게 이런 제2외국어로 의사소통이 가능한 조력 집단의 존재는 매우 소중하다. 자기가 먹는 약을 자신과 동일시하는 것, 특정 SNS에 만연한 은어로 자신의 병을 말하는 것, 진단명이 자신의 가장 큰 정체성으로 자리하는 것 등의 과정을 겪으면서 병자는 비로소 병자가 된다.

어떤 의사는 처방하는 약에 대해 일말의 정보도 주지 않는 경우가 있다. 약물 정보에 노출될수록 그것에 집착하게 되고, 필요 이상 몰두하면 치료에 해롭다는 것이 그 이유다. 그러나 원리를 알지 못하고 복용할 때와, 작동 기제를 조금이라도 파악하고 복용하는 데는 차이가 있다. 어찌 됐든 정보들을 접하게 되면 우리는 그 정보를 왜곡해서라도 이해한다. 많은 이들이 처음 정신과에서 진단을 받으면 공통된 반응을 보인다. '아아, 그랬구나. 그래서 그런 거였구나.' 자기 자신의 병에 대해 '안다'는 이 사실이 우리를 얼마나 다행스럽게 하는지! 약물에 대한 정보를 차곡차곡 쌓아가는 것도 마찬가지다. 현재 내 정신과 의사는 약에 대해 이모저모 설명하기를 좋아하는 분인데, 취침약에 추가되는 인데놀은 충동적인 외출, 자해 등 이상행동을 줄이기 위함이며, 알프라졸람은 체내에 흡수되면서 기분 좋은 다행감이 일며 순간 살짝 정신 흥분 작용을 하니 조증엔 쓰지 말라는 등 정보들을 준다. 그러면 나는 느끼는 것이다. '아아, 그랬구나, 그래서 그런 거였구나.'

◎ ◎ ◎

결국 약물을 이해하는 데에 있어 가장 기초는 두 가지다. '자기에게 맞는 약 찾기', 그리고 '(약물 처방 면에서) 신뢰할 수 있는 의사 찾기'. 그러나 이 둘의 허들은 매우 높다. 의사마다 약물 처방 방침과 경향이 있기 때문에, 자신과 잘 맞지 않는다고 느낄 때 바로 바로 표현을 하는 편이 좋다. 그러지 않으면 해당 병원의 방식대로 약을 시험하느라 맞는 약물을 찾기까지 오랜 시간이 걸릴 수도 있다. 특히 1차 병원(동네 정신건강의학과 의원)의 약물 치료 패턴은 정말 의사마다 다르기 때문에 어떤 곳에서는 2~5밀리그램 정도 쓰던 아리피프라졸을 어디에서는 진료 본 지 2주 만에 최고용량 30밀리그램씩 주는 등 편차가 심하다.

대학병원에서 진료를 보고 약물 치료를 한다면 좀 더 다양한 약물을 접할 수 있을 것이다. 특히 신약 따위를 말이다. 하지만 대학병원에서 약물 치료를 받으려면 8~10만 원가량의 진료비와 약제비(비급여 약물 사용 포함, 한 달 기준 처방, 비싼 진료비)가 소요되어 경제적 부담이 크고 직장인의 경우 예약 시간을 잡으려면 휴가를 내야 하는 등 시간과 비용 소모가 만만치 않다. 그렇다고 대학병원 때 지어먹던 약을 봉지째로 1차 병원에 가져가면 똑같은 것을 받을 수 있느냐, 보통은 그렇지 않다. 약물 조합은 의사마다 고유한 특징이 있고 의사들은 저마다 지침을 가지고 진료를 보기 때문에 그런 일은 대부분 꺼린다. 우울증에 리튬을 쓰는 의사도 있고, 혼재성 삽화에는 절대 항우울제를 주지 않는 곳도 있다. 신경 장애나 신체화 증상을 호소할 때 인데놀로 충분하다(!)는 곳도 있고 베타차단제를 처방하는 곳도 있다.

그렇다면 병자가 할 수 있는 일은 무엇인가. 언제 정신과에 내원할지 결정하는 것, 대학병원에 갈지 여부를 결정하는 것, 병원을 바꿀 때에 들 이유를 찾는 것, 그리고 약이 자신에게 어떤 작용을 하는지를 파악하는 것, 무엇이 약물의 작용이고 무엇이 부작용인지 선을 그어놓는 것, 병원비를 마련하는 행위를 하는 것, 내원해 약물 치료를 받기 위해 해야 하는 일들을 하는 것, 약물 치료의 조력 집단과 연결되어 있는 것, 약물 복용 시간과 용량을 지키는 습관을 만드는 것, 그리고 가장 중요한, 약을 복용한다는 사실에 너무 많이 몰입하지 않을 것 등 너무나도 많아 다 쓰기 어려울 정도이다. 하지만 결론은 단순하다. 약물 치료는 약물의 영역이므로 약물 치료는 약이 하게 맡기는 것. 그리고 사람은 사람의 일을 하면 된다.

10장 ⬭ 정신과 의사와 대화하는 법: 치료 계획 수립

처음 우리는 정신과 의사에게 모든 것을 털어놓으려고 한다.

그다음 우리는 정신과 의사에게 부족한 맥락을 설명하려고 한다.

그리고 어느 순간 그런 전달이 필요하지 않다는 것을 깨닫고 병원을 떠난다.

다음 병원에서는 조금 말수가 줄었다. 약도 대충 지어진 것 같았다. 친구가 다닌다던 병원으로 옮기기로 했다.

의사가 말수가 많았다. 내 얘기를 하기 좀 편했다. 먹어보지 않은 약이 많았다. 용량이 높은 것 아니야? 부작용에 좀 시달리고 있다.

⊘ ⊘ ⊘

나는 사실 모든 정신과 병원 프리패스를 가지고 있다. 그것은 내 약이다. 직접 종이에 쓴 약물명과 용량을 보여주며 "약이 떨어졌고, 현재 이렇게 먹고 있습니다." 하고 처방을 부탁하면 어느 병원이든 다 해준다.

처방은 마치 프랑스 요리 레시피처럼 리튬 1200 발프로에이트 900 세로켈 500 로라제팜 2 인데놀 80 디아제팜 2 자낙스 4, 그렇게 종이에 적어 제출하면 이 정신과 병원에서도 저 정신과 의원에서도 OK였다. 나는 다섯 개 정도의 병원을 순회하다 새로운 병원에 안착했고, 이곳에서 현재 1년여째 다니고 있다.

여러 이유가 있었지만 결과적으로 나는 병원을 두 군데 다니고 있다. 우선 고향에 내려갔는데 약이 없을 경우 부득이 가는 병원이 있다. 일체 커밍아웃을 하지 않았지만, 우리는 근 6년을 만나며 기분 고저 그래프를 만들어 유용하게 쓰고 있다. 나도 거의 이를 바탕으로 서울의 정신과에서 약을 첨가하고 빼기를 토론한다. 한편 서울의 정신과 또한 내가 신뢰하는 곳인데 이곳은 파트너와 함께 다니는 곳으로 의사도 우리의 파트너십에 대해 잘 이해하고 알고 있다. 그리고 약물 부작용이 생기면 바로 빼버리는 실행력과 결단력도 아주 마음에 든다. 일전에 갔던 다른 정신과 의원에서는 해당 약물에 대해 극심한 부작용을 호소하여도 의사는 웃으며 "그래도……", "한 주만 더 먹어보죠." 하면서 용량을 올리면 올렸지 결코 내리지 않았기 때문이다. 그래서 도망갔다.

비슷한 질환을 앓는 사람들에게 위와 같이 이야기하면 반응은 두 가지다. 첫째, "그렇게 도망가도 돼?" 둘째, "내 약도 봐줘." 내 주위에는 약 열댓 명의 정신과 약물 복약자가 있는데 대개 그들은 자신이 왜 이 약물을 복용하게 되었는지, 효과가 있는지, 계속 이 약들을 먹어도 되는지에 대해 의문을 가지지만, 의사에게 충분한 설명을 듣지 못해 물음을 해소하지 못한 상태에 가깝다. 특히 부작용에 대해, 항우울제 사용에 관해, 비정형이나 정형 약물 사용에 관해 충분한 의견 조율은 고사하고 어떤 정보도 제공받지 못한 채 복용하는 경우가 다수였다. 이렇게 되면 발생하는 가장 최악의 경우의 수는 의사든 환자든 그들의 주변 사람이든 이해하기 힘든 기이한 삽화를 겪거나, 정신증 또는 비가역적인 질환이 발생하거나, 혹은 당장 입원해야 할 만큼 초유의 사태가 벌어지거나, 혹은 직장이나 학교 등 소속한 곳에서 문제가 생겨 더 이상 있지 못하고 무소속이 되어 공중의 먼지처럼 위태롭게 떠다니다 지나가던 작은 개가 나에게 짖는 정도의 작은 생활 사건으로도 삽화가 발생하는 것이다.

의사와 이야기하는 것은 정신질환의 세계에 익숙지 않은 초심자에게는 분명히 어려운 일이다. 자기가 어제 울며 죽고 싶었던 이야기를 하면서도 티슈를 다섯 장 쓴다. 하물며 의사의 약물 처방에 불만이나 문제를 제기하는 일은 분노와 슬픔으로 티슈가 50만 장쯤 있어야 가능할 것이다. 그러나 우리는 의사에게 그간의 불만족스러운 상담과 약 처방에 대해 확실히 이야기해야 한다. 광인이 된 자신과 대면하는 것보다야 덜 어려울 테니까.

정신과 의사와 대화를 나누는 것이 복잡한 까닭은, 처음 정신과 진료실에 들어가면 이제까지 쌓아놓았던 모든 이야기가 떼로 몰려들어 자기가 먼저 말하려고 아우성치기 때문이다. 어렸을 때 맞은 것부터, 유치원 시절의 따돌림, 초등학생 때 집안의 파산, 중학생 때에는 일진들에게 구타당함, 그리고 고등학생이 되었으나 우울하고 결국 입시에 실패하여 그동안의 가족 갈등이 폭발해 모두 동반 자살을 하자고 난리가 났던 일들, 가족을 떠나서 대학에 왔지만 연애는 실패하고 성적은 학사경고를 면할 수 없으며 돈은 없어 아르바이트를 하는데 모욕적인 상황을 마주하며 마음속에 살의가 일어 이렇게 찾아오게 되었습니다……라고 눈물을 훔치며 말을 꺼내기 시작하면 어느덧 상담 종료 시간이 다가와 의사는 슬슬 난처한 기색을 보이고 오늘은 약을 줄 테니 다음 주에 오시라며 내보내는데 그때 그렇게 한스러울 수가 없다. 내 말을 듣기는 한 건가? 내 말에 반응이 없다? 내가 바보로 보이나? 내가 그 빌어먹을 아르바이트를 해서 돈을 가지고 온 건데…… 하는 마음으로 대기실에 다시 앉아 기다릴 적에 그래도 속 시원하게 털어놓지 않았나 스스로 자위한다. 이름이 불려 약을 타서 몰래 꺼내보니 이름 모를 약 두 알이 봉지 하나에 들어 있어, 드디어 정신과 약을 먹게 되었구나, 나는 이제 공인된 정신병자구나, 하고 집에 돌아오는 버스 안 사람들을 보니 모두 정신이 멀쩡하고 나와는 다른 정상적인 삶을 살아가는 이 사회의 일원으로 느껴져 집에 오는 입맛이 쓰면서도 나는 이제 인정받은 병자라는 마음에 몸이 단다. 곧이어 계단을 올라가 문을 열고 가방을 열고 약봉지를 꺼내서 물컵에 물을 따라 경건하게 약을 입에 넣고 물을 머금었다. 그리고 일주일, 아무 일도 일어나지 않았다.

정신과를 처음 찾은 초심자라면 다음을 기억해야 한다.

1. 이것은 약물 치료를 위한 상담이다. 심리 상담을 받고자 한다면 따로 심리 상담을 신청하라. 너무 많은 정보를 의사에게 전달하려 애쓰지 않아도 된다.

2. 모든 의사가 이해심이 많고 온당한 것은 아니다. 자신의 핵심(예를 들어 특정 가족에게 폭력을 당해온 것, 섹슈얼리티, 종교가 있는지 여부, 출신 지역, 학력 등)에 대해 이해하지 못하는 의사도 존재한다는 것을 이해하라. 그런 의사와도 의사-환자와의 관계를 잘 맺을 수 있다. 하지만 시간과 비용이 낭비되는 기분이 든다면 피하라.

3. 의사의 말에 일희일비하지 말라.

4. 의사의 언행에서 당신에게 책임을 전가하거나 수치를 주는 기색이 느껴진다면 그 병원에 다시 가지 않아도 괜찮다. 이것은 약물 치료를

위한 상담이므로.

5. 의사는 타격팀이 아니다. 약물이 타격팀이다.
의사의 말들에 나를 돌아보기보다 바뀐
약물이 주는 느낌을 조목조목 기록하는 편이
낫다.

6. 약물은 내 느낌으로 복용하는 것이 아니라,
통계로 따져 처방한다. 우울한 기분이 든다고
재깍 항우울제를 받는 것이 아니다. 의사와의
충분한 상담을 통해 받는다. 고로 질문하지
않는 의사는 다시 살펴보도록 하자.

7. 어떤 특정 약을 타고 싶어 그 약을 타려고
연기하는 건 위험하고 병적이므로 그런 생각이
든다고 말하라.

8. 의사도 마찬가지로 당신이 너무 많은 정보를
제공하면 필요한 정보를 취사선택하는 것이
어렵다. 이를테면 상담 때 내 정보들을
시간순으로 나열하는 것보다 중요도나 항목
순으로, 한 번에 하나씩 나열하자(가정/친구/
학교/직장 등).

9. 할 말을 메모하되, 리스트 형식으로

두괄식으로 작성한다.

10. 하지 못한 말이 상담 뒤에 기억나면 카운터에 양해를 구하고 말한다. 특히 미처 진료실에서 말하지 못했던 것 중 약 부작용이 있다면 꼭 말한다. 처방된 약물에 대해 의문이 있다면 이것도 꼭 말한다.

11. 진료실에 들어가서 약물에 관한 것을 우선으로 말하는 습관을 들여, 약물 조정이 진료의 핵심이 되도록 습관을 들이자.

12. 상담의 많은 시간을 약에 관련하여 말한다. 잘 듣는 약, 보통, 안 듣는 약 하나하나 체크해 자신에게 맞는 약물군을 찾고 약물 지도를 함께 그려나간다.

13. 그다음으로 다른 사람들이 나에 대해 말한 내용을 주로 이야기한다. 보다 객관적으로 자신의 언행과 상태를 관찰할 수 있다.

정신과 의사에게 나의 정보를 더욱 잘 전달하려면 다음과 같은 사항들을 참고하라.

1. 병의원에 가기 전에 미리 말할 것을 준비하자.

잘못된 예: ○○와 술을 먹었고, 2차, 3차까지

갔고 마지막에 ○○가 인생에 도움이 되는 말을

해서 좀 울었는데 잘 생각은 나지 않지만

아무튼 열심히 살기로 해서 그날 돌아와

설거지하고 잤음.

올바른 예: 수~금요일에 과음함.

2. 의사에게 말해야 하는 내용은 크게 수면,

활동성 정도, 생산성 정도 등이다. 기분과 그

기분을 촉발한 사건, 정신증 여부, 자살 사고

여부, 의식주 및 일상이 유지되는 수준인지

여부를 말한다. 그 외 지금 처한 특별한 문제

(이사, 퇴사, 이별, 죽음 등)를 이야기한다.

3. 지금 복용하는 약물과 지금의 상태가 잘

어우러지는지 함께 상의하자.

위의 사항에 따라 아래 예시처럼 말할 수 있다.

* 수면: 잠을 세 시간쯤 잤습니다. 새벽에 깨고

낮에는 잠만 자고 생활패턴이 망가졌습니다.

* 활동성, 생산성: 그래서 아무것도 하지 못하고

침대에 누워 있습니다.

* 식사: 나는 아무것도 하지 않기 때문에 음식을 먹을 가치가 없지만, 배가 고프면 집에 두유가 많은데 그걸 먹습니다.

* 기분: 슬퍼서 몇 번 울었고 축 처져서 뭘 봐도 웃기지 않고 환멸만 납니다.

* 촉발 사건: (문제가 있던) 회사에서 잘렸습니다.

* 정신증: 환청은 들리지 않았지만 집 안을 돌아다닐 때 검은 그림자가 휙 지나가서 무서웠습니다.

* 자살사고: 지금은 자살을 하기에는 완벽한 옷차림과 택시비가 없고 방이 지저분해서 안 됩니다.

* 의식주: 하루에 한 끼 먹고 씻지 않고 잠만 잡니다.

이처럼 자신이 한 행위에 초점을 맞춰서 의사에게 이야기하자. 자신의 생각과 감정이 어떻게 시작되었고 끝났는지는 의외로 덜 중요할 수 있다. 의사와 원활하게 대화하려 할수록 우리는 우리의 언어보다 비언어가 더 많은 정보를 제공하고, 의사의 직접적인 대답보다 바뀐 약물이 더 많은 화답을 내포한다는 사실을 알게 된다. 그래도 기꺼이 의사에게 묻길 권한다. 지난번의 그 졸렸던 약은 바뀌었냐고. 리보트릴은 빠졌냐고. 다시 리튬을 추가했냐고. 그렇게 하자고. 약 반년에서 1년 정도 바짝 약물에 대해 눈을 세우면 대강 자신에게 어떤 약을 쓰는지, 그 약이 자신과 맞는지 정도는 알 수 있을 것이다. 그러면 무슨 일이 일어나도 약물 치료 면에서는 절대 무너지지 않을 것이다. 당신의 치료를 담보하는 의사와 약물들이 오래전부터 당신의 편이었으니!

11장 ⬤ 우울증 회복을 위한 활동 지침

"바닥을 보며 걸어요. 사람을 마주 보지 않아요. 사진 찍히는 걸 싫어해요. 구석에 있으려 해요. 설레거나 들뜨지 않아요. 관성적인 행동(주위 사람을 모방하는 행동)만을 해요. 말을 잘 못하고, 반응이 느려요. 일을 미뤄요. 약속을 지키지 못해요. 연락을 기피해요. 식사를 대충 해결해요. 웃어도 부자연스러워요. 옷을 대충 입어요. 자주 피곤해해요. 눈을 마주치지 않아요. 기운이 없어 보인다는 말을 들으면 애매모호한 답변을 해요. 무언가 숨기는 듯한 태도를 보여요."

비록 우울증으로 망실한 부분이 많더라도 당신에게는 회복탄력성이 존재하고, 습관이 존재하고, 욕망이 내재해 있다. 그 이야기를 해보자. 나는 우울증 환자들의 결함을 사랑으로 채워야 한다는 식의 믿음을 가진 사람이 아니다. 나는 우울증 환자를 비롯한 정신질환자들이 자신의 불구에도 불구하고 기회를 만들어나갈 수 있는 가능성을 믿는다. 자신을 움직이는 것, 그 움직임을 누적시키는 것은 스스로의 몫이다. 이번 장에서는 우울증 환자들이 해낼 수 있는 실천적 행동에 대해 다뤄보고자 한다.

우울증 환자는 냉혹한 현실 인식의 달인이다. 가장 엄격한 기준을 먼저 자신에게 적용한다. 우울증이 심하거나 우울 삽화일 때에는 행복이나 기쁨이 생의 본질이라고는 절대 생각하지 않을 것이다. 가령 좋은 일이 일어나 미소지어도 금세 무감하고 공허한 원래의 상태로 돌아간다. 길고 극심한 우울증을 겪어온 환자들은 최상을 상정하지 않는다. 그들의 기준점이 되어 마음을 차지하고 정신을 압도하는 것은 '최악'이다. 때문에 최악에서 살짝 벗어나거나 최악을 모면했을 때 만족을 느낀다. 이 중증 환자들은 고통스러운 상황(자해나 사고 등)에 너무 익숙해져서 고통을 느끼는 상태를 '편안한' 것으로 느끼기도 한다. 어떤 우울증 환자는 삶에서 불행, 갈등이나 파국이 발생해야 비로소 "살아 있는 것 같은" 기분을 느낀다고 한다. 우울이 너무나 오래 지속되었기 때문에 무기력하고 침울한 것이 디폴트가 되고, 예측을 벗어나는 극적인 상황에 놓이면 그제야 분노와 증오를 겪으며, '뭔가 느껴진다=좋은 일이다'라는 순환을 학습하는 것이다. 결국 우울증 환자들은 좋은 일보다 나쁜 일에서, 기분의 상승보다 기분의 바닥에서 사금을 찾는 자들이 되고 만다. 신체적으로도 그들은 구부정하다. 바닥을 보며 걸으며, 구석에 인접할수록 편안함을 느낀다.

우울증은 단절의 병이다. 인간은 어떤 행위를 할수록 지식과 정보가 누적되지만, 우울증 상태에서는 그것이 어렵다. 그들이 뭔가 해도 그것이 점을 찍듯 모여서 패턴을, 그 사람의 인생의 그림을 그려주지 못하고 점과 점 사이의 거리는 별처럼 멀고 분산된다.

대부분의 우울증 환자들은 잠을 자도 자주 깨거나 뒤척이기 때문에 피로가 풀리지 않음을 호소하고, 맡은 업무나 과제를 이전에는 수행할 수 있었음에도 이제는 난관에 부딪히게 된다. 나아가 식사를 차려 먹거나, 씻는 행위, 사용하는 공간을 정리하는 행위, 옷을 걸거나 개어 보관하고 세탁하는 일련의 마땅히 연속적이어야 하는 행위들이 도중에 토막토막 끊기고 증발한다. 어떤 우울증 환자는 옷을 정리하기 위해 전부 꺼내놓았지만 거기서 정리는 끊어졌다. 그 후 옷들은 그의 방바닥에 사방팔방 널브러져 구겨져 상했고 발에 밟혔으며 그는 큰 스트레스를 받았지만 옷을 대충 밀고 그 위에서 잠을 잤다. 그러나 옷을 다시 개어 넣는 행위로 이어지지는 못했다. 6개월 후 우울 증상이 좀 나아지자 비로소 옷들을 다시 옷장에 넣었고 방은 깨끗해졌다. 하지만 그는 마침내 정리를 했다는 성취감보다는 지난 시간 그것조차 하지 못했다는 것에 자괴감을 느꼈다.

우울증이 가져오는 단절은 치명적이다. 우울증은 누가 뭐래도 당신이 충분히 할 수 있었던, 해왔던 일을 앞으로 더는 하지 못하게 막는 병이다. 당신은 분명 자신이 잃은 가장 중요한 것부터 재활운동을 하고 싶어 할 것이다. 그러나 병은 안다. 당신이 가장 소중하게 여기는 그것들 주위에 병들도 가장 많은 보초를 선다.

소위 '생각이 많은 사람'들이 우울증 상태에 돌입하면 아주 작은 것에 민감하게 반응하고 작은 정보들에도 긴 생각의 꼬리표가 생겨난다. 이것의 문제는 이미 병에 노출되어 사고의 왜곡이 심한 이들에게 왜곡된 사고가 활보할 수 있는 운동장을 제공한다는 것이다. 많은 우울증 환자들이 자기에게 쏟아지는 정보에 둔감과 민감을 동시에 발휘한다. 동시에 우울증은 사고를 편집증적으로 빼곡하게 구성시킨다. 우울증 환자는 조용하고 정동이 둔해 보이지만 사실 굉장히 많은 생각과 의식으로 가득 차 있으며 때때로 이런 생각은 끝나지 않고 며칠이고 계속되곤 한다. 자살사고라든지, 이 세상의 불합리라든지, 자신이 살아오며 받은 모든 상처들을 되새긴다든지 하는 부정적인 테마가 가득 차 사슬처럼 이어진다. 이런 연속된 사고들을 끊을 강경한 수단을 도입해야 한다. 꼬리를 잇는 생각들에서 벗어나고자 한다면 일단 주변 환경에 집중해보자. 눈에 보이는 사물의 개수를 세어보자. 색상은 어떻게 보이는가? 이렇게 자신을 둘러싼 공간에 관심을 돌리고 주의를 환기하는 것은 비단 생각에서 벗어나는 데에만 유용한 것이 아니다. 우울증 상태에서 시간을 보내는 방법에 적용할 수도 있고, 이처럼 관심을 기울이다 보면 나아가 자신의 공간을 더 안녕하게 만들고 싶은 마음이 들 수도 있다.

당신은 자신의 병을 증명받기 위해 위험한 선택을 내릴 수도 있다. 혹은 정신병에 애정과 사랑을 느끼거나 헌신하기도 한다. 환자 자신에게는 '아무것도 남아 있지 않기 때문에' 병적인 우울이야말로 자신의 토대이자 전부 혹은 특기라고 느끼는 것이다. 그러나 이것 역시 병증의 일환이다. 우울증은 언제나 같은 모습, 같은 강도로 다가오리라는 법이 없다. 뿌리를 딛고 내릴 안정적인 형태의 토양으로 여길 수 없다는 것이다. 자기 자신보다 병에 초점을 맞춰 병의 존재에 일희일비하며 애정이든 증오든 필요 이상의 정념을 쏟는 것 자체로 병들은 기뻐 날뛰며 자란다. 그들이 기뻐할 일을 최대한 줄여보도록 하자.

만성적인 우울 상태에 놓이거나 우울증이 계속 재발하는 사람은 계속해서 악화되기 쉽다. 악화가 누적된다고 볼 수 있다. 때문에 '지금 할 수 있는 것'을 지금 하는 것이 가장 바람직한 선택지일 수 있다. 이전의 삽화 기간에 할 수 있었던 일을 다음 삽화에는 할 수 없는 경우가 많기 때문이다. 우리는 절대로 많은 일을 한 번에 해결하려 하지 말고, 할 수 있는 일만 하되 아주 느리게 넓혀가야 한다. 그 기간에 언어 능력이 떨어지고 문해력이 낮아지는 것은 당신을 위협할지는 몰라도 당신의 생명을 위협하는 것은 아니다. 만약 이런 '능력 저하'가 자신을 괴롭히는 가장 큰 원인이 된다면, 해당 능력의 영역에서 재활 프로그램을 시도하는 것이 더 바람직하다. 하지만 중요한 것은 결국 '능력'의 회복이 아니라 능력을 사용할 수 있는 사회로의 회복이다. 또 능력 저하를 회복할 수 있는 시간 또한 한계가 있다는 것을 알아야 한다.

우울은 생활반경과 할 수 있는 일들을 축소한다. 처음에는 직장 또는 학교에 나가기 어렵게, 그러다 대중교통을 이용하기 어렵게, 집 앞 편의점에 가기도 어렵게, 침대를 나서 화장실을 가기도 어렵게 줄여나가고 당신이 돌아다닐 수 있는 지도의 영역은 점점 어두워지고 작아질 것이다. 이런 상태에서 당신에게는 퇴행성 관절염, 관절 이상, 대사증후군 등 각종 신체 질환이 발발하기 쉽다. 신체 질환이 발병하면 당신의 정신병의 지평이 순식간에 달라진다. 병은 당신의 모든 약해진 부분을 공략하기 시작한다.

🐱 우울증 환자를 위한 활동 실험 🐱

그럼에도 불구하고 병에 대한 저항으로서 할 수 있는 것이 다음과 같은 활동 실험이다.

우선 활동이 어떻게 병이 깃들기 어려운 상태를 구성하고 지속하는지 실험한다. 자신의 시간을 활동과 활동의 연속으로 구성하라. 게임 캐릭터의 주인공처럼 HP와 MP 등 각종 스탯이 존재한다고 상정하고 활동을 구성하면 이해하기 쉽다. 게임에서 키보드의 w, a, s, d 키를 순서대로 연속해 눌러 필살기를 구사하듯, 연속해서 움직이고 확실히 휴식해야 한다. 휴식이야말로 가장 중요한 활동의 일환이다. 우울증 환자는 남들이 보기에는 항상 쉬는 것처럼 보이더라도 실제로 '정말 쉬고 있는' 환자들은 적다. 불행한 생각이나 자기혐오, 무기력에 빠져 있는 것 자체가 사람을 깊이 피로하게 만들기 때문이다. 우울증 환자들은 '나는 쉴 자격도 없어.'처럼 죄책감을 갖기 쉬운데, 이럴 때는 육체를 아바타나 내가 플레이하는 캐릭터라고 생각하라. 체력 수치가 낮아지면 체력을 채우기 위해, 졸림 상태 이상이 뜨면 상태 이상을 없애기 위해. 휴식과 수면에 어떤 가치를 이입하지 말고 당당히 기계적으로 완수하라.

이러한 우울증 환자의 활동 재활 프로그램을 돌리는 것은 어렵지 않다. 구체적으로는 '기상-옷 입기-수분 섭취-용변-복약'으로 연결된 10여 분의 기상 프로그램을 돌린다. 그다음은 시각적 정보 입력이다. 나의 경우 트위터와 이메일을 확인한다. 뉴스라든지 SNS 타임라인의 정보를 읽는 것이다. 청각적 정보 입력에 더 예민하다면 음악을 트는 것도 나쁘지 않다. 그렇게 30~40분을 의도적으로 깨어 있으면 다시 잠들지 않는다. 개인차가 있으므로 자신에게 맞는 완전 기상을 위한 시간을 찾아보라.

이렇게 당신의 오전 시간은 확보되었다. 만약 당신이 직장인이거나 학생이라면 '정보 입력'을 출근/출석을 하러 가는 동안 행하면 된다. 일단 가야 할 곳에 도달하면 업무와 수업으로 이후 시간이 자동으로 채워진다.

이 단계에서 가장 중요한 것은 다시 눕지 않기, 누워 있지 않기다. 이를 일석이조로 실행할 방법이 바로 외출이다. 일단 오전에 바깥에 나가야 한다. 집 근처 반경으로 나간다면 집에 돌아와 식사를 할 수 있고, 더 외곽으로 나간다면 나가기 전에 식사를 하고 바깥으로 나가면 된다. 가장 가까운 편의점부터 시작해서 다른 가게, 카페, 음식점 같은 곳으로 넓혀갈 수 있다. 또 생활 반경을 벗어나보는 시도도 할 수 있다. 만약 당신이 A지역에 거주한다면 B지역에 방문해보는 것처럼. 초기 시도의 변수는 한두 가지로, 천천히 늘려나가는 것이 좋다.

활동 실험이 일종의 훈련과 같은 과정이라 할 때, 훈련 과정 수행 중 일어나는 변수들(실패한 이유)을 기록한다. 매일 기록하는 습관을 들이는 것이 도움이 된다. 최근에는 스마트 기기에서 사용할 수 있는 다양한 기분 기록 애플리케이션, 수면 시간이나 생활 리듬을 관찰해 알림을 울리거나 그래프화해 통계를 보여주는 애플리케이션이 많이 있으므로 이것들을 이용하면 편리하게 자신의 생활을 기록할 수 있다.

애플리케이션의 도움을 받거나 자신만의 편한 방식으로 체크리스트를 만들어 상태와 기분을 귀납적으로 체크한다. 커피나 술을 즐긴다면 그것을 마시는 날짜와 시간대를 기록하고, 담배를 피운다면 한 갑 단위로 기록하고 주로 어떤 시간에(기상 시, 식후, 취침 전) 흡연하는지 기록한다. 나는 하나의 일을 마무리 지을 때 담배를 피우고자 하는 욕구가 들기 때문에 기록을 통해 무슨 일을 했는지 추측할 수 있었다. 술을 마시는 것, 특히 만취하는 것은 심신에 큰 부하를 주는 일로, 특히 알코올 문제가 있는 우울증 환자라면 술을 먹기 '시작'한 시간을 적어야 한다. 같이 먹는 사람의 존재가 있는지, 혼자 마시는

지도 적어 어떤 요소가 자신의 음주를 자극하는지도 파악한다.

한 달 정도 기록을 계속해보면 자신의 행동 양상이 통계화되어 보일 것이다. 막연히 신경을 더 쓰는 것과, 일정 기간의 기록을 구체적인 수치로 확인하는 것은 다르다. 이 작업에서는 이런 습관이 몸에 밴 적 없는 환자들이 귀찮음과 번거로움을 이겨내고 기록 행동을 하나의 생활 습관으로서 지속하는 것이 관건이다. 행동들이 쌓이고 반복되어 하나의 패턴을 이루고, 그것이 우리의 전체 시간을 채우고 형성한다. 우리가 할 것은 일단 패턴을 확인하는 것, 그리고 안 좋은 습관을 제거할 수 있는지, 좋은 활동은 끼워넣을 수 있는지 가늠해보는 것이다. 우리가 원하는 우리의 시간, 생활의 모양이 있다면, 습관을 포함한 패턴으로 우리는 이를 조형할 것이다. 그리고 이 패턴 유지에 방해가 되는 요소를 찾아내 분리해낼 수 있을 정도가 된다면 자신이 자신을 얼마나 컨트롤할 수 있는지 알게 될 것이다. 이처럼 자신이 구성한 행동 패턴을 공고히 하여 비단 병만이 아니라 귀찮음과 번거로움까지 뚫고 자신이 유용할 수 있는 시간을 만들어내는 것이 우리의 최종 목표다.

🐱 우울증 환자가 해야 할 일 🐱

자신의 병을 제일 잘 알고 있는 사람은 자신이어야 한다. 결국 당신의 병과 맞서는 것은 당신이다. 우울증에 대한 각종 조언과 충고가 난무하는 작금의 현실 속에서 자신의 우울증을 어떻게 다루어야 하는지 혼란스러울 수 있다. 절대 하지 말라고 하는 일이 자신에게는 도움이 될 수 있고, 남들이 이렇게 해보라며 권하는 일이 자신에겐 도저히 불가능한 일일 수도 있다.

당신은 우선 의사와의 관계를 설정하고 유지하는 법을 알고 있어야 한다. 상담을 받고 있다면 상담사와도 동일하다. 가족과의 관계를 설정하고 유지하는 법을 알고 있어야 한다. 직장이 있다면 직장에서의 관계, 학교에 다닌다면 다른 학생이나 선생과의 관계도 마찬가지다. 당신이 맺고 있는 모든 관계에 대해 의식하고 있어야 한다. 사실 우울증 환자는 위와 같이 서술하지 않아도 이런 관계들에 굉장히 신경을 쓰고 있을 것이다. 더 중요한 것은 관계들이 지속적으로 기능할 수 있는가 하는 문제다.

만약 당신이 주변에 아무런 우울증 자조 집단을 형성하지 못했다면, 당신은 외롭다. 우울증과 홀로 싸우는 일은 쉽지 않다. 우울증은 언제까지 지속될지 아무도 알지 못하기 때문이다. 게다가 사람들은 어떤 식으로든 당신의 우울증에 대해 항상 오해할 것이다. 그래서 인터넷상의 관계든, 친구든, 형제자매든 어떤 식으로든 당신의 우울증을 이해하고 납득하는 집단의 존재는 당신에게 큰 힘이 된다. 그리고 당신은 더 나아가 다른 우울증 환자들을 돕고 싶은 마음이 생길 수도 있다. 그런 행동은 누군가에게 큰 도움을 주고, 그것이 설혹 타인에게 영향력을 행사하고 싶은 기분이라 해도 '아무것도 일어나지 않는' 우울증 환자에게는 긍정적인 작용이 될 수 있다.

다음과 같은 행동 지침을 기억하라.

1. 먼저 축소된 자신의 활동 반경을 회복하라.
   움직일 수 있게 되면, 움직이고픈 마음이 드는
   정도가 되면 당신은 그보다 더 멀리 갈 수
   있다.
2. 감정의 기복, 마음의 우울은 마치 입고 있는
   옷처럼 내버려두라. 그것은 최후에 사라질
   것이다.
3. 작은 작업에 집중하라. 생각은 자연스레
   멀어진다.
4. 다른 사람의 이모저모에 너무 신경을 쓴지
   말자.
5. 자신의 공간을 확보하고, 그것을 유지하는
   가사를 하라.
6. 절대, 절대로 하지 못하는 것들은 목록을
   만들어 도움을 구하라.

우울증 환자에게도 자신의 삶을 챙기는 것 이상의 책무가 존재
한다. 우울증 환자도 직장에 나가야 하고, 돈을 벌어야 하고, 돌봐야

할 동물 식구가 있을 수도 있고, 빚이 있을 수도 있다. 우울증으로 인해 많은 것을 잃었을 수도 있지만 우리의 목표는 '남들처럼' 움직이고 비장애인의 습속을 모방함으로써 견뎌내는 것이 아니다. 이 실험 과정은 자신만 알 것이고, 자기만이 이 재활의 고충을 알 것이다. 그래서 우울증 환자는 몇 배로 노력하는 데에 어려움과 억울함을 느끼기 쉽다. 남들이 쉬는 걸 당신은 쉬어줘야 할 것이며, 남들이 먹는 걸 당신은 먹어줘야 할 것이고 남들이 잠드는 걸 당신은 잠들려고 노력을 해야 이룰 수 있다. 이 과정에서 타인과 비교하면 박탈감만 심해질 뿐이다. 링에 올라 싸우는 둘은 당신과 당신의 병이지 남들이 아니다. 타인과 겨루는 것은 기나긴 재활 실험 후의 일이다. 그러나 당신은 무엇이든 될 수 있다. 어떤 시점에는 더 나빠질 수도 있고, 어떤 측면에서는 더욱 우수해질 수도 있다. 당신의 지금이 영원히 지속되지는 않는다. 우리는 변할 것이고 그리하여 우리는 살아남을 것이다.

12장 ● 양극성장애를 운영하기

조증 상태의 양극성장애인들은 우리의 이성이 감각하는 것보다 거대한 여집합이 존재한다는 것을 안다. 그리고 시간차만 있을 뿐이지 결국 쓸려갈 것이라는 불길한 예감도 느끼고 있다. 물론 세상 어딘가에는 조증을 이겨내는 양극성장애인이 존재할 것이다. 그러나 조증과 싸워 완전히 제패하는 이는 존재하지 않는다. 조증은 밀물처럼 밀려와 우리를 익사시키든지 해변으로, 혹은 더 멀리 밀려가게 한다.

반대로 우울증은 망망대해처럼 펼쳐진 늪이다. 방향도 거리도 가늠할 수 없다. 그런 상태로 내동댕이쳐져 있는 것과 같다. 벗어나고 싶지만 벗어날 수 있도록 도와주는 표식 하나 없어 몸을 휘젓거나 몇 발짝 내딛다 탈진하고, 이를 몇 차례 거듭하면 움직이는 것의 무용함을 깨닫고 가만히 있게 된다.

양극성장애는 평생에 걸친 조증과 조증이 아닌 나, 우울증과 우울증이 아닌 나 사이의 전쟁이다. 우리는 병이 기세등등할수록 자아의 면면을 잃을 수밖에 없고, 때로는 병으로 인해 망실된 부분을 복구할 수 없다는 사실을 유념해야 한다.

양극성장애인들은 필연적으로 분열된 정체성을 갖는다. 다른 표현으로는 단절된 정체성들을 짜깁기한 모습과 크게 다르지 않다. 하지만 본인은 조증일 때 지나친 과잉행동을 하는 자신도, 우울증일 때 자리보전하는 자신도 자기 자신이 아니라고, 진정한 자신과는 둘 다 거리가 멀다고 생각하기 때문에 그것들의 여집합으로 자신의 존재를 파악하고 정의한다. 보통의 양극성장애인들은 흔히 '경조증'이라고 말하는 정도의 언저리, 수치로 표현하면 110~120퍼센트 정도가 자기 자신의 본질과 가깝다고 생각한다. 그러나 보통 양극성장애인을 진료하는 의사들의 치료 계획은 환자를 90퍼센트 정도의 상태로 유지하는 것을 골자로 한다. 그리고 이 20~30퍼센트의 견해차에서 문제가 발생한다. 이미 150퍼센트, 아니 200, 300퍼센트 정도에 도달해본 양극성장애인들은 절대 90퍼센트를 자기 자신의 평상이라고 생각하지 않는다. 그들은 아주 양보하더라도 120퍼센트가 자신의 '괜찮은 상태'라고 여긴다. 따라서 기분이 고조되어도 의사와 마주해서는 들떠 있는 것을 들키지 않기 위해 노력하기도 하고, 항조증제를 처방받았을 때 경험적으로 불충분한 용량인데도 그냥 넘겨버리곤 한다. 혹은 정직하게 진료에 임하고 복약도 꾸준히 하면서도 자신에게는 여전히 120퍼센트 정도의 수행 능력을 요구한다.

조증은 무작정 밀고 나가는 초고속 열차와 같다. 작렬하는 불길함, 위기감, 위화감 등을 느끼지만 그런 불협화음조차 조증이라는 동력을 감히 막아낼 수 없다. 이를테면 한번 큰 조증 삽화로 곤경에 처했던 적 있는 양극성장애인에게 다음 조증은 철저히 대비하고, 약도 꼭 먹고, 진료도 꼬박꼬박 받으라 당부하고 그래서 본인도 꾸준히 관리한다고 치자. 다음 조증이 오면 그는 조증이 부르는 곳으로 훌쩍 가버린다.

가끔은 조증은 인간이 '관리'할 수 없는 성질의 것처럼 느껴진다. 그것이 얼마나 아찔하게 합리적으로 느껴지는지, 큰 조증을 경험해본 양극성장애인들은 안다. 조증 때 사고를 친 사실보다 조증으로 인해 진리를 감각했던 순간에 사로잡히는 경향이 있다. 고도의 흥분, 성취감, 깨달음, 더 나은 존재가 된 느낌, 생산적인 인간이 되고 사회에 한몫하는 일원이 된 기분 말이다.

조증을 경험한 양극성장애인이라면 절대 자신의 궤도나 신념이 영원불변 신뢰 가능한 것이라고 생각하지 않는 게 낫다. 조증이라는 크고 막대한 중력에 또다시 얼마든지 흡수될 수 있기 때문이다. 차라리 조증을 절대 거스를 수 없는 블랙홀처럼 여겨 '이번에도 그쪽으로 빠져 들어가겠군.' 하며 자기 자신을 체스게임의 말 취급하는 편이 오히려 조증을 잘 넘길 수 있도록 도와준다.

양극성장애인은 한 사람이지만, 완전히 다른 것처럼 느껴지는 두 병증을 모두 상대해야 한다는 점이 핵심이다. 조증에서는 병이 자신을 장기 말 취급하면서 이래라저래라 요구하고 그에 대응해야 한다. 반면 우울증 상태에서는 도리어 환자가 직접 일궈야 하는 부분이 많이 존재한다. 우울증은 오로지 자신에게만 내리는 비와 같기에, 가랑비에 옷이 젖듯 점점 비가 내려 조증처럼 병증 자체에서 에너지를 얻기는커녕 자기 몸 하나 간수해내지 못하는 데다가 병든 자신도 돌봐야 하므로 그렇다.

조증은 얼마나 빨리 예측하는지가 절반은 먹고 들어간다. 맨 처음의 조증은 돌발하나 그다음은 이전 조증이 찾아왔던 시기 또는 계절에, 트라우마적 사건이 발생했을 때, 스트레스가 높거나 정신적으로 감당할 수 없는 때 등장한다. 흔히 간과하는 것이, 좋은 일, 축하할 만한 일이라도 양극성장애 환자에게는 절댓값이 큰 감정적 사건, 이른바 스트레스로 작용할 수 있다. 가장 조심해야 하는 것은 기나긴 우울증을 버텨낸 뒤 찾아오는 선물 같은 조증이다. 조증은 마치 위기에 등장하는 수퍼히어로처럼 몸과 마음이 피폐한 양극성장애인에게 앞날을 헤쳐나갈 기운과 좌표를 보여준다. 그러니 조증을 사랑하지 않고 배길 수 있겠는가!

조증은 환자의 사고, 감각과 같은 내적 요인보다는 외적 요인에 의해 더욱 강력해진다. 동료의 위기나 죽음 등에 잠재력을 폭발시키는 만화 주인공처럼. 물론 현실을 살면서 그런 만화 같은 일은 거의 일어나지 않는다. 그래서 조증이 치밀어 한 단계 업그레이드되는 상황은 허를 찔린 듯 닥쳐오는 경우가 많다. 아주 사소한 일, 이를테면 카페 직원이 "다른 직원한테는 말하면 안 돼요."라며 자신에게만 무료 리필 커피를 줬다든지, 아니면 택시를 탔는데 바닥에 1만 원권이 떨어져 있다든지, 다른 사람에게 감사, 호의, 친절, 칭찬을 받았다든지 한 후 난데없이 조증이 증폭되는 케이스를 몇 보았다. 불특정다수 중 예외적으로 선택을 받았고 이득을 얻었다는 공통점이 있다. 이 '외부 요인'의 상황은 사람마다 다르겠지만, 공통적으로 '특별한', '선택받은', '뛰어난' 나의 유일성을 자극하는 상황이 많은 경우 조증이 심화되도록 작용할 수 있다. 개인을 겨냥한 언행이 아니더라도 정신질환 삽화가 발발해 불안정한 상태에 있는 사람들에겐 충분히 커다란 자극으로 흡수되어 병이 증폭되는 결과가 될 수 있다.

이렇게 조증의 발발과 증폭을 감지한다면, 바로 병원에 가서 변화된 상태를 말하고 다른 처방을 받아야 한다. 조증은 시간이 아주 중요하고, 특히 초기에 어떻게 대응하느냐에 크게 좌우되기 때문에 현재 기분조절제나 항조증제를 복용하고 있어도 의사와 상의해서 약물을 조절해야 한다. 많은 양극성장애인들이 조증 초기에 오는 '예외적으로 선택받은 나'라는 느낌, '유능해진 나', '뭐든지 할 수 있을 것 같은 기분'을 잃고 싶지 않아 치료를 지체하는 경우가 있다. 그러나 초기 진화에 실패한다면 보통 1주(DSM-5 기준)에 달하는 조증 삽화가 지속되는데, 조증이 기거할수록 그것을 앓는 사람은 빠르게 망가져간다. 조증자의 상승하는 기분은 반드시 동그랗고 예쁜 헬륨 풍선 모양이라는 법이 없다. 언제나 해피 벌룬이 올 거라고 기대하는 것은 안일한 생각이다. 때때로 찌그러지거나 접힌, 구겨져 있는 왜곡된 상태도 많다. 주의가 산만해져 집중을 하지 못하고, 성마르고 강퍅해져 신경질을 내고, 수면과 식사가 불규칙해 엉망인 몸, 그런 자신을 돌보지 않고 여기저기 돌진해 일어나는 수많은 충돌, 게다가 신체화 증상과 정신증이 계속되는 1주(혹은 그 이상). 조증은 당신을 나은 존재로 만들어주기 위해 온 기회가 아니다.

양극성장애의 특징은 한쪽이 아닌 양쪽에서 일어나는 결함이라 할 수 있다. 양쪽에서 한 입씩 베어 무는 사과가 된 꼴이다. 양극성장애인 자신이 갖는 고유의 회복탄력성보다 언제나 그것을 상회하는 병의 침범이 존재한다. 이 땅따먹기는 초발한 이후 지지부진하게 힘싸움을 계속하다가 결국 병이 진전되면 역전할 수 없는 오셀로처럼 진행된다.

조증과 우울증을 대립 구도로 설정하는 것은 양극성장애인이 저지르기 쉬운 실수다. 자식을 편애하는 부모처럼, 우울증일 때 마땅히 돌보고 보살펴야 할 부분은 삭제하고, 조증일 때 범하는 실수와 실패는 무시한다. 이것은 그들의 전장인 당신을 엉망으로 만드는 것 이외의 역할을 하지 못한다. 양극성장애인에게 중요한 것은 성과를 내거나 변화를 만드는 것이 아니며 그렇다고 '정상적인' 수준의 생활을 해나가는 것도 아니다. 마음 같아서는 조증은 '이용'하고, 우울증은 '인내'하고 싶을 터이지만, 중요한 건 성질이 다른 두 병을 앓는 사람은 자신 한 명으로, 양쪽 삽화에 다르게 반응할수록 자아만

분열한다는 점이다. 삽화가 올 때마다 우왕좌왕한다면 매번 삽화의 막강함에 속수무책으로 당한다.

양극성장애인들에게 필요한 것은 성질이 다른 두 가지의 손 쓸 수 없는 병이 신들의 전쟁을 일으켜도 부서지지 않는 강력한 자아를 갖는 것이다. 여기에서 강력한 자아라 함은 과거와 현재 그리고 자신이 내다보는 미래를 포괄하는 일관적이고 연속적인 자아를 말하며, 생애를 거쳐 지속되는 성질의 것들을 말한다. 이들의 존재는 인생을 토막토막 내 그 시간을 증발시키는 삽화와 겨뤄야 할 때 유용하다. 그러나 이는 생각만으로 가질 수 있거나 이뤄지지는 않는다. 물론 자기 자신이 제 인생을 하나의 서사로 만들어 서사 내의 연결고리들을 긴밀하고 단단하게 유지하는 것도 중요하지만, 생각의 범주에서 하는 작업들은 생각에 스미어 왜곡을 일으키는 정신병에 취약한 점이 있다. 양극성장애인들은 반드시 생각뿐 아니라 현실 세계에 물리적인 토대를 두고 있어야 한다. 설혹 생각이 병증에 지배되더라도 물리적인 것들까지 병이 가로챌 수는 없다.

두 가지 병증이 오가기 때문에 양극성장애인에게는 그에 지지 않는 단단한 토대가 필요하다. 파도 한 번에 무너지는 모래성은 100개, 1000개를 쌓아봤자 노동력과 정신력을 소모하는 일밖에 되지 않는다. 자신의 일관성을 담보해내야 한다.

만약 양극성장애인이 자신의 삶을 매번 더 높은 곳을 향해 지금보다 한 발 나아가는 서사로 구상하고 있다면, 그는 계단을 만났을 때 기꺼이 자신을 한 발짝 더 딛게 해줄 모든 에너지를 끌어올 것이며, 조증이 오고, 조증의 힘을 빌리고, 추락할 것이다.

그러므로 계속 나아가고 발전한다는 이미지(상승하는 그래프)는 적절하지 못하다. 다른 예를 들어보자. 예를 들면 자기 집 뒤에 작은 뒷산이 있고 한 시간이면 한 바퀴 돌 수 있다고 상상하는 편이 병에 이롭다. 일정한 시간, 적은 힘으로 하나의 완결된 서사를 갖출 수 있기 때문이다. 수평으로 움직이는 것이다. 그리고 조증이든 우울증이든, 조증 때 가뿐히 해내든 우울증 때에 몇 시간을 걸려 힘겹게 달성하든 한 바퀴를 돈다는 완결성이 병을 진정시키고, 또 우울 상태일 때에는 이 정도는 할 수 있다고 다행감을 느낄 수 있다. 이런 한 바퀴들이 누적되어 양극성장애인의 안정을 담보할 수 있는 토대가 된다. 그리고 이렇게 쌓인 토대는 병과 별개로 존재한다.

토대의 예를 들어보자. 먼저 공간을 들 수 있다. 방이나 집이 될 수도 있고, 또는 방처럼 개별적 형태의 공간이 아니더라도 자신이 확보할 수 있는 최소한의 공간(침대, 책상)이 그 역할을 대신할 수 있다. 또 자신이 소유하고 있는 공간이 아니더라도 자기가 시간을 많이 보내는 곳(도서관이나 독서실의 자리, 학교나 직장의 책상, 자동차 좌석)에서 부분적이나마 충족시킬 수 있다. 이런 곳은 최대한 보수적으로 유지하는 것이 양극성장애에 이로울 수 있다. 잦은 이사, 생활 공간을 계속 바꾸는 것, 혹은 동거인이 자주 바뀐다거나 변화가 자주 일어나는 환경은 전부 자극으로 돌아온다. 자극은 감내할 수 있는 임계가 정해져 있고 그 선을 초과하게 되면 양극성장애 환자들에게 어떤 일이 일어나게 될지는 아무도 모른다.

두 번째 토대는 사람이다. 관계에는 비단 상호 긍정적인, 발전하는 관계만 있는 것이 아니고, 발전하는 관계만이 값진 관계는 아니다. 오랫동안 비슷한 거리감, 비슷한 감정을 주고 받아온 관계들의 존재가 이때 빛을 발한다. 1년에 한두 번 만나는 사이여도 상관없다. 중요한 것은 얼마나 오래도록 유지되고 있는지이다. 메뚜기처럼 이곳저곳 이 사람 저 사람 이 단체 저 단체를 전전하거나, 죽어가는 동물처럼 누워 한 자세로 꼼짝도 않고 아무도 만나지 않는 극단을 오가는 양극성장애인에게 불안정한 형태의 관계가 아닌 것이 필요할 때가 있다. 몇 해씩 유지된 관계는 전부 양극성장애인의 자산이 된다. 될 수 있으면 가족과 의료진도 이 카테고리에 속하게 하면 양극성장애인에게 훨씬 안정된 투병이 가능해진다.

그리고 신체다. 신체야말로 양극성장애인의 병을 고스란히 감내하는 가장 최전방이다. 대부분 조증의 과잉 상태일 때, 신체가 기이한 힘을 가지고 흥분된 정신 상태에서 수행하는 모든 일을 착착 따라올 때가 있다. 그러나 그 기이함은 전부 한계가 있다. 사람이 몇 주씩 두어 시간만 자고 온 힘을 발휘할 수 없으며, 식사와 끼니도 허술히 하는 상태로 매번 카페인이나 당분에만 의존해서 기력을 채울 수도 없는 노릇이다. 반대로 우울증일 때에는 신체의 무기력이 극심해 기운을 낼 수도 없고, 먹을 것을 챙겨 먹지도 못하며 기괴하게 살이

빠지거나 찌는 등 몸이 제 기능을 다하지 못하고 있음을, 병증이 심할수록 신체의 부담이 굉장히 크다는 것을 더욱 느낄 수 있다.

신체가 병증의 영향력 아래에서 작용하고 있으면 삽화가 오갈수록 신체가 작살나 결국 신체 질환이 발발해 병을 이중으로 얻을 공산이 크므로 삽화의 영향을 덜 받을 수 있는 신체를 조성하는 것이 필요하다는 의미다. 한 번에 바꿀 수는 없고 자기가 가진 몸에 가장 안 좋은 버릇을 천천히 하나씩 버리면 된다. '절대로 밤을 새지 않기' 같은 원칙을 세우는 것 말이다.

마지막으로 습관이다. 마찬가지로 '좋은 습관'을 가지라는 게 아니다. '습관'이라면 좋고 나쁨을 가리지 말고 전부 끌어와야 한다. 아침에 담배를 피우는 습관. 집에 오면 맥주를 한 캔 마시는 습관. 커피는 아침에 일어나서 한 잔 마시고 또 식후에 마시는 습관. 50분 일하고 10분 쉬기. 지하철이나 버스에 좋아하는 자리가 있고 그곳에 앉는 것. 반드시 건강한 습관이 아니어도 좋다. 이런 것들이 최후로 날뛰는 병과 맞선다. 습관은 사람에게 어떤 행동 패턴을 반복하게 하기를 요구한다. 그리고 이를 반복하는 동안에는 최소한 다른 생각이나 잡념, 조증이 추동하는 여러 사고들이 영향을 주지 못한다. 그리고 사소한 습관들을 실천할수록 현재 우리의 시공간이 이전의 것과 다시금 연결되며, 조증으로 인한 단절을 막을 수 있다.

조증을 안정적으로 운영하겠다는 포부를 가지고 있다면 이런 토대들이 이미 단단히 다져진 성처럼 자기 안에 존재해야 한다. 다만 허리케인 같은 조증에 대항하기 위해 일부러 허리케인이 몰려오는 집으로 되돌아갈 필요는 없다. 집은 다시 지으면 된다. 당신의 정신이 덜 무너지는 것이 훨씬 중요하다. 많은 양극성장애인이 그래도, 그나마 조증을 낫게 생각한다. 그러나 우리는 염두에 두어야 한다. 우울 삽화일 때 쌓아둔 토대는 다음 우울 삽화에 들어서도 자신을 지탱할 수 있게 도우며, 조증 삽화 때 지켜낸 원칙들이 다음 조증 삽화 때 사건 사고를 저지하는 원군으로 작용할 수 있다는 것을.

조증인 사람만큼 계획에 열렬한 이가 없다. 그러나 그가 미리미리 이것저것 계획을 세우는 것을 계획적이라고 장려하는 것은 곤란하다. 그는 계획의 아주 작은 부분만 틀어져도 그것을 실패했다고 여기며, 그다음 단계의 계획을 실행하는 데에 차질을 빚는다. 아주 작은 것의 탈락에도 굉장한 실패감을 느끼기 때문에, 조증인 양극성장애인이 세우는 계획을 완전히 달성하는 일은 사실 존재하지 않는다.

조증일수록 미래를 내다보려 하지 말고 하루하루 완결성을 충족하는 것이 중요하다. 자신을 한 장 한 장 완결을 내자. 아침에 자리에서 일어나 밤에 자기 위해 눕기까지를 한 페이지로 완성을 하는 것이 필요하다. 그다음에 그것의 연속성 아래에서 계획을 세우는 것이지, A플랜, B플랜, 미래로 향하는 열차표를 잔뜩 끊어놓고 열차를 놓쳤다고 자기 인생이 망한 것처럼 느끼는(실제로 조증 시 좌절은 자신의 전부를 잃는 듯한 느낌이다.) 정동을 가지고 좌절하는 건 지나치게 가혹하고 고통스러울 뿐이다.

그러니 조증에 관해 표현할 때 '좋아졌다'라고 쉽게 말하면 안 된다. 마찬가지로 우울증에 돌입했을 때 '나빠졌다'라고 생각하지 않는 편을 추천한다. 그렇다면 양극성장애를 다룰 때 핵심은 무엇일까? 균형? 통제? 이런 것들은 우습지만 병에게 들통났을 때 반드시 빼앗기고 만다. 그렇다고 마냥 병에 순종할 수도 없다. 양극성장애인이 병을 가지되 양극의 상태에 대해 조금 진정되려면 시간이 많이 흘러야 한다. 찰나의 거대한 깨달음, 학문이나 세계를 바꿀 만한 사고의 전환, 우주적 통찰 같은 것은 그들에게 너무 흔한 일이어서 주위 사람들이 이를 목격하고 훌륭하고 뛰어나다고 여기면 곤란하다.

조증은 로켓도 쏘아 올릴 듯한 추진력을 가지나 그것의 유지력은 장담할 수 없다. 유지력 면에서는 오히려 무능력하다고 느끼는 우울증일 때 성과가 있을 수 있다. 우울증을 신뢰한다고 하면 말도 안 되게 들리겠지만, 조증을 신뢰하는 것은 그보다 심각한 위험성을 갖고 있다는 것을 병자도 주변 사람들도 알아야 한다. 심한 양극성장애인은 흔히들 시도해보는 기분 그래프, 즉 기분을 수치화해서 표현하는 것이 아예 가능하지 않은 경우가 많다. 이전의 기분 세계가 지나고 나면 즉시 희미해지기 때문에 '더'라든지 '덜' 같은 비교 자체가 가능하지 않다. 기분 변화를 체크하는 습관은 유용하다. 그러나 필수적인 것은 조증 임박의 신호를 파악하고 빠르게 치료 계획을 수정하는 것이다. 우울증도 마찬가지다. 우울로 향하는 신호가 있고 그것을 빠르게 인지할수록 여러 제어 장치를 발동해 우울이 더 심각해지는 것을 초기에 억제할 수 있다.

양극성장애 2형의 경우 상황은 조금 다르다. 경조증은 지속 기간이 좀 더 짧고(4~5일 정도 지속되는 것을 경조증 삽화로 친다.) 심각한 문제를 일으키거나 정신증적 양상을 보이지는 않는다. 그러나 우울증인 시기가 길고, 크게 사고로 이어지지 않는 경조증을 맛보는 양극성장애 2형 환자들은 자신의 경조증을 '선물'처럼 느끼곤 하며, 그 위험성을 낮춰보는 경향이 있다.

조증인 사람이 200퍼센트, 300퍼센트로 타오른다면 경조증은 한도가 정해진 카드와 같다. 조금 즐긴대도 크게 지장을 주지 않으며, 대사회적인 사고를 치거나 문제행동이 현저한 것이 아니기 때문에 자신도 주변 사람들도 그다지 심각하게 여기지 않는다. 하지만 경조증이 아무런 문제가 없느냐 하면 그것은 절대 아니다. 경조증인 이들도 혼재성 삽화를 겪으며 혼란에 빠질 수 있고, 의식주를 소홀히 하여 심신에 부담이 가는 일도 벌어진다. 또 경조증인의 계획들도 조증인의 계획들처럼 빼곡하고 원대하여 그것에 실패했을 시 단번에 깊은 우울기로 빠져드는 등 여러모로 심각한 지장을 초래할 수 있다. 그러므로 양극성장애 2형이더라도 병증이 커지지 않게끔 지속적인 관리를 해야 한다. 대부분 양극성장애 2형인 경우 평균적으로 우울 기간이 긴 반면 경조증은 매우 짧고 드물게 찾아온다. 이해할 수 있는 불행한 일이지만, 그렇기에 많은 2형 환자들이 긴 우울을 겪으며 경조증만을 기다린다. 물론 간혹 그런 생각을 한다. 조증은 신이 인간에게 허락한 마약이라고.

정신병은 역사와 대적한다. 정신병은 가장 먼저 시간을 부순다. 내가 어디에 있는지, 무엇을 하는 사람인지 따위를 모조리 상관없게 만든다. 인식할 수 있는 시간의 범위가 짧아진다. 대신 이것을 하면, 저것을 하면, 무엇을 해내면, 잘해내면 마치 그 찰나의 순간만 내가 어디에 있는지 보이는 느낌만 갖고 어둑한 안개를 지난다. 조증이 푸른 도깨비불처럼 앞길을 인도하고 그래서 안도한다. 병증으로 기인한 상태를 병에 의존해 타개하려 한다. 우리가 가장 절박해 하는 순간은 내 눈에는 이 안개를 돌파할 가느다란 길이 보이는데 주위에서는(내 신체를 포함해) 그 길로 따라오지 않을 때다. 훗날 조증이 홀연히 사라져버리면 그 가느다란 길을 따라 긴 여정을 해온 나는 굉장히 당혹스러울 수밖에 없다. 여기가 어딘지, 왜 여기까지 와 있는지 알 수 없기 때문이다. 그때는 남아 있는 희미한 지표를 찾으며 되돌아가야 한다. 당신의 공간으로, 당신의 사람들 사이로, 당신이 안심할 때 짓는 표정을 향해, 당신의 버릇이 발휘될 수 있는 곳을 향해 가야 한다. 너무 많이 가지 않았다면 우리는 충분히 돌아갈 수 있다. 그러나 많은 양극성장애인들은 병증으로 인해 너무 멀리 왔을 때, 되돌아가는 것을 택하기보다 아무도 자신을 모르는 새로운 곳으로 가고 싶어 한다.

병은 병자의 욕망을 누구보다 빠르게 읽어내고 병자가 원하는 곳으로 가는 길을 보여주면서 따라오라 어른다. 그렇게 이동한 곳에 새 뿌리를 내리기도 채 전에 조증은 다시 와서 이번에는 다른 욕망을 간질이며 그곳을 향해 손짓한다.

나는 조증은 결단코 사람이 견딜 수 있는 병이 아니라고 생각한다. 그것은 때로는 생물 같고, 어떨 때는 고양이 같으며 어떨 때는 암흑이나 공기처럼 나를 감싸기도 한다. 그렇게 살다 보면 주변에 아무것도 남지 않고 정신병과 나만 덩그러니 남을 때도 있다. 그러다 우울증이 찾아오면 조증은 원래부터 너라는 존재는 가치가 없었다는 듯 소리소문 없이 사라져버리곤 한다. 그러면 나는 뭘 하느냐, 긴긴 우울증을 앓으면서 조증이 오기만을 고대하고 있는 것이다. 그것이 얼마나 가소로운지 나중에야 알았다. 내가 현실 세계에서 지워지지 않고 남아 있는 존재임을 확인하고, 현실에 남기로 마음을 정한 뒤에는 조증을 바라지 않았다. 그래도 조증은 온다. 정해진 계절에, 예기치 않게, 여전히 돌발, 급성으로. 완벽하고 아름다우며 힘센 조증도 있지만 지리멸렬한 좀스러운 조증도 있고, 아무 역할도 못하는 것도 있다. 다만 이제는 어떤 열차도 타지 않는다. 적어도 내 어떤 부분은 언제까지고 기꺼이 열차에 올라타 끝까지 가려 하겠지만, 다른 부분은 언제고 내리는 손님 하나 없는 그 역 그 자판기 옆에 식은 종이컵을 들고 앉아 있을 것이다.

13장 ⬤ 취미: 시간의 모방자

당신은 다음 항목들 중 몇 가지에 해당된다고 느끼십니까?

> ★ 시간이 공평하게 흘러가지 않는다.
>
> ★ 하루가 너무 무겁고, 무섭다.
>
> ★ 무엇인가 해보려고 하지만 실패할 것을 미리
>   알고 있다.
>
> ★ 정동이 균형 잡힌 상태가 아니라 한쪽에
>   치우쳐 있다.
>
> ★ 흥미와 재미를 느끼지 못하고, 그런 상황이
>   너무 오래 지속되었다.
>
> ★ 자질구레한 쇼핑을 하며 만족을 느끼려 하지만

잠깐뿐이다.

* 의식이 깨어 있는 상태로 시간을 보내는 것은
  끔찍하다.

* 의식을 일부러 둔감하게 만들기 위해 약을
  남용하거나 자해, 음주를 한다.

* 집이나 방 안에서 할 수 있는 행위에 한계가
  있음을 깨달았다.

* 설혹 외출을 하더라도 금세 힘에 부치고
  지쳐버린다.

* 새로운 것을 시도하기에는 너무나도
  무기력하다.

* 한 번도 해본 적이 없는 것은 잘할 수 없기
  때문에 시도하지 않는다.

* 기록을 남기는 등 생산적 활동을 할 수 없게 된
  지 오래다.

* 시간을 보내려면 돈이 들고, 수중에는 그만한
  돈이 없다.

* 뭔가에 몰입했던 적이 있었는지 잘 기억나지
  않는다.

* 무엇인가 하더라도 일회성으로 끝나거나,
  시도를 마음먹은 자체로 끝나버리는 경우가

있다.

★ 삶을 살아내는 능력에 의심이 든다.

정신병과 시간은 밀접한 관계다. 생활 공간, 조건과 환경이 정신병에 영향을 주는 것처럼 시간은 정신병과 병자를 지배하고, 병자는 그 손아귀에서 빠져나올 수 없다. 정신병은 단절의 병이다. 특히 삽화가 뚜렷한 이들, 중증 우울증의 환자들에게 정신병은 매일매일 잎이 나고 꽃을 피우고 하루 만에 지는 식물처럼 기이한 시간 감각과 더불어 절대적인 단절을 겪게 한다. 병이 없는 사람들은 자가 호흡을 하듯 아주 자연스럽게 시간의 시계와 발맞춰 가지만, 병자들에게는 그 속도가 몹시 느리거나 둔중하고 어떤 경우에는 굉장히 빨라 궤적을 쫓을 수 없기 때문에 일반적인 시간 감각과 다른 일들이 왕왕 발생한다. 그리고 이런 상황이 경합할 때 병자들은 그래도 아직 아침에 일어나려 하고, 씻으려 하고, 외출하고자 하며, 제대로 된 식사를 하고자 노력하지만 불행하게도 대개의 경우 병자들이 패배하는 방향으로 흐르게 된다.

패인은 사실 단순하다. 첫째로는 자신을 먹이고 씻기고 외출을 나가게 하는 이른바 '일상을 유지하려는 노력'이 병자의 상황을 극적으로 달라지게 만들 수 없다는 점이다. 두 번째로는 이런 장벽에 부딪혔을 때 병자는 쉽게 단념하기 때문이다. 특히 언제나 내심 자신을 이곳에서 다른 곳으로 갈 수 있도록, 떠날 수 있도록, 자신의 삶을 '혁신적'으로 '단번에' 바꿀 수 있는 존재를 갈망하는 병자들은 더욱 상심에 빠진다. 그래서 정신병자들은 이사를 하더라도, 룸메이트를 들이더라도, 고양이를 기르더라도, 매일 카페에 가더라도, 학교를 가더라도, 출근을 하더라도, 가사를 하더라도 자신의 기분이 궁극적으로 바뀌지 않을 거라는 사실에 좌절하고 만다. 또 이미 더는 생각만으로 현실을 바꿀 수 없는 상태가 되었음에도 여전히 마음을 먹으면, 사고방식을 바꾸면 작금의 상황을 타개할 수 있다고 믿기도 한다. 이것은 대단한 함정으로, 한번 '우울은 사고방식의 문제'라는 늪에 빠져버리면 절대 빠져나올 수 없다. 홀로 집에서 자신의 미래에 대해 공상하고 있는 이들은 반드시 자신의 상태를 재점검해야 할 것이다. 내 주변의 정신질환자들 중 지나치게 모든 변수를 통제하려 하고, 행동하기 이전에 거듭 시뮬레이션을 돌리는 이가 있었는데, 그는 자신의 통제력을 아득히 벗어나는 사고(accident)가 발생하자 10년 전 발병 이래로 가장 상태가 나빠지고 말았다. 우리는 분명 과거에서 벗어나, 현재에 충실하며, 미래를 예방해야 하지만 셋 모두를 한번에 할 수 없을 경우가 많고 따라서 보통은 현재에 충실한 상태로 출발하는 편이 가장 적절하다고 본다.

당신이 대학생이든, 백수이든, 대학원생이든, 직장인이든, 프리랜서든, 학생이든 기타 무슨 일을 하든 상관없다. 당신이 가용할 시간이 있고 그 시간을 어떻게 보낼지 늘 궁리한다면 다음의 내용을 참고해주시길 바란다. 그리고 당신에게 업무나 일, 임노동 등이 과중해 그 이외에 시간을 보낼 틈도 나지 않는다면 여기 나오는 가장 기초적인 휴식 부분부터 실행해보길 권한다.

정신병자에게 시간을 잘 보내는 행위란 무엇일까? 한나절 번화가로 외출을 했다고 하루를 잘 보낸 것은 아니다. 시간은 행위의 연쇄를 타고 흐르며, 같은 행동 패턴을 반복하고 이 일 다음에 저 일로 이어지는 식으로 유기적인 형태일 때 괴로움 없이 시간이 간다. 단발성에 그치는 사건들은 기분을 전환하는 데에 도움을 줄 수 있겠지만 잠깐잠깐 나아지는 기분은 삶을 견인하기엔 마력이 부족하다. 우리는 지금을 타개할 새로운 것들을 찾으며 대체로 소위 '취미'라고 부르는, 전문적이지 않아도 되고, 진입 장벽이 낮으며, 느슨하고 자율적인 세계를 기웃거리게 된다.

병이 손쓸 수 없게 심해진 시기엔, 일단 대부분의 활동들을 접을 수밖에 없다. 병자들은 일반적으로 반응 속도가 저하되어 있거나 사고의 왜곡이 심한 상태이기 때문에 타인과의 대화가 원활히 이뤄지기 어렵다. 그렇게 깊은 우울로 인해 오래 방에만 틀어박혀 있었거나, 이전보다 사회적 기능과 자존감이 하락한 상태에서는 이른바 '취미생활' 하면 떠오르는 새로운 경험, 새로운 장소가 두렵게 느껴질 수밖에 없다. 충분히 준비되지 않은 상태에서는 무리한 일을 벌이고 좌절할 수 있기 때문에, 혼자 할 수 있는 취미부터 천천히 시작해보기를 권한다.

혼자 할 수 있는 취미 중 근본은 바로 '휴식'이다. 조증인 사람은 탈진이 곧 휴식이고, 우울증인 사람은 휴식을 없는 시간 취급하거나, 또는 남들이 볼 때는 언제나 휴식 상태이지만 자신은 늘 스마트 기기를 통해 두뇌회전하면서 보내기에 쉬어도 쉰 것 같지 않다고 느낀다. 우울증의 증상인 무기력증의 극한에 몰린 이들의 예를 들어보자. 대부분 침대와 화장실을 오가며 먹고 자고 생활하기 때문에, 이 두 공간에서부터 우리의 휴식이 시작되어야 할 것이다.

휴식은 환기의 성질을 가진다. 내 안에 팽팽하게 차 있던 긴장이 이완되고, 통증들이 완화되고 눈을 뜨면 머리가 맑은 그 기분, 너무나 답답했던 자신의 짐짝들을 그래도 어찌해볼 수 있겠다고 생각되는 마음이 바로 제대로 휴식을 취한 후의 상태라 볼 수 있겠다.

그러면 자연스레 궁금증이 들 것이다. 어떻게 휴식을 청할 수 있을까?

질 좋은 휴식을 위해서는 '가장 많이 쉬는 공간'을 정비할 필요가 있다. 간단하다. 오래 누워있던 이불보와 시트, 베갯잇을 하나씩 세탁하고 건조해 다시 배치한다. 화장실은 비누와 수건 몇 개를 바꾸는 것만으로도 느낌이 달라진다. 당신은 이제 이 두 공간을 당신이 바깥에 나가게 채비를 돕는 곳으로 인식하고, 밤에 돌아오면 편안히 씻고 쉴 수 있는 곳이라 느낄 것이다.

수면은 휴식의 기본이다. 수면이 제대로 바탕이 되려면 밤에 다소 이르든 늦든 비슷한 시간에 잠들어야 한다. 방해가 되는 물품 등은 되도록 먼 곳에 두고, 자주 깨거나 소음에 민감하면 귀마개, 안대, 암막 커튼 등 필요한 물품을 구비하여 반드시 잠들 수 있도록 노력한다. 수면에 지장이 있는 환자의 경우 수면제를 처방받아 복용하길 권한다. 부작용이 마음에 걸리는 이들을 위해 덧붙이자면, 나는 4년쯤 전부터 연속해서 밤을 꼬박 새우면(수면 박탈이라고 한다.) 급성 조증이 찾아오는 등 심각한 부작용이 생겨났고, 사라지지도 않고 심각해져만 갔다. 잠을 자지 않으면 당신의 상태는 급속히 악화된다. 모두 알고 있는 사실이지만 자기 전에 핸드폰 등 스마트 기기를 사용하지 않는 것은 정말로 중요하다. 다들 경험했을 것이다. 스마트 기기를 사용하는 순간 시간은 새벽이 되고 눈은 벌겋게 충혈되어 수면제의 약 기운도 이겨낸 채 서핑의 서핑과 SNS의 SNS를 거쳐 유튜브의 추천 알고리즘까지 갖가지 탐방을 하다가 어느덧 죽은 듯이 잠들어 오후 느지막이 깨어나는 쓰레기 같은 기분으로 망했네, 중얼거리는 그 경험.

아침에 일어났을 경우 다시 잠들지 않는 게 관건인데, 이를 위해 할 수 있는 일이 있다. 몽롱한 상태에서도 큰 소리나 강렬한 냄새를 듣거나 맡는 것만으로 순식간에 잠이 깨는 때가 있다. 그러나 매일 시끄러운 알람 소리를 들으며 하루를 시작하고 싶은 사람은 없을 것이다. 개인적으로 사용하는 방법은 좋아하는 것을 이용한 '공감각적 상상 알람'이다. 나는 사과를 좋아하기 때문에, 자기 전에 '아침에 일어나 약간 차가운 거실 바닥을 밟고 기다란 테이블에 앉아 아삭하고 달콤한 사과를 먹어야지.' 하고 실제로 있었던 일을 떠올리듯 상상하는 것이다. 그 상상이 충분히 마음속에 강렬하게 남았다면 아침에도 '사과를 먹는 장면'이 생생하게 펼쳐지며, 어서 사과를 먹기 위해 훨씬 수월하게 일어나 거실로 향하는 자신을 발견할 수 있다. 이어서 자연스럽게 약을 복용하고 체조를 하거나 식사를 할 수 있다면 매우 유용한 패턴으로 자리잡을 수 있을 것이다. 더해서 이 방법을 위해 특별히 좋아하는 과일이나 음료 혹은 음식 등을 전날에 준비해놓다 보면 자기 전 자연스럽게 다음 날을 미리 준비하는 것이 몸에 밴다.

이렇게 해서 수면을 휴식의 시간으로 쓰게 되는 것이 먼저다. 그 다음은 취미다. 방 안에서 하는 취미.

방 안에서 할 수 있는 일은 많이 있다. 나는 도기도 집 안에서 만드는데, 자세가 좀 좋지 않지만 그런대로 해낼 수 있다. 최근 나의 취미는 칼을 가는 것(나이프 샤프닝)으로 괜찮은 숫돌과 고무 패드를 대 미끄러지지 않게 고정한 숫돌 받침대로 아주 예리한 칼날을 만드는 것이다. 칼을 가는 건 고무적인 일로, 소리부터 시작해서 다 갈고 난 후 단단한 야채를 얇게 아주 얇게 썰 때의 쾌감이 아주 좋다. 또 기분이 좋지 않을 때도 괜히 집에 있는 칼을 전부 꺼내 20분 동안 칼만 가는데 숫돌에 갈려 점차 얇아지는 칼날을 보는 것도 나름대로 즐거운 일이다. 그렇게 도구를 갖춘 후 더욱 야채 썰기를 좋아하게 되었고, 그렇게 썬 많은 양의 야채를 먹는 식으로 요리법과 식생활이 바뀌었다.

내게 요리는 처음에는 나 혼자 먹을 것은 혼자 해내기 정도였는데 이제는 식구들을 먹이는 형태가 되었다. 최대한 조리 과정을 줄이고, 양념을 거의 하지 않으며, 대신 바탕이 되는 재료들(소금, 간장, 멸치 등)은 협동조합에서 구입한다. 요리를 할 때에 잡념이 들지 않는다는 점은 많은 이들이 언급한 바 있다. 요리 도중에 채소를 다듬거나 설거지를 겸하는 식으로 신속하게 연결된 작업을 진행하면 매우 즐겁다. 나는 몇 년을 '쓰레기집'에서 살았는데 작년 10월 조증 때 청소를 시작한 이후 습관으로 정착되어 이제는 적절히 치우고 있다. 그래도 매일 청소기를 돌리거나 물걸레질을 하는 사람과는 비교가 되지 않지만 훨씬 진일보했다. 음악을 틀어놓고 노래를 부르며 동거인과 합의한 역할과 순서대로 청소 구역을 치운다.

방 안에서 할 수 있는 일이 무궁무진하다지만, 방이 언제까지나 가능성의 존재로 기능할 수만은 없다. 방과 집이라는 것은 자신에게 편안하고 아늑하고 안정된 장소로 기능하는 게 우선이 아닌가. 집이 언제고 새로움을 추구하는 도전의 로켓 발사대일 수는 없으니 말이다. 그래서 결국 우리는 시간을 보내기 위해, 시간에 밀려 떠내려가지 않기 위해 밖으로 나와야 한다.

만약 당신이 밖으로 나왔다면, 수고한 당신에게 격려와 선물을 해주자. 정신병이 있는 이들은 계속해서 자신의 반경을 넓히는 노력을 아낌없이 기울여야 한다. 정신병이 있으면 사회적으로 고립되기 쉽고, 경제적 문제가 있어도 도움을 요청하기 어려우며, 개인적인 입지도 좁아진다. 그렇기에 끊임없이 움직여야 한다. 물론 외부 활동을 하고 외향적인 취미를 가진다고 당신이 바로 외향형의 '정상적인' 인간으로 탈바꿈하는 것은 아니다. 그렇지만 밖에 나와 취미를 개발해 보려는 이들에게 시행착오를 조금은 덜 수 있을지도 모르는 이야기를 드리겠다. 다음은 개인적으로 새로운 취미를 개척할 때 가장 중요하게 생각하는 세 가지 조건이다. 첫째, 입문 시 투자 비용을 너무 적게 잡지 말 것. 둘째, 혼자서도 할 수 있는 것일 것. 셋째, 실외에서 할 수 있는 활동일 것.

위의 항목은 돈을 써서 준비물을 갖추는 취미이고, 반대로 돈을 들이지 않는, 적게 들이는 취미 또한 존재하며 당연히 우리가 개간해야 할 불모지다. 사람들에게 돈이 들지 않는 취미를 물어본다면 곧잘 '산책'이라고 말한다. 나의 성미엔 산책이 잘 맞지 않지만 산책을 통해 자기 공간을 확장하는 사람들도 분명 존재한다. 지역의 체육센터에서 열리는 수업도 시도해보기 좋으며 때로는 낚시 강좌 같은 것들을 무료로 신청할 수도 있다. 박물관이나 과학관, 경마장(입장료가 아주 싸고 말을 볼 수 있다.), 도서관, 미술관 등 가볼 수 있는 곳이 그렇게 부족하진 않다. 어찌 됐건 핵심은 내 마음에 드는 곳을 만드는 것, 그곳에 정기적으로 가 그곳이 주는 기분을 누리는 것이다.

'취미'는 단순히 '내가 좋아하는 것 하기'만을 의미하지 않는다. 둘은 비슷한 요소가 있지만, 큰 틀에서 보면 다르다. 좋아하는 것을 '더' 좋아하기 위해 시간을 쏟는 일은 수렴에 가까운 이미지다. 우리는 좋아하는 것에 충실하여 매초 확인하기도 하고, 알람도 설정하며 중독 증세나 도박성 기질도 보일 정도로 몰입하지만, 취미는 그와 다르다. 취미는 환기와 유사하다. 직장이나 학교에 짓눌린 자신을, 스트레스로 가득 찬 심신을 해소할 수 있는 시간과 기회를 주는 것과 같다. 좋아하는 걸 열심히 파고들 때에도 배우는 게 있지만 무엇보다 취미는 우리의 지평을 넓혀주며, 한번 넓은 땅을 디딘 이들은 쉽게 이전으로 돌아가지 못하게끔 병든 자신의 자아에게 신선한 공기와 물을 공급하게 된다.

대체로 나의 취미는 30만 원 선에서 시작했는데 허리를 바로 세우고 탈 수 있는 자전거(중고, 30만 원), DSLR카메라와 단렌즈(중고, 35만 원), 쌍안경(30만 원)이다. 이 셋은 내 생활반경을 극적으로 넓혔는데 특히 자전거로 인해 나의 운동 반경 자체가 세 개 구를 오갈 만큼 넓혀졌고, 밤엔 버스가 없어도 빠르게 집에 돌아올 수 있었다. 카메라는 매우 만족스러웠고 우울한 내가 기를 쓰고 찍지 않으려 했던 나 자신의 사진을 이 카메라로 친구들이 곳곳에서 찍어주어 기록으로 남길 수 있었다. 쌍안경은 새를 볼 때 쓰는데 새를 보기 위해 먼 타지로 가 숙박을 하는 모험을 즐긴다. 그리고 이 모든 것들은 몇 년에 걸쳐 차근차근 구비해왔다는 데에 의의가 있다. 정신병자들이 쉽게 밟는 덫은 '빨리' '지금에서 벗어날 수 있도록' '아무거나' '나를 바로 바꿔줄' 무언가를 요청하는 것으로, 이는 한꺼번에 일어날 일이 없을 뿐더러 한 가지도 충족하지 못할 때도 있다. 우리는 신중히 기다리는 법을 배워야 하고, 무엇이 선행하고 무엇이 후행할지에 대해서도 고민해야 한다. 쓸모없는 취미란 없다. 무슨 일이든 장기 지속한다면 당신은 그 분야의 선수가 되는 것이다. 내 다양한 취미 가운데 별난 것을 몇 개 나열하면 '전국 한의원 유람', '남성복 쇼핑', '베어 그릴스 따라하기', '메탈 노래 부르기' 등으로, 모두 몇 년씩 묵은 오랜 취미이다. 취미는 시간을 의식하지 않을 자유를 준다. 취미는 우리를 자유롭게 몰입할 수 있게 한다.

많은 정신질환자들은 흔히 자기가 시간을 낭비하고 있고, 아무것도 하지 않고, 세상에 하나도 쓸모가 없다고 느낀다. 그들은 시간을 감옥이자 느린 죽음, 또는 점점 벽이 좁아져 마침내 그들을 으깨어버릴 방으로 느낀다. 그러니 당연히 이 모든 것의 변화를 꿈꾸며 새로운 곳, 자신을 바로 그 새로운 곳으로 데려다줄 관계를 찾아 헤매기도 한다. 그러나 잘 알다시피 누군가 준 마법의 물약을 먹어서 자신의 고통이 완전히 떠나가는 일은 없다. 번번이 처음 시작했던 곳으로 돌아오는 상황이 반복된다면 분명 다른 접근법을 요한다는 증표다. 처음으로 돌아가지 않도록 점점 지평을 넓혀주는 것, 그것이 바로 취미다.

많은 병자들이 취미로 그림을 그리거나 만화를 그리고 싶어 하지만, 어떻게 시작해야 할지 감을 잡지 못하는 경우가 태반이다. 그리고 도구를 장만하고 시작을 하더라도 이것을 처음부터 끝까지 어떤 속도로 해야 하는지 갈팡질팡하다 혼란에 짜증을 느껴 전부 버려버리거나 얼마 안 돼 방구석에 처박는 예가 많다. 비단 그림 그리기만 일까, 병자들은 각종 미술도구를 사고, 악기도 구입하며, 이런 시도는 유무형을 가리지 않는다. 성인을 대상으로 하는 화실, 운동, 발레, 뜨개질, 각종 원데이 클래스 등 아주 많다. 문제는 지속성이다. 활동이 지속되지 못하고 일회성으로, 얼마 채우지 못하고 끝난다는 점.

취미를 갖고 싶어 하는 자들은 오히려 그 활동을 하면서 보내야 하는 시간 자체를 견디지 못한다. 모든 일이 그렇듯 취미도 튜토리얼과 입문 단계를 거치며 배운 뒤에야 제법 자신의 솜씨에 몰입하거나 그 방면의 경치를 즐기며 시간을 보낼 수 있다. 그래서 초반에 포기하게 되는 현상에 잘 대처해야 한다. 병이 없는 사람들은 단계별로 성취감과 해보고 싶다는 욕망이 이는 경우 큰 불화 없이 그 방향으로 뻗어가는 반면, 병이 심한 이들은 눈앞에 허들이 보이면 괜한 짓을 했다는 듯 다시 활동을 멈춘다. 그들은 활동을 하려고 생각하는 것 자체로 활동을 한 것과 같은 유사한 기분과 피로를 느끼기 때문에 이런 식으로 발휘되는 사고와 현실의 활동을 구분할 수 있도록, 둘이 제멋대로 집합을 만들어내지 않도록 주의를 기울여야 한다.

현재(2021년 초)는 전 세계적인 코로나바이러스 유행병 때문에 여행이 금지되다시피 했지만, 취미가 여행인 정신병자도 있을 것이다. 떠나고 싶다는 강박은, 모종의 상태에서 벗어날 수 없다는 좌절과 상동한 얼굴을 하고 있다. 나는 떠나고 싶을 때 가야 한다는 주의이지만 언제나 의사의 주의를 받았다. 의사가 정신병자에게 여행을 추천하는 경우는, 그것도 해외여행인 경우는 드물다. 조증인 사람은 그곳에서 사고를 칠 것이 뻔하고, 우울증 환자는 여행 도중에 진이 다해 더욱 기력이 쇠한 채 돌아올 게 뻔해서, 아니면 돌아오지 못할까 봐 그럴까. 완전히 새로운 그리고 생경한 문화를 접하고자 외국에 가더라도 사실 상상과 다르다. 중국 오지까지도 냉장고에 가격표가 붙어있는 콜라를 판매하고, 편의점도 있다. 말인즉슨 주위 환경을 변화시켜 자신도 그 변화를 맛보고자 해도 이제는 그것이 가능한 세계가 아니게 돼버렸다. 우리는 서로 다른 국가에 있어도 와이파이 하나를 두고 얼마든지 메시지와 사진을 주고받을 수 있고 영상통화도 하며, 심지어 타지에 가서도 SNS 활동을 활발히 해 평소보다 유대를 쌓을 수도 있다. 상상할 수 없는 동시성이 벌어지므로 과거에 '여행'이 함의하던 바들이 많이 달라졌다. 그렇다. 정신병이 있는 사람은 그러므로 절대 떠날 수 없다. 자신의 몸, 자신이 처한 조건과 환경, 그리고 자신의 정신에 당신은 영영 깃들어 있다. 어쩌면 타국에 다녀오더라도 예상하고 희구했던 바는 찾지도 못한 채 아무 자극도 받지 못해 돈만 날렸다고 여길 때도 있을 것이다.

어떤 이들은 내가 (조증이 오기 때문에 하고 싶은 것들이 저절로 생기므로) 부럽다는 말을 하기도 한다. 하지만 조증이 있는 사람이 하고 싶은 것과 그때의 취미는 조증이 지나면 휴짓조각이 되거나, 그것이 나를 자극해 이상한 나라로 인도하기도 한다는 점에서 부러워할 것은 못 된다.

반면 중증 우울증 환자들은 미래에 대한 고민은 추상적으로, 과거에 대한 고민은 구체적으로, 그리고 현재의 고민은 회피하며 시간을 보낸다. 고도의 무기력증에 시달리는 이들이 가장 많이 사용하는 신체는 두뇌가 아닐까. 그들은 고민하지만, 그 고민은 일반적인 의미의 고민과 다르다. 그들은 정말 종에 머리를 부딪혀 죽는 까치처럼 생각을 거듭하고 멈추지 못한다. 그렇게 길어 올리는 생각과 사고들이 반드시 그에게 도움이 될까? 아니다. 이 연쇄를 끊어야 그가 비로소 움직일 수 있다. 그의 시간은 단조롭고 짤막하게 끊기고 그것이 매일매일 지속된다는 것은 상상하기 어려운 고통이다.

　하고 싶은 것이 떠오르지 않는 이들을 위해 덧붙인다. 취미는 어떤 장면이고, 그 장면을 향해 뛰어드는 일이다. 그곳은 당신이 고민한다 해서 도달할 수 있는 곳은 아니고, 그토록 진절머리나는 시간을 이번에는 제 손으로 쌓아 만드는 성이다. 당신이 어떤 취미생활에 작은 만족감이라도 느꼈을 때, 그때 시간은 패배한다. 그러니 당신을 가로막는 시간의 행진을 토막 내버려라. 스스로 시간을 쥐고 운용하라. 초등학교 이후로 손대지 않았던 리코더든, 조율이 지나치게 필요한 피아노든, 마작을 배우든, 바둑을 배우든, 오목 사이트에서 오목을 하든, 4구를 배우든, 클라리넷을 배우든, 드럼을 배우든, 노래를 부르든, 목공을 하든, 화분을 기르든, 새를 엿보든, 코드를 짜든, 그림을 그리든, 요리를 만들든, 금속을 다루든, 흙을 다루든, 격투기를 하든, 느리게 걷든. 아니면 달리기를 하든. 좋아하는 것, 잘하는 것, 잘

할 수 있는 것 말고 생전 처음 보는 영역의 것들을 방문해보길, 그리
고 혼자 그 문을 두드리고 들어가는 것을 너무 걱정하지 말길. 우리
는 모두 모방자요, 결국 모든 취미들은 마지막에 한데 모여 떼 지어
날아갈 것이다. 당신도 함께.

14장 ⬤ 정신병과 가난

그는 가난했다.

날 때부터 가난했다. 아니 나기 전부터 가난했다.

어느 날 뭔가 이상하다, 의료적 개입이 필요하다고 느꼈을 때 그는 "내가 우울증인 것 같으니 병원에 가야 한다."라고 어머니에게 말했다. '중증 우울병 에피소드, 6개월 이상의 치료 필요'라는 진단을 받았다. 종합 심리검사가 필요하니 다음 내원할 때 검사하자고 의사는 말했다. 검사는 40~50만 원이 든다고 했다. 그는 어머니의 수술비가 더 시급하다는 것을 알고 있었다. 그는 다시 병원에 내원하지 않았다. 그리고 공부가 불가능할 정도로 병은 심해졌다.

그는 재수를 했다. 집 앞 독서실에서 공부했다. 그가 두 번째 수능을 친 이후에 개편된 국가장학금 제도 덕택에 대학에 갈 수 있었다. 학교 근처에 35만 원짜리 고시원을 잡았다. 여름에도 에어컨이

나오지 않았다. 오래된 노트북은 열이 올라 고장이 났다.

생활비 월 30만 원. 그걸로는 할 수 있는 일이 별로 없었다. 고시원은 공짜로 밥과 계란을 제공해서 그는 매일 계란밥을 먹었다. 고시원 주변은 번화가여서 옷과 신발가게가 즐비한 곳이었다. 그는 매일 마음속으로만 갖고 싶은 것들을 골랐다.

그는 연애를 시작했다. 좋은 곳에 데려가주고, 맛있는 것도 사주는 애인의 집에서 그는 자연스레 같이 생활하기 시작했다.

그는 처음으로 돈으로 살 수 있는 너른 세상의 지평을 보았다. 그는 더 이상 삼각김밥으로 연명하지 않아도 되었다. 애인은 한 달에 150만 원의 용돈을 받는 사람이었고, 둘은 모두 대학 신입생이었으나 생활 자체가 달랐다. 그의 애인은 보고 싶다는 말이면 언제나 택시를 타고 달려오는 사람이었고, 더 같이 있고 싶다고 하면 주말에도 인근의 제일 좋은 호텔을 잡곤 했다. 그의 애인은 그처럼 책을 좋아하는 사람이었는데 '책값은 0원'이라는 마인드와 더불어 책을 사는 데 쓴 돈은 전부 '교육비'로 쳐서 다시 부모에게 받았다. 그는 필요한 물건이 두 개 있다면 그중에서 싼 것을 고르거나 대부분의 경우 돌아섰지만 그의 애인은 "마음에 들면 둘 다 사면 되지!"라는 입장이었다. 그는 전공서가 필요하면 중고서점에 가서 찾아야 했지만 애인은 장바구니에 담긴 수많은 새 책을 문 앞에서 받았다.

그의 애인은 무엇이든 갖고 있었다. 아이패드, 맥북 두 대(프로, 에어)와 아이폰, 아이팟을 망라하는 애플 생태계에 살며 아름다운 하이엔드 오디오로 음악을 들었다. 그런데 그가 가진 가장 값진 물건은 무엇일까? 그것은 소중한 아이팟이다. 그의 아버지가 가전제품 수리 일을 하며 사은품으로 동봉된 것을 하나 빼돌려 가져다준 것이었다.

한편, 일전에 어머니가 방세 보내기가 힘들다고 해서 그는 대충 아무 고시원이나 알아보고 월 30만 원짜리 혼성 층을 골라 짐만 옮겼다. 어차피 애인의 집에서 지낼 거라고 생각해 신경 쓰지 않았다.

그러나 즐거운 생활은 금방 끝났다. "네 방, 네 집에서 생활하는 것도 배우라, 나는 개인 공간이 필요하다."라는 애인의 말에 그는 아무렇게나 골랐던 그 방으로 돌아갔다. 3개월 전의 삼각김밥이 난장판이었고, 심지어 방문도 완전히 닫히지 않았으며 당연히 매우 추웠다. 그때 그는 휴학을 해놓고 반수를 하고 있었다. 한예종에 1차 합격하여 이후를 준비하고 있었고, 합격할 경우를 대비해 석관동 지역 주변으로 이사를 갈 계획도 세워보았다.

하지만 고시원의 환경은 그의 계획을 무참히 꺾어놓았다. 옆 방 남자는 매일 큰 소리로 기괴한 말을 중얼거렸고, 싸우는 소리들이 요란했고, 목조 건물의 어둡고 음산한 분위기, 끔찍한 추위, 방을 하나하나 엿보고 돌아다니는 미친 여자, 연애가 끝난 충격, 그에겐 모두 도움이 되지 않았다. 그는 방에만 있었다. 짐을 포장하는 데 썼던 박스에 들어가 웅크려 있는 등 이상 행동이 생겨났고 어느 날 환청이 시작되었다. 자연스럽게 입시 준비도 중단되었고, 이상한 소리와 환영 등을 보면서 그는 자신이 끝났다고 희미하게 생각했다.

그는 정신과에 갔다.

이후 시간이 흘러, 그의 어머니가 약을 끊고 복학을 하는 조건으로 원룸을 얻어주었다. 보증금 500만 원에 30만 원짜리 방이었다. 그리고 "집을 해줬으니 이제 알아서 살거라." 하며 더 이상 돈을 보내지 않겠다 했다. 그는 아르바이트를 했다. 매일 아침 6시에 편의점에서. 다행히도 한 학기는 우수한 성적을 유지하는 동시에 되는 대로 대타도 뛰었다. 그러나 학기를 마치고 그는 탈진했다. 체력이 크게 저하되어 허약해졌고 이런 생활을 몇 년이고 기약 없이 할 수는 없다는 것을 알고 있었다. 다음 학기에는 심해진 환청 등의 증상을 잡느라 정신과에 다녔고 학교에는 갈 수 없었다. 조금 괜찮아지면 아르바이트를 풀타임으로 뛰며 생활비와 월세를 벌고 그러는 동안 어느새 허용된 휴학 기간을 전부 소진했다. 이제 한 발이라도 삐끗하면 제적되어 학교를 졸업할 수 없다는 불안감이 그를 사로잡았다.

허용된 휴학의 마지막 학기에 그는 여전히 풀타임 아르바이트를 하고 있었다. 어느 날 은행 어플리케이션에 "소액대출이 가능하시"다는 광고 알림이 떴다. 그는 반신반의했고 그러나 절박했기 때문에 신청 메뉴에 들어가서 금액 100만 원을 입력하고 공인인증서 비밀번호를 입력했는데 곧바로 심사가 완료되었다고 알림이 왔고 몇 분 후 100만 원이 입금되었다는 문자가 왔다.

세상을 손에 쥔 기분이었다. 그는 대학병원에 가서 정신과 진료와 검사를 받고 진단서와 소견서를 대학에 제출해 질병 휴학 기간을 추가로 받았다. 검사비를 비롯해 60만 원이 나왔다.

'세상에! 나에게 40만 원이 있다니!' 그는 줄지어 있는 옷가게 중 눈여겨보기만 했던 곳으로 쏜살같이 들어가 쏜살같이 골라 쏜살같이 결제했다. 그가 처음으로 가지게 된 모직 코트였다. 이제 그는 추운 겨울에도 바깥에 나가 떨지 않을 수 있다. 그는 드디어 히트텍도 샀고, 기모 스타킹도 샀고 모두 사는 즉시 근처 화장실에서 갈아입었다. '나한테 필요한 게 더 있지 않나?'라는 생각이 일었고, 커피와 케이크를 앞에 놓고 창밖이 내다보이는 좌석에 앉아 생각에 잠겼다.

40만 원은 그간 없이 지내왔던 용품들을 사고, 밀린 각종 요금을 내고 나니 사라졌다. 다시 그는 조금 고민한 후 다른 은행 어플리케이션에 들어가 200만 원을 당겼다. 그로부터 편의점에 일하러 가기 전 산새처럼 일찍 일어나 좋은 커피숍의 열 가지 정도 되는 디저트 중 무엇을 먹을까 고민하며, 새로 산 옷을 입고 늘 앉던 카페 자리에 앉아 오늘은 어디서 얼마나 사볼까 고민하는 날들이 이어졌다. 돈을 펑펑 쓰고 편의점에 출근하니 하나도 일이 힘들지 않았다. 그는 거지 옷을 입은 왕자가 된 기분으로 상냥히 손님들을 맞이했다.

그가 평생 느껴왔던 결핍과 결여는 돈이 생기자 전부 해결할 수 있는 것으로 보였다. 다만 그의 머릿속에는 전자책 100만 원어치, 전자책을 읽기 위한 이북리더기, 이북리더기를 감싸는 보호 케이스, 그것을 넣고 다닐 검은 가죽 가방, 이런 식으로 살 것들이 끊임없이 떠올랐고, 그것은 그가 겪은 가난이 커다란 하나의 구덩이가 아니라

토끼굴처럼 여러 곳으로 사방팔방 이어져 있다는 말이었다. 돈이 있는 그의 눈은 예리하게 매번 새로운 빈 굴을 찾아냈고 그러면 그는 그것을 채우러 카드를 들고 백방으로 돌아다녔다. 그는 번화가의 옷가게에서 값싼 옷더미를 잔뜩 사 들고 일시불로 결제해 점원이 그가 외국인인 줄 알고 면세 혜택을 받으라 손짓했으며, 또 다른 옷가게에서는 그가 생각하기에 '기본템'인 물품들을 40만 원어치 사는 식으로 이어졌다. 이렇게 소비가 계속되었지만 그는 조금씩 불안해하고 있었는데 그것은 빚진 돈을 써서가 아니라 이런 모습을 주변 사람들에게 들킬까 우려했기 때문이다. 그는 언제나 가난한 역할이었고, 그렇게 알려져 있었기 때문에 가까운 친구에게조차 자신이 로또 3등에 당첨됐다며 거짓말하고 값비싼 향수를 선물했다. 친구가 그 말을 믿었는지 아닌지는 모르지만, 그때의 그가 (자신이 생각하기엔) 한없이 너그러우며 따뜻하게 베푸는 자선사업가 행세를 한 것은 분명하다. 그의 지출력을 살펴보면 한도 끝도 없는데 아주 나중엔 "길거리의 구걸하는 할머니에게 2만 원을 주었다."라고 말했다. 그리고 그렇게 뿌려댈 수 있는 밑천은 바로 자신의 삶이었다. 그는 가진 돈을 모조리 써버리면 (자신을 위해서든, 남을 위해서든) 삶을 끝낼 요량이었다. 행복한 일들을 충분히 하고 갖고 싶은 것들을 다 가졌으니 원이 없다고. 이제 죽으면 된다고. 그는 자신의 이러한 결론이 너무나도 타당하다고 생각했다.

그는 눈덩이처럼 불어난 빚의 연체금을 제때 갚지 못해서 항상 집 안에 숨어 있었다. 바깥에서 문을 두드리는 이가 택배든, 집주인이든, 종교인이든 상관없이 그 '발소리'와 그 '목소리', 그러니까 "○○○ 씨 계십니까?" 쿵쿵쿵쿵 문 두드리는 소리에 노이로제에 걸렸다. 몇 번 내가 대신 나가 "일하러 나갔습니다.", "지금 집에 없습니다."라고 말했으나 헛수고였다. 어느 날 집주인과 밀린 집세에 대해 얘기가 잘 풀렸다며, 그는 마치 다른 일도 잘 풀릴 것 같다는 얼굴을 하고 마침 찾아온 수금원과 이야기를 해보겠다며 문을 나섰다. 그리고 오랫동안 돌아오지 않았다. 집으로 들어온 것도 아니기에 경찰을 부를 수 없었고 내 수중에도 돈이 없었다. 급히 연락한 그의 동생은 알아서 하라며 전화를 끊었다고 했다. 그 무렵의 그는 자살을 하고 싶은 생각이 들지만 왜 자살을 해야 하는지 모르는 얼굴로 있었다. 그는 많이 잤고 불규칙한 움직임을 보이고 이따금 그의 사고장애에 대해 얘기했다. 나는 그를 자주 정신과에 데리고 갔다. 그는 빚 문제에 대해 제대로 생각하지도 못했고 계속되는 채권 추심에 공포를 느꼈다. 그는 여러 종의 항우울제를 받았지만 항우울제는 가난을 낫게 해주지 않아서, 그는 잠들지 못했다. 다음 날이면 다시 그들이 오기 때문에.

그가 다시 아르바이트를 구하지 못한 것도 팔 할은 병 때문이었다. 그는 극심한 우울 삽화에 있었고, 수면장애가 있었다. 발작도 있었다. 그리고 그는 대학 재학 중이었기에 대졸자를 뽑는 취업 자리를 얻을 수 없었다. 그리고 너무 오랫동안 우울 삽화를 겪고 있어 기능 저하와 무기력이 심했고 정동이 둔했다. 현재 상태를 약이 잡지 못했기 때문에 무리하게 약을 사용하기 어려웠고, 그는 1년 중 특정 시기에 정신병이 심화되곤 했는데 그것이 머지 않았었다. 모친이 일체 지원을 끊었기에 도움받을 가족이 없었다. 임대차 계약서라도 있으면 주거복지지원을 받을 수도 있었지만 집은 계약서를 쓰지 않고 지내던 상황이었다. 차상위계층 지원은 가족에게 동의를 얻어 계좌를 열람해야 했으나 그렇게 두지 않았을 것이다.

결국 그는 고향에 내려가 집을 뒤졌다. 모친이 믿는 종교에서는 "황금 보기를 돌같이 하라." 같은 가르침이 있었으므로 추궁당할 일은 없었다. 집세를 두 달 정도 밀린 그는 집 안방의 서랍을 열자마자 떡하니 놓여 있던 두꺼운 지갑에서 여러 장의 100달러 지폐와 10여 장의 5만 원권을 들고 허탈하게 웃었다. 후일 그는 모친이 속한 종교의 지도자가 "그는 알아서 가족의 품에 돌아올 것이다. 일체 도움이나 신경을 끊고 내버려두라."라고 지시한 것을 알게 되었다. 그는 모친에게 생활비를 받는 조건으로 그 종교 단체에 발을 들이게 되었다. 말도 안 되는 임금을 받고 거기서 일하기도 했다. 그곳에서 채 3개월이 지나지 않아 탈주했지만, 그 일로 모친의 노여움을 사 다시 돈을 받을 길이 요원해졌다.

지금의 그는 갖가지 색깔의 추심 우편물들이 우편함에 꽂혀 있으면 그것을 잡아채어 '흠, ○○신용정보로군.' 하고 채무자에게 정신적 압박을 가하려 고려해 배치된 디자인적 요소에 대해 분석하며 계단을 올라와 문을 열고 쓰레기봉투에 처넣는다. 누군가 쿵쿵쿵쿵 현관을 두드리면 입을 닫고 조용히 하지만, 그 사람이 하루 종일 두드릴 것도 아니니까. 이제 그는 카드가 전부 정지되었고 금융채무가 여러 전산망에 등록되었다. 그는 후불교통카드를 쓸 수 없다. 가난이 그를 궁지에 몰았고 궁지에 몰려 그는 가난에 익숙해졌다. 불행, 가난, 빚, 모두 너무나 낯익어 오늘도 그는 아무것도 느끼지 않는다.

◎ ◎ ◎

정신질환이 모두에게 공평하게 배분된다고는 생각하지 않는다. 가난은 병이 파고드는 취약한 부분들 중 하나다.

오랫동안 가난에 시달려온 이들을 관찰하면 그들의 위축, 수동성 등을 포착할 수 있다. 그들은 언제나 최악을 가정하고 차악일 때 안도감을 느낀다. 최선을 목적으로 놓고 차선을 이루려 노력하며 성취감을 얻는 것은 그들의 방식이 아니다. 그들이 절망하는 것은 현재 어떠한 곤경에 처해서가 아니라, 돈을 벌든 빌리든 무엇을 하든 삶이 나아질 일이 없다는 확신이 들기 때문이다. 그리고 이런 벼랑 같은 가난에 내몰린 이들이 이상사고나 사고장애를 겪는 것은 당연한 수순이다.

바닥을 살아가는 사람들의 우울증은 눈에 띄지 않는다. 그들에게 인생은 부족하고 불안하며 절망적인 게 당연하므로. 야망도 이상

도 먼 이야기로 여겨 반응하지 않거나 그런 것들을 자꾸 환기시키려
는 자에게 적대감을 표현한다. 이들의 상태는 우울증의 병적인 상태
와 흡사한 양상을 보인다. 자연히 가난에 상시 내몰린 이들에게 정
신질환이 발병했을 때 악화되기가 쉽다. 병이 불씨라고 하면, 빈곤은
그 불씨를 부채로 지피는 격이다.

가난한 정신병자에게 도움이 될 수도 있는 몇 가지

▶ 미납이든 체납이든 당장 돈이 없고 빚 독촉이 들어오면 우리 병자들은
바로 패닉에 빠지기 쉽다. 그러나 채무자에게도 권리가 있다. 불법 채권
추심 대응 요령을 익히자. 방법은 분명 있다. 금융감독원, 서민금융진흥
원 웹사이트에서 제공하는 교육 내용을 읽어보자. 채권추심 가이드라인
등의 자료를 통해 현재 나의 채무 상황이 어떤지 파악한다. 우편물에 등
장하는 무시무시한 추심 용어들을 대략 익히면 '내일 압류당하면 어떡하
지?', '당장 통장이 정지되면 어쩌지?' 같은 공포가 덜하다.

▶ 금융취약계층에 해당되는지 알아보자. 지원 정책, 교육 콘텐츠, 심지
어 금융상품도 존재한다.

▶ 당장 돈이 없어 변호사 선임이 불가능하다고 생각해 지레 포기하는 경
우가 많은데, 파산, 개인회생, 프리워크아웃 등의 경우에도 서민금융진흥

원에서 상담을 받을 수 있다.

▶ ○○대부, 길가에 뿌려진 대출 광고지에 쓰인 번호, 아무 심사도 없이 당일 빌려준다는 말, 휴대폰만으로 돈을 벌 수 있다는 광고, 특히 '내구제' 같은 용어를 사용하는 곳은 접근하지도 말자.

▶ 아르바이트나 기타 임금노동을 할 때, 고용주에게 근로계약서 작성을 요구하는 것이 어렵게 느껴질 수 있다. 당신이 근로소득자로 분류되지 않는다면 많은 불이익이 있다. 청년 근로자 맞춤형 복지 사업에 지원하거나 은행권에서 대출을 받을 때 증빙용으로 근로계약서를 제출할 일 등이 생길 수도 있다. 고용주가 근로계약서 작성을 거부하는 경우 그런 사람이 운영하는 사업장의 분위기도 대략 짐작할 수 있을 것이다.

▶ '복지로' 사이트에서 맞춤 정책을 찾아보자. 자신이 어떤 카테고리에 속하고, 그에 따른 지원을 어느 정도 받을 수 있는지 대략 가늠할 수 있다.

▶ 신청은 가까운 주민센터를 이용해보자. 담당 공무원이 사정을 청취하고 '긴급생계지원'(보통 주거 지원, 의료 지원 등의 세부항목을 포함하며 지자체에 따라 다르다.) 기준에 해당하는지, 차상위 주거 지원을 받을 수 있는지, 당신의 현재 소득이나 자산, 건강 상태에 적합한 복지 정책을 설명하고 신청 과정을 도울 것이다.

거주 공간이 협소하고 생활환경이 열악할 경우 환경적 요소에서 오는 부정적인 영향이 지속된다. 비좁은 방일지라도, 아니 비좁은 방일수록 매일 정리하고 청소해야 기분 정도를 감소시키지 않는다. 그러나 병자에게 매일매일 청소란 몹시도 어려운 일이다. 엉망이 된 방의 꼴을 보면 전부 폭파하고 싶겠지만 당장 눈앞에 보이는, 손 앞에 잡히는 휴지 세 개 버리기, 옷가지 하나 개기부터 시작해보자. 주위 환경이란 아주 중요한 요소이기 때문에 형편없고 작은 공간이라도 그 공간을 통제하여 깨끗하게 유지 관리하는 성취를 누리기 시작하면 그것이 실익으로 돌아온다. 그러니 무력감에 빠진 이라면 여기에서부터 시작하자. 그리고 자신의 '쓰레기집' 때문에 정말로 견딜 수 없고 손 쓸 도리가 없다면, 도움을 구하자. 청소 업체를 부르는 것이다. 청소 업체의 비용은 보통 3시간에 3~5만 원 내외인데, 주위에 돈을 융통하거나 돈을 모아 이를 신청하는 것이다. 대면하지 않고도 서비스를 받을 수 있기에 자신의 환경에 대한 깊은 절망에 빠진 이들에게 추천한다.

치안, 안전 문제, 사적 공간 확보 불가 등은 빈곤한 거주환경에서 흔하게 볼 수 있는 문제다. 이를 타개하기 위해 집으로 가는 가장 안전한 길을 확보한다든지, 안심서비스를 이용한다든지, 위험 요소가 존재하는 곳을 지날 때를 대비해 시뮬레이션을 한다든지 하는 방법들이 있지만 역시 모두 상황을 완전히 바꿔놓지는 못하는 방책들이다. 이런 곳에서의 주거는 계속해서 반복적으로 스트레스를 주는 요인으로 작동해 병을 자극하고, 이런 스트레스를 완화하기 위한 비용이 지출될 것이다.

가난한 병자들은 거처, 거주가 안정적이지 않아 수시로 바뀐다. 이들은 주거 이동을 반복하는데 이때의 이동은 상향 이동이 아닌 비슷한 수준에서의 이동이거나 하향 이동인 경우가 많다. 새로운 거주지와 환경에 적응하기 위해 또다시 많은 노고가 필요하며, 잦은 이사에 따른 심리적, 물질적 비용은 가난한 병자를 위축시킨다.

중독(알코올, 니코틴, 카페인, 게임, 약물, 행위)은 정신질환이 있을 때 더욱 쉽게 관찰되며, 가난으로 인해 심리적으로 위축되었을 때에 더욱 심화된다. 술이나 담배, 커피, 게임, 스마트폰 등에 중독된 사람들은 자신이 가난하다면 다른 것들을 제한하지 중독 행위를 중지하지는 않는다. 중독 행위에 드는 비용을 '기본요금'처럼 당연하게 취급하지만, 모두 합쳐 계산해보면 생각보다 많은 부분을 차지한다. 그래도 이들은 중독 행위가 그만한 값을 한다고 여긴다. 고도로 지속되는 스트레스의 압박에서 '한숨 돌리게' 해주는 것이 중독 행위이니 이들에게는 늘 최우선 순위에 있다. 식사나 병원비는 그다음, 아니면 안중에도 없다. 내가 아는 어떤 사람은 돈이 떨어져 이틀을 굶을 때는 방에만 있더니 마침내 담배가 떨어지자 성을 내며 즉시 털고 나가 바깥 골목을 돌아다니며 기다란 꽁초를 주워 좋다고 피워댔다.

가난한 병자들은 단조로운 정동을 보인다. 대체로 누워 있으며, 누운 채 동영상을 보거나 인터넷 서핑을 한다. 물을 마시고 눕고, 밥을 먹고 눕고, 화장실에 다녀와 눕는다. 특징적인 무망감이 그를 배회한다. 그는 하고 싶은 것이 없고, 미래에 대해 생각하고 싶지 않으며, 지금에 대해서도, 아니 전부 다 생각하기 싫다. 그에게 있던 정신질환이 점점 더 심해질 것이다.

가난은 당신이 돈이 없기 때문에 먹지 말아야 한다고(섭식장애가 있다면 더더욱), 돈이 없기 때문에 돈이 나가는 모든 곳에 가지 말아야 한다고 조른다. 특히 돈이 없으니 '이 돈으로 병원에 가는 것보다 다른 데에 쓰는 게 낫다.'라고 판단하는 것은 비교적 흔한 패턴으로, 마침 정신과 치료에서 드라마틱한 효과를 느끼지 못하고 있다면 더더욱 단약 등의 치료 중단으로 이어진다. 하지만 복약은 우리의 정신을 잡아주는 보루이고 이 선이 무너지면 다시 쌓아 올리기까지 많은 시간이 든다.

'가난'이 오랜 이슈인 정신질환자들은 생활습관이나 사고방식, 나아가 삶 전반에 병이 구석구석 뿌리를 내리는 것을 느낀다. 가난 상태에서 필연적으로 가능한 선택지는 매우 협소하고, 쿠션 역할을 할 안전장치는 미비하기 그지없다. 생존을 우선해 필사적인 선택만 연이어 내려왔던 가난한 병자는 많은 경우 '이것이 아니면 안 돼. 이번이 아니면 끝이야.'처럼 극단적인 사고를 할 수밖에 없다. 그들은 크나큰 압박을 느끼므로 여유를 가질 겨를도 없다.

회피와 포기는 이들이 가진 장점이자 단점이다. 이것이 장점으로 발휘되면 빠르게 자신을 보호하고 원인 대상을 차단함으로써 불필요한 에너지를 소비하지 않고, 새로운 스트레스를 받지 않을 수 있다. 얻을 것은 없을지 몰라도 적어도 잃지는 않겠다는 것이다. 그러나 자신을 보호하기 위해 계속 외부와의 관계를 단절하는 방식은 결국에는 병자를 고립무원의 상태로 만든다.

고립 상황에서는 더더욱 자신을 돌보지 않고, 병으로 인해 망가진 생활습관은 고착되며, 심하게는 방 밖에 나가지도 못하는 상황에 빠져들기 쉽다. 의식주 생활이 완전히 망가진 상태에서는 주변의 작은 도움이란 말라 죽어가는 화분에 분무기로 물을 뿌려주는 것에 불과하다. 그에게는 좀 더 확실한 처방이 필요하다. 이 상태를 단번에 타개해주는 것은 밥을 사주는 일, 약물 치료를 재개하도록 병원에 데려가는 일 등보다는 입원일 수 있다. 친구나 지인, 애인이나 가족이 해줄 수 있는 일보다 환경 자체를 바꾸어주는 입원을 통해 얻을 수 있는 효과가 크다. 그럼에도 불구하고 우리는 입원하기가 어렵다. 편견 때문에? 아니다. 대기해야 해서? 아니다. 바로 돈 때문이다. 입원비를 충당할 수 없어서다. 너무 상황이 심각한 경우, 입원이 필요하다고 여겨지는 경우이지만 금전 문제가 충돌할 때에는 포기하지 말고 입원비 문제와 얼마나 입원할지 여부를 정신과 의사와 상의해보기를 권한다. 입원을 알아보던 친구가 의사와 상의했더니 한 달 입원을 조건으로 상당히 파격적인 금액을 말해줘 입원을 고려해볼 수 있게 되었다고 말한 적이 있다. 입원을 고려할 수 있게 되면 새로운 선택지가 생기는 셈으로, 극단적인 선택지만 존재하던 상황의 병자에게 새로운 기회로 작용해 상당한 심적 여유를 선사한다.

빈곤한 20대 초 무렵, 그리고 대부분 초발 시기와 맞물릴 때 정신과에 내원하고 약을 타는 것이 비쌀 것이라 지레짐작한다면, 절대 좌절하지 말고 최대한 치료를 받자. 정신과 진료는 전보다 비용이 낮아져 동네 의원에서 진료를 받고 건강보험 적용을 받는다면 2020년 기준 진료비 약 7000원에서 1만 원가량이 들고, 2주 기준으로 약을 타고(비급여는 비싸므로 의사와 상의해서 단가가 낮은 카피 약물을 달라고 하자.) 다섯 알 정도 먹는다면 약값은 1만 원 정도 나올 것이다. 2주에 한 번 병원에 간다고 할 때, 한 달에 병원에 쓰는 비용은 5만 원 정도다. 단 초진 때는 검사 비용이 추가로 들 수 있다.

단약은 되도록 삼가길 권하지만, 돈이 없어 병원에 가지 못하면 왕왕 일어나는 일이 단약이다. 적은 양의 약을 먹기 때문에 약을 먹지 않아도 거의 이상이 없다고 생각할 수도 있지만, 약을 먹고 끊길 반복하다 보면 몇 년 내로 당신의 약은 두 배가 되어 있을 것이다. 단약을 하는 것은 단순하게 말하면 다음에 증상의 심화로 내원해 약을 먹는다면 이전의 두 배의 양을 먹어야 함을 뜻한다. 그러니 약물 치료에 회의가 들더라도 이른 시기에, 비교적 안정적인 삽화 중에 있다면 반드시 그 자리를 사수하자. 정신질환을 더 나빠지지 않도록 막을 수 있는 시기는 의외로 전 생애에 걸쳐 극히 드물게 있기 때문에 중요하다.

대체로 10대 중후반에서 20대 초, 그리고 때로 그보다 나이 든 어느 때에 유독 병증이 심해지는 기점이 관찰되는 것 같다. 만약 당신이 발병 직후 진단을 받고 약물 치료나 상담 치료를 시작했다면 다행이다. 하지만 그렇지 않더라도 절망하지 말자. 중요한 것은 삶의 중요한 시기(입학, 졸업, 퇴사, 사별, 결혼 등의 큰 사건이 생길 때)로 인한 스트레스가 당신이 이전에 겪어본 적 없는 강도의 삽화를 불러올 수 있다는 것이다. 급격히 날씨가 나빠지듯 병이 폭풍처럼 휘몰아칠 때는 당황해서 대처하기가 힘들다. 아무 도움 없고 돈도 없고 약도 없는 상황이라면 생존 자체가 위험해진다. 이때 약물 복용에 문제가 없도록, 혹은 입원 절차를 밟을 수 있도록 평소 의사와 조력자, 비상자원을 준비해놓는 것이 좋겠다.

　가난과 우울의 상관성을 사람들은 쉽게 이해한다. 비슷한 속성을 쉬이 상상할 수 있기 때문일까. 지속 재발된 깊은 우울증은 병자가 다시 생활로 복귀하는 데에 아주 큰 비용이 들게 만든다. 우울증 환자의 경우 대체로 활동을 어려워하고, 숨고 침잠하며, 자신이 애써 나가서 얻는 것이 소모하는 비용보다 적다고 느끼기 때문에 쉽게 활동을 단념한다. 다른 정신질환 역시 가난이 동반될 시 심각해질 가능성이 농후하다. 예를 들면 가난과 조증의 결합은 순식간에 가진 돈을 마이너스로 만들며, 절도나 횡령의 시도율을 높이고 범죄의 선을 넘는 것에 대해 양심의 가책을 덜 느끼게 한다. 도박, 단순히 카지노라는 공간에 가는 것 이외에도 소위 토토나 '온라인'에 발을 들이기도 쉬워진다. 가난과 정신증의 결합도 흔하다. 자신이 왜 가난해야 하는지 납득하지 못하는 이들에게 펼쳐지는 그물망 같은 세계의 존재는 당신의 정신을 더욱 심해로 이끌 것이다.

언제나 가난했던 사람이 '금전 감각'을 갖기란 어려운 일이다. 그것은 한 번도 요리를 해본 적 없는 사람더러 다짜고짜 만찬을 차려 놓으라는 주문과 같다. 그러나 금전 감각은 마치 정신질환자가 병식을 가지듯이 자본주의 사회를 살아가는 우리가 가져야 하는 마땅한 감각이다.

지금의 당신에게 필요한 환경을 갖추고 있는지, 어떤 것이 부족하고 어떤 것은 돈으로 해결할 수 있고 어떤 것은 사람을 필요로 하며 어떤 것은 영영 내 손으론 해결할 수 없는 것인지 알아야 한다. 이를테면 주거 비용은 언제나 우리를 괴롭히는 비용일 텐데, 이를 줄이기 위해 룸메이트를 구하거나 셰어하우스에서 살 수도 있다. 여기까진 좋다. 그러나 당신이 과연 다른 사람과 부대껴 살 수 있는지 없는지는 경험해봐야 아는 일이다. 물론 그런 일은 나이가 들어서도 배울 수 있으며 정 급할 때 시도할 수 있는 방안이기도 하다. 만약 당신이 타인과 살 수 있다면, 당신이 가용할 수 있는 금액의 폭이 좀 더 넓어질 것이다. 또 앞서 말했지만 환경이 너무 오염되어 있고 구성원 모두 그것을 처리할 능력이 없다면 청소 업체에 맡기는 것이 가장 빠르고 정확한 해답이다. 두세 명의 하우스메이트들이 모여 여덟 시간 동안 치운다고 사이가 돈독해질까? 아마 싸움이 나 두 명이 밖으로 나가버리고 말 것이다. 이런 상황(보통 침대를 제외한 모든 공간이 더러움, 침대에서 식사함)에서 정신병자에게 시급히 필요한 건 다 함께 과오를 반성하는 일이 아니다. 세 명이 서로 사이가 틀어지지 않고 속히 깨끗한 환경으로 만들어 다시 그 환경에 적응하는 것이다.

안정된 주거와 환경을 갖춰야 병을 케어할 수 있다. 마지막으로 갖춰야 할 것이 병원비다. 이전에 다니던 병원에서 10대로 보이는 두 명이 진료비를 계산하면서 직원과 "기록이 남지 않게 해주세요." "그러면 비용이 많이 올라가는데 괜찮으세요?"라는 대화를 나누고 있었다. 의료 기록은 절대 아무나 열람할 수 없고, 그 '아무나'에는 대학과 회사도 포함되어 있다는 것을 다시 한번 강조하고 싶다. 물론 병가나 병결휴학을 신청하거나 경위서 등을 작성해야 할 때에는 의료사실을 증명하기 위한 목적이므로 병원명과 내원 여부가 적힌 서류를 떼어 제출해야 한다. 정신질환에 대해 밝히면 곤란해지는 경우에는 의사와 상의해보자.

병이 깊으면 돈이 더 깨진다. 자살사고나 자해 등 환자의 상태에 따라 경과를 집중적으로 관찰하기 위해 의사가 이틀이나 3일에 한 번씩 내원하라고 주문할 때도 있다.

가난은 실제로 빚이 몇백, 몇천이 있든 그 액수보다는 생활을 장악하는 형태로, 우연히, 그리고 치밀하게 다가오는 감각이다. 눈치를 채면 피하기는커녕 점점 더 빨리 다가오는 영화의 장면처럼 존재한다. 우리는 가난, 그리고 가난과 동반하는 것들을 피하기 위한 행동들을 함께 해나가야 한다. 안정된 거처, 정돈된 환경, 지속적인 약물 치료, 이 셋은 서로 긴밀하게 연관되어 있다. 혼자서 동시에 전부 이루고자 하면 너무 힘이 들 수 있다. 하지만 셋을 공고히 구축할수록 주도면밀한 가난의 늪, 정신병을 악화시키는 모래사막에서 견딜 수 있다. 천천히, 느리게 움직이자. 사막의 밤은 길다.

15장 ● 직장과 학교에 적응하기

정신병자에게 가장 위험한 시기는 바로 '소속'이 없는 시기다. 여기서 말하는 소속은 학교일 때도 있고 직장일 때도 있으며 사는 지역이나 단체를 의미할 때도 있다.

정신병이 있는 이들에게 소속은 정신병의 가차 없는 중력에서 살아남을 수 있도록 하는 안전장치와 같다. 물론 소속은 일정하지 않고 또 없을 수도 있다. 다만 병자들에게는 이 무소속 시기가 길어질수록 장기적으로 무질서에 가까워지기 쉽다는 점을 유념해야 한다. 최소한 취향, 취미, 관계 등의 느슨한 소속을 통해서 안정을 얻는 방법을 구해볼 수도 있겠다. 하지만, 결국 언젠가는 사회경제적으로 소속되길 요구받는 순간이 온다.

먼저 우리가 학생이라면, 학교에서 달성해야 하는 일은 그곳의 몇백 명 학생 중 단연 1등, 최고의 천재로 인정받는 일이 아니다. 졸업을 위한 최소한의 기준을 달성하고, 자신의 '학생' 신분이 시작된 것을 끝맺으면 된다.

탈학교 청소년들은 스스로 소속을 만들어야 하는 어려움이 있다. 정신질환이 가세한다면 불안정성이 두 배로 오는 셈이므로 반드시 여러 형태의 목표, 생활습관, 패턴, 행동 범위 등을 익숙한 것, 익숙해져야 하는 것, 새로운 시도, 도전 등으로 분류해서 주위에 두어야 한다. 그런 자잘한 것들이 모여 당신이 병과 손잡고 미끄러질 때 우둘투둘한 면이 되어 마찰력을 발휘한다.

정신질환이 있는 사람이 학교나 직장에서 듣게 되는 말들은 비슷하다. 그들이 받는 대우의 순서도 유사하다. 먼저 능력을 발휘하고 인재로서 인정받았다가, 출근이나 출석 같은 면에서 훅 떨어져 지각과 결근을 반복하며 '기복이 심하다.'든지 '성실함이 부족하다.'라는 평을 듣고 불안정해진다. 스트레스 역치가 낮아지면 더더욱 자신이 겪는 고통이나 감정을 표정이나 제스처에서 숨기지 못하게 되고 결국 수업에서 탈락하거나 직장을 나오게 된다.

2011년부터 나는 정신병과 강도 높은 투쟁을 벌여왔는데 그때마다 같은 실수를 반복했다. 다음은 그 예다.

> ★ 출석이 어려움
>
> ★ 기분이 좋으면/상태가 호전되면 과제를 해낼

수 있다고 믿음

* 완벽하지 못하면 포기함

* 혼자 수업을 들어 정보 공유가 이뤄지지 않음

* 교수와의 면담을 두려워함

* 시간표를 즐거워 보이는 과목 위주로 편성

* 휴식 시간의 부재

* 공황

* 트라우마적인 장소와 시기에 대한 대처 능력
  부족

* 과제 마감을 자주 어김

　　정신질환이 있으면 출석에 제일 먼저 영향이 간다. 우울증이 심해지거나 식이장애, 자기혐오 증상, 디스포리아 등을 동반한 채 매일 수많은 사람이 오가는 학교라는 공공의 공간에 갈 수 없기 때문이다. 학기 등록을 할 때에는 자신이 매일매일 학교에 나갈 것이라는 자신감을 가지고 시간표나 미래 계획을 구상하는데, 이는 별로 도움이 되지 않는다. 오히려 최악을 가정하고 병이 자기가 제어할 수 없는 이유와 까닭으로 악화할 것이라 전제하고 시간을 계획하는 편이 학업을 지속하는 데에 도움을 줄 것이다. 우리는 출석이라는 상태에 도달하기 위해 아침에 일어나 학교에 가 강의실에 앉아 출석 체크에 대답해야 하는데 이 사이의 과정이 느슨할수록 출석에 소홀해질 가능성이 높다. 일어나서 강의실에 앉기까지의 과정을 아주 빽빽하고 자연스럽게, 그러니까 물이 위에서 아래로 흐르듯 당연하게 구성할 줄 알아야 한다. 우울증일 때의 루틴 만들기와 같다. 기상-복약-화장실-씻기-옷 입기-나가기-대중교통 타기-걷기-교내 도착-강의실 도착이라는 긴 루트를 구성하고 이를 하나하나 헨젤과 그레텔이 빵 주워 먹듯 밟아가야 등교의 스트레스를 최대한 줄이고 학교에 당도하는 확률을 높일 수 있다. 그리고 이 과정을 약 한두 달 정도 반복하면 몸에 상당히 밸 것이며, 조금씩 편안해질 것이다. 마치 3D 그림 카드를 엮어 만든 것처럼, 학교라는 공간도 무한의 공간에 무작위 개체를 풀어놓은 것이 아니라 개체들이 이합집산하고 선호하고 불호하는 길과 계단이 있음을 파악하면 당신은 사람을 하나도 만나지 않고 강의실에 도착할 수도 있을 것이다.

출석은 학점에 매우 중요한 요소다. 왜냐하면 사실 대다수의 학생들은 결석 자체를 하는 일이 드물고, 출석 점수는 항상 수강계획표에 명시되어 있으며 10~40퍼센트 정도를 차지하는 이 점수의 차이로 학점이 갈리기 때문이다. 학점을 잘 받기 위해 출석을 놓치지 말라는 의미는 아니고, 우리는 자신이 통제하기 힘든 이유들로 출석에 미흡해지지만 병이 없는 이들의 눈으로 보기엔 그저 게으름을 피우거나 귀찮아하는 것처럼 보일 수도 있기 때문에 이 상황을 조정하는 일이 필요하다.

그래서 반드시 학기가 시작된 첫째 주간에 교수와의 면담을 신청하고, 면담을 하면서 '정신질환이 있음', '출석을 수행하는 것의 어려움'을 이야기해야 한다. 그럴 경우에 발생할 수 있는 일들(발표 도중 공황, 등교 불가능)을 설명하고, 그에 대해 어떻게 할 수 있는지, 대체 과제를 주면 그것을 해오겠다든지 하는 협상을 해야 한다. 우리 학교에는 자폐성 장애가 있는 학생이 있었는데, 그는 강의실에 들어가려고 할 때 강의실 문이 닫혀 있으면 그것을 열 수 없어(여러 이유가 있겠지만 문이 닫혀 있으면 들어가면 안 된다, 들어갈 수 없다는 식으로 사고가 이어지는 듯했다.) 수업에 참석하지 못했다. 수업에 나오지 않는 것을 이상하게 여긴 교수가 상담을 하며 그 사실을 알게 됐고, 다음부터는 그 학생을 위해 강의실 문을 아예 열어두고 수업을 진행하도록 했다고 들었다.

　　사실 많은 선생들은 아픈 학생을 어떻게 대해야 하는지 모르는 경우가 많다. 정신질환을 '꾀병'이라 여기는 이도 있으며, 어떻게 출석이라는 그 사소한 것 하나도 지키지 못하냐며 타박하는 이들도 많다. 그것은 병의 증상적인 면을 타인이 이해할 수 없기 때문에 일어나는 일이다. 병증에 대해 "잠에서 깨어날 수 없어요.", "거울을 보면 나갈 수 없어요.", "죽고 싶어요." 이렇게 직설적으로 말한다면 잘 이해하지 못할 것이다. 하지만 그 나이대의 교수들은 대부분 한 차례 아픈 전적이 있었거나, 병에 걸린(최소한 암에 걸린 그들의 지인들을 헤아려보라.) 주변 사람들을 알고 있다. 그러니 병의 특발적인 면, 돌발성, 즉 병이 갑자기 생겨나서 얼마나 인생을 망치고 있는지, 또 자신이 병과 맞서려 어떤 노력을 하고 있는지 등은 이해받을 수 있는 부분이 있으므로 아래의 항목에 대해 중점적으로 논의하길 바란다. 물론 자신의 상담사에게 말하듯 이야기하는 것은 곤란하다. 교수와의 상담은 이해와 공감을 얻기 위함이 아니라, 어디까지나 수업 수강생인 자신의 특기 사항에 대해 정중한 태도로 전달해 양해를 구하기 위함이다. 신중히, 말할 바를 미리 정해놓고 상담에 임하자. 1) 자신에게 병이 있다는 사실과, 어떻게 치료 계획을 수립하고, 따르고 있는지 2) 가장 염려가 되는 부분(출석, 조모임 등)을 다른 과제로 대체 가능한지 정도를 이야기하는 것이 좋다. 그리고 만약 상태가 돌연 나빠져 학교에 나가지 못하고 학기를 마치게 될 경우 절대 연락 두절 상태로 떠나지 말라. 정말 쉽지 않은 일이지만 담당 교수에게 메일이라도 보내 이러저러한 이유로 휴학하게 되었다든지 사유를 말하는 것을 권한다. 당시엔 매우 수치스럽고 절망적인 일이라고 생각할지 모르겠지만, 교수 입장에서는 아무런 말도 이유도 없이 잠적하는 학생보다 자신의 사정에 대해 짧게나마 얘기를 한 학생을 기억하고 염려하여 차후에 만날 경우 인식하고 고려할 확률이 높다.

교수와 면담을 할 때에는 미리 메일을 보내 면담 일정을 잡고, 마치 정신과 의사에게 어떤 얘기를 할지 체크하고 가듯 준비를 하고 가자. 출석부가 얼룩지고 과제 제출을 펑크내는 학생들을 먼저 부르는 분들도 있는데, 그런 호출이 왔을 때 너무 무서워하지 말고, 잠적하지 말고, 꼭 교수와 만남을 가지기를 바란다. 그런 교수들은 주로 학생들에게 흥미가 많은 분들이기 때문에, 너무 두려워하지 말고 천천히 이야기를 해보자.

정신질환이 있는 이들이 저지르는 흔한 실수는 '완벽'을 추구하는 것이다. 그들은 자신이 완벽하고 완전하게 모든 것을 해낼 수 있다고 전제한다거나 은연중에 자신이 할 수 있는 정도보다 더욱더 잘하기를 요구하고 원한다. 새 학기에 우리는 갖가지 양장 노트와 펜, 필기구, 심지어 아이패드와 스마트펜슬 등을 구입하며 수학을 위해 돈을 바른다. 게다가 계획적으로 시간표를 짜고, 시간 단위도 아니라 분 단위로 시간을 쪼개 생활을 해내고자 한다. 우리에게 '무리'란 없으며, 누구도 절대 힘들다고도 생각하지 않는다. 단지 그 생활을 수행해내는 자신과 그것을 해내지 못하고 떨어져 나온 무능력한 자신만 존재한다. 분 단위의 계획은 흐름을 타면 하루를 쉽게 보내게 해주지만, 곳곳에 은신해 있는 변수의 존재는 계획이 모래성처럼 무너지게 한다. 그리고 정신병이 있는 이들은 자신의 계획이 무너졌을 때 함께 주저앉아 다시 일어나지 못한다. 혹자는 계획 중 하나만 어긋나도 모든 계획이, 인생 전체가 끝난 것처럼 여기고 자살하려 하거나 사람들 사이에서 영영 사라져 연락 두절된다. 여기에서 다음으로 넘어가기 위해 우리는 단계 단계를 착실히 밟아 올라가야 한다고 생각한다. 하지만 세상에는 이따금 다른 곳으로 건너가기 위해 점프를 하거나 징검다리를 건너야 하는 일도 있다. 그러나 정신병에 시달리고 있는 이들은 돌다리가 아니면 절대 건너지 않는다. 사소한 문제도 그들에게는 위험의 징조나 불길함으로 읽히며, 속수무책으로 '나는 이렇게 무능력해. 죽자.'와 같은 극단적 사고로 빨려 들어간다. 따라서 쉽게 포기하고, 쉽게 도망가며 쉽게 숨어버린다.

꼭 완벽주의자가 아니라도 주석을 제대로 달지 않았다는 이유로 다 된 과제를 제출하지 않고, 출석 점수가 아슬아슬할 때까지 결석했다는 이유로 그 학기 자체를 포기하며 학교에 가지 않는 등, 병자들은 자신이 세워놓은 기대치에 못 미치는 상황이 되면 손을 놓고 숨어버린다. 여기서 문제는 '완벽하지 않고 내 기준 미달이니 남들에게 보일 가치도 없다.'와 같은 생각은 굉장히 비장하다는 데에 있다. 정신병이 있다면, 비장함과는 거리를 두어야 살아남는다. 자신에게 조금의 오차도 허용하지 않는 이들은 너무 빨리 죽는다.

때때로 학교에 아는 이나 친구 없이 다니는 병자들이 있는데 수업을 들을 때 최소한의 정보 공유는 필요하며(갑작스런 휴강이라든지, 시험 시간이 변경된다든지) 따라서 자신의 병을 아는 사람이 아니라도 그냥 서로 아는 사람 정도의 지인들이 있어야 한다. 일찍부터 고립된 학교생활을 해온 이들이 가장 경계해야 할 것은, 인간들이 얼마나 지루하고 재미가 없는지 따위가 아니라 사회에서 고립되는 방식에 익숙해져 있는 자기 자신이다.

다음은 정말 큰 착각으로, 내 경우에는 이게 특히 심했다. 마치 수업시간에 졸면서 '오늘의 필기는 내일의 나에게 맡긴다……'라고 쓰듯, 나는 조증이 오면 현재 산재한 모든 과제를 극적으로 해결해 줄 내가 생겨날 것이라 믿어 의심치 않았다. 하지만 내 기준 '상태가 좋은 나'는 이미 미쳐 있는 상태였고, 그 상태에서 적어 내린 과제들은 마치 정신증의 지리멸렬을 매우 잘 보여주는 듯한 글이었다. 그런데도 나는 그것이 거의 '명작!'이라고 생각했다. 그리고 다음 수업에서 모두의 앞에서 질타를 받았다.

이를테면 우울증에서 호전된 상태에서는 글을 잘 읽을 수 있고 또한 잘 쓸 수 있는데 지금 하필 우울 삽화라서 아무것도 못 한다는 생각, 우울증 자체가 주는 통찰력은 마음에 들지만 실행력은 제로여서 불만인 것, 또는 불안이나 초조가 너무 깊어 글 자체가 써지지 않는 것, 아니면 조증 상태에서는 기분이 좋아져서 텍스트도 잘 읽어 내리고 해석이나 분석도 참신하게 할 수 있다고 생각하고 그 상태를 기다리는 것. 이런 행위들이 병과의 유착을 만들어내며 병에 의존적인 인간이 되게 한다. 병에 의존적인 인간, 병을 사랑하는 인간이 되어, 병의 다정한 연인이 되어 손에 손을 잡고 병의 나라로 떠나는 것이다.

자율성이 높은 대학 생활에서는 자연히 병의 기운을 빌려 무언가 해보는 일이 잦다. 하지만 자신을 기분 좋게 하는 것들, 재밌어 보이는 것들, 흥미로운 것들, 하고 싶은 것들만 한다면 머잖아 깨닫게 될 것이다. 그 많은 것들을 겪으며 성장한 것은 자아도 자신도 아니라 병이었음을.

병적인 일의 특징은 휴식 시간을 갖지 않는 것이다. 설사 휴식하더라도 휴식에 죄책감과 수치심이 들게 하는 것이 병의 증거다. 정신병에 시달리는 이들은 스스로를 궁지로 내모는 경향이 있는데, 자신이 스스로를 혹사하는 것에 대해 사이코패스처럼 무감각하다. 적절한 휴식, 수면은 인간에게 필수적인 일임에도 말이다. 병자들은 기분이 좋거나, 오름세에 타거나, 운 좋은 일들이 연이어 발생하면 기꺼이 그 흐름을 향해 몸을 던진다. 기타 과제나 업무를 준비하기 위해 필요한 여력을 비축하는 행위를 일절 하지 않는다. 그들은 오로지 눈앞에 달성할 이것을 위해 수명을 깎듯이 움직인다. 학기에 앞서 병자들은 반드시 '자신이 크게 노력하지 않아도 할 수 있는 일'과 '노력을 많이 요하는 일'을 분석해서 배치해야 한다. 쉬지 못하는 인간이라면 차라리 학기 초반에 과제나 발표를 몰아놓는 편이 나을 것이다. 학기 후반이 되면 체력과 정신력 모두 저하되고, 문제나 실패나 갈등이 발생할 경우 침울해져서 제 능력을 발휘하지 못해 주어진 과제를 해내지 못하는 사례가 많다. 1학기라면 6월에 발표를 하는 것은 기말 과제와 시험, 보고서가 몰려 있기 때문에 무리한 일이 될 공산이 크고, 2학기라면 12월이 그러하다.

정신병이 있는 이들에게 공공장소는 치명적인 곳이다. 심각한 공황장애에 시달리는 이들은 학교로 가기까지 대중교통을 이용하는 과정이나 사람이 많은 길을 지나가는 것에 몹시 스트레스를 받는다. 하물며 학교에서 사건이 발생한 장소, 예를 들면 발작을 했거나 발표

때 쓰러졌던 강의실, 관계의 문제가 있었던 장소, 성폭력이 있었던 장소 등이 있다면 그곳을 지나가거나 주위에 가는 것만으로도 그 사람은 너무나도 고통스러울 수 있다. 나는 발표 중 공황발작으로 인해 응급실로 실려 간 곳(강의실과 건물)이 트라우마적인 장소가 되어 후일 복학했어도 그 강의실에서 있는 수업을 듣지 못했다. 이렇듯 자신이 원치 않아도 오갈 수 있는 범위가 점점 줄어들수록 병자는 바깥을 꺼리게 되고 사람을 피하며 마치 죽어가는 코끼리가 아무도 없는 곳을 찾아 헤매듯 학교생활을 하게 된다.

트라우마적 장소에 대응하는 방법은 그 건물, 그 강의실, 그리고 다른 많은 '그곳'에 자기가 안전하다고 여길 수 있는 작은 공간을 만드는 것이다. 강의실이라면 매번 같은 곳에 앉고, 자신이 좋아하는 필기구와 노트 같은 물건들을 책상에 둔다. 앉은 자리에서 보이는 바깥 풍경에 익숙해지는 것도 좋다. 건물이나 대로 같은 곳도 늘 같은 곳으로 다녀 그 길에 편안함을 느끼는 것이 중요하다. 이렇게 같은 패턴의 동선을 만드는 것이다. 조금 더 익숙해진다면 시간대도 정하는 것이 도움이 된다. 바깥 자체에 두려움을 갖는 사람은 최소한 자기 집, 자기 방, 자기 침대를 장악하는 것부터 시작할 수 있다. 침상을 장악하는 것은 병자에게 충분한 휴식, 수면, 그리고 여가를 가져다준다. 그렇게 작은 공간에서 시작하는 것이다. 공황장애를 앓는 사람들은 자신이 안전하지 못하다고 느낄 때 공황이 오는 게 아니라 분명 늘 지나던, 익숙한 곳, 맨날 이용하는 시설임에도 갑자기 죽을 것 같고 숨이 가빠지며 당황스럽고 아찔한 발작이 일어나 어디든 가기를 두려워한다. 공황은 안정감을 느낀다고 예방되는 게 아니기 때문에 공황장애가 심하다면 상비약을 챙기고, 대중교통에서 반드시 앉아 가며(노약자석을 이용한다.) 감각을 차단할 수 있는 차음 도구 (노이즈 캔슬링 헤드폰)나 빛과 눈을 가릴 수 있는 모자 등을 장만해 가지고 다니는 것도 도움이 된다. 그러나 기본적으로 공황은 스트레스 상황일 때에 주로 오기 때문에 근본적인 처치를 원한다면 자신이 처해 있는 문제들과 마주해야 함을 인정할 수밖에 없다.

정신병이 사람을 고단하게 만드는 증상 중 하나는 바로 시작을 어렵게 하는 것이다. 그는 자리에서 일어나기 어렵고, 학교에 가기 어렵고, 약속에 맞춰 나가기 어렵고, 과제를 제때 하기 어렵고 제시간에 일에 착수하기 몹시 힘들어한다. 그런 그에게 놓인 앞날은 C나 C+의 향연일 것이라 해도 과언은 아니다. 그러나 감히 조언하건대, 그렇게 해서라도 졸업할 여건이 된다면 반드시 졸업하기를 권하고 싶다. 왜냐하면 병자에게 시작보다 어려운 것은 바로 끝을 맺는 일이기 때문이다.

대학 시절을 어떻게 보내든 대학생이라는 다소 안온한 소속 내에서 생활과 학업을 지속할 수 있었다면, 이제는 그것에 안녕을 고하고 사회인이라는 새로운 방향을 향해 나아가는 단계를 스스로 마련하는 것이다. 이렇게 거창하지 않아도, 자신의 서사에서 한 단계가 저물고 그 마침표를 찍는다는 의미로 졸업을 이해하면 적절하다. 정신병이 있는 사람으로서 대학교육을 이수했다는 것은 크나큰 노력을 했다는 증명이며 큰 성과로 스스로 인정해야 마땅하다. 정신병이 대학 시절에 발견되었다면 즉시 빠르게 졸업하길 권한다. 말하자면 다음과 같은 생각은 굉장히 위험하며, 실현 불가능하다. 초발 후 '지금부터 계절학기만 듣고 아르바이트하면서 천천히 용돈 벌고 병원만 다니다가 다음 학기 등록하면 그땐 좀 나았을 테니까 이전처럼 할 수 있을 거야.' 이런 식으로 '더 나아지면 복귀한다.'라고 생각하는 것 말이다.

미래에 더 나은 학점을 받으려 다른 사람들과 경쟁하거나, 자신의 능력이 여전히 발병 이전의 상태와 같다고 상정해 그 기준을 맞추기 위해 완벽주의나 강박증적 면모를 보이거나, 과제나 발표 한두 개를 망치면 크게 상심하다 휴학계를 쓰길 반복하거나, 원하는 성과를 결국 내지 못했다고 생각해 병이 더 악화되는 이들을 보았다. 그렇게 되었을 때 다른 대학을 알아보는 이들도 많았다. 그러나 대학에서 중도 하차한다면 더욱더 험난한 길이 도사리고 있다. '원하는 것'을 하려고 백방으로 돌아다니다가 결국 대학으로 돌아오고 그러다 다시 대학에서 나가는 위의 과정을 반복하는 경우도 많이 보았다. 이런 이들의 수가 적지 않다. 아무튼 '졸업이 대수냐' 싶겠지만 정신병자에겐 큰일이다. 왜 큰일이냐면, 일단 졸업을 하면 우리는 다시는 이전의 소속, 대학생으로 돌아갈 수 없기 때문이다. 철저히 마음의 배수진을 치는 것이다. 회피적이고 방어적인 병자들에게 있어 졸업은 상당히 공격적인 수일 수밖에 없다.

◎ ◎ ◎

정신질환이 있는 채로 학교생활을 병행하는 것은 어렵다. 정신질환이 있는 채로 취업 준비를 하는 건 더더욱 어렵다. 무소속인 상태로 취업 준비를 해야 하는데 소속이 없는 유동적인 상태가 정신병과 결합하면 굉장히 부정적인 시너지로 작용한다. 많은 정신병이 있는 취준생들이 쉽게 알코올중독에 빠지며, 약물을 오남용하고 사회적으로는 연락 두절 상태로 자신을 고립시키고 홀대한다. 따라서 소속 없는 상태에 돌입하기 이전 여건이 된다면, 졸업 전에 일자리를 구하기를 권하고 싶다.

정신병이 있는 이들은 자기가 '감히' 취직이 될 리 없다는 생각에 사로잡혀 있는 경우가 많은데, 그냥 직장, 형편없는 직장을 구하는 것은 그렇게 심각하게 어려운 일은 아니다. 문제는 '(내가) 사회적으로 기능할 리 없다.', '사회에서 나를 뽑아줄 직장이 없을 것이다.'라는 막연한 공포감에 맞서야 한다는 점이다. 이런 생각을 하면 할수록 정말로 자신에게는 더는 기회가 없을 거라는 믿음이 굳어진다. 하지만 생각해보라. 직업은 직과 업으로 구성된 글자다. 직은 돈을 받고 노동을 하면 그만인 것이고, 업은 인생에 걸쳐 짊어지고 가는 것이다. 그런 면에서 당신의 병이 업이라면, 임금노동을 맡는 직이 당연히 서로 쌍으로 있어야 균형이 완성되는 것이다. 그러니 직을 구하는 데 있어 너무 양심적으로 굴 필요도, 고심해 선택할 이유도 없다. 곧 형편없는 직장이라도 당신이 구할 수 있다면 족하다는 말이다. 그러므로 직업을 구하는 데에 드는 이 공포감을 어찌 되었든, 어떤 이유를 대든 내려놓아야 비로소 구직활동이 시작되는 것이다.

직장인이 되면 이제까지와는 비교할 데 없는 높은 스트레스의 쓰나미가 밀려올 것이다. 다음은 내가 직장에서 정신병을 밝히지 않고 일하면서 얻었던 노하우와 잘리면서 알게 된 것들이다.

첫 달은 적응 기간 회사가 어디에 위치하든 간에 새로이 경로를 개척하고, 기상과 취침 시간을 조절하며, 어느 타이밍에 오가는 사람이 제일 많은지, 대중교통의 의자가 비는지 등을 파악해야 한다. 회사에서도 자신의 책상을 받게 되는데 주변을 적당히 꾸미는 것은 괜찮지만 큰돈 들여 이것저것 사놓는 것은 이 시점에서는 추천하지 않는다. 일단 첫 달은 딱 두 가지만 하면 된다고 본다. 일찍 출근하기, 그리고 인사하기. 처음 취업한, 혹은 오랜만에 취업해서 사회의 일원으로 기능하는 것에 흥분한 정신병자는 하루 이틀 일하고서 마치 자기가 이 회사의 모든 사내정치, 인물들의 성격, 사회적인 입지 등을 파악했다고 느낄 수 있다. 그리고 그것이 사실일 수도 있다. 문제는 이런 흥분 상태에서 회사의 다른 사람들을 컨트롤하려 하거나, 자신을 연기한다든가, 다른 자아를 가지고 회사를 다닌다든가 하는 일이 발생할 수도 있다는 것이다. 지금은 그렇게 머릿속에서 진도를 나갈 때가 아니며 직장이란 아주 천천히, 수명이 300년인 거북이처럼 느리게 적응해야 한다는 사실을 명심하면서 너무 빠르게 앞서가지 말도록 하자.

이사하지 말 것 직장이 생긴 이들은 자연히 직장 근처로 이사를 하라는 제안과 제안, 수많은 제안들을 받게 된다. 스스로도 직장이 가까우면 출퇴근 시간이 줄어들고 이득이 되지 않을까 하고 고민하게 될 정도로. 그러나 주거지 문제에 우리 정신병자들은 신중에 신중을 기해야 한다. 만약 직장에 다닌 지 일주일 정도 지났는데 집을 옮긴다면 당신은 굉장히 후회할 수도 있다. 적어도 3~6개월의 예비 시간을 두고 이사를 계획하도록 한다. 일단 집을 옮긴다는 것은 즐거운 일이 아니다. 보증금과 월세, 부동산과 집주인, 계약과 전입신고와 도시가스와 이삿짐을 싸고 풀고 새집에 적응하기까지 워낙 여력을 듬뿍 쏟아야 하는 대사건인 것이다. 따라서 좋은 집으로 옮긴다거나 마냥 순조로운 조건에서의 이사라도 스트레스에서 자유롭지 않다. 또 직장 근처에 집을 얻을 경우 직장에서 트라우마가 생겼을 때 그 동네를 나다니기 어려워 외출 자체를 꺼리게 되는 예도 있다. 나이 많은 선배 하나가 자기 아버지가 해준 얘기라며 학교든 직장이든 통학, 통근 시간이 20분 정도 걸리는 위치가 집을 구하기에 적당한 곳이라고 얘기해준 적이 있다. 20분 동안 생각에 잠길 수도 있고, 바깥을 구경하고, 때때로 걸어서(도보 한 시간 내외이므로) 생각을 정리할 수 있는 거리를 둬야 생활의 분리가 가능하다는 것이 요지였다.

정신질환이 있는 이들은 너무 잦은 변화를 조심해야 한다. 이미 취직 자체가 큰 변화를 가져오는 사건이기 때문에, 다른 것들(공간, 행동 패턴)은 일부러 안전하게, 움직임이 거의 없게 두어 지원군 역할을 하게끔 할 때 더욱 효과를 발휘한다. 만약 불가피하게 이사를 해야 하는 경우 이직과 같이 서둘러서 처리해버리는 편이 스트레스 완화에 낫다. 그리고 이사를 하고, 짐을 풀고, 방을 다시 안정감 있게 꾸리려면 최대한 많은 자원을 짧은 시간에 아낌없이 집중하는 것도 필요하다.

침구에 투자할 것 직장인에게 가장 필요한 것은 잠이다. 정신병이 있는 이에게도 가장 필요한 것은 양질의 수면이다. 그러니 두 교집합에 있는 우리 정신병자들에게 침구는 매우 중요한 요소다. 매트리스만 바닥에 두고 살지 말고, 돈을 모아서 침대 프레임을 사는 것. 꽃무늬 극세사가 아니라 자기 마음에 드는 괜찮은 침구를 장만하는 것. 이런 것들이 당신의 수면에 영향을 주고 밤에 '자고 싶게' 도와줄 것이다. 처음부터 모든 침구류를 사는 데 100만 원을 쓰라는 의미는 아니다. 조금씩 하나하나 바꿔가면 된다. 자금이 부족하다면 일단 베개를 바꾸고, 그다음에 베갯잇을 사라. 침대에서 보내는 수면과 휴식 시간은 다음 날의 당신에게 에너지를 줄 것이고, 쾌적한 수면은 병이 창궐하기 어렵게 할 것이다. 꿈을 많이 꾸고, 악몽을 자주 꾸고, 하지불안이 있거나 수면무호흡증이 있는 이들에게는 더욱 잘 맞는 침구가 필요하다. 새로운 환경에 놓였다면 근방의 맛집을 찾아다니기보다는 푹신하게 잘 수 있는 곳, 안심할 수 있는 곳, 아늑한 곳을 만드는 것이 우선이다.

직업과 여가생활 병행 지양　최소 1년이 되기까지는 직장생활과 자신의 여가생활을 병행하는 것이 어렵다는 사실을 인지해야 한다. 그만큼 많은 시간을 투자해야 할 회사 일이 있고, 그 일이 아무리 지겹고 버러지 같아도 당신은 자신의 시간을 거기에 바쳐야 한다. 또 병이 있는 이들은 자신을 보살피는 일을 소홀히 하기 때문에 자신을 돌보는 데에 시간을 소요할 바에야 여가생활(쇼핑, 카페 가기 등)을 하는 경우가 있는데, 여가는 당신을 조금 즐겁고 흡족하게 해줄지 몰라도 그런 만족이 당신의 체력에 보탬이 되는 것은 아니므로 결국 주말 동안 쉬지 못하고 신나게 놀다 월요일부터 온 힘이 소진될 수도 있다. 최소 3개월간은 평일엔 업무를 하고, 그 외의 시간엔 자신에게 밥을 지어 먹여주고 잠을 재워주는 데만 집중해야 한다. 그리고 당신은 이런 비율을 억울하다고 느낄지도 모른다. 카페에 가서 글도 쓰고, 길거리나 백화점에서 쇼핑도 하고 그래야 삶의 보람을 느끼는 경우는 더더욱 그러할 것이다. 하지만 정말로, 직장생활 초반에는 시간을 그렇게 소비하다가는 나중에 피로와 체력 저하의 철퇴를 맞는다.

돈을 써서라도 가사를 돌보라　직장과 집을 오가기만 하는데도 우리의 집은 점점 더러워질 것이며, 엔트로피가 급상승해 난장판이 손쓸 수 없이 번질 것이다. 그러나 가사를 수행할 시간과 여력이 되지 않을 것이 빤하므로, 이런 경우에는 반드시 출장 청소 서비스를 불러서라도 해결해야 한다. 직장에서 거지 같은 기분으로 집에 돌아왔는데 집구석도 거지 같으면 누구라도 화가 날 것이다. 아우슈비츠에서 씻기를 포기한 사람들이 먼저 죽어 나갔다는 것처럼, 우리의 집은 우리의 마음 상태를 대변한다. 깨끗하고 정돈된, 정갈한 환경에서 쉬는 것과 전쟁터를 방불케 하는 쓰레기집에서 쉬어야 하는 것은 차원이 다르다. 배달음식만 전전하다 초파리가 잉잉 날리고 화장실 휴지는 떨어진 그런 곳에서 다음 날을 위한 충전을 하기는 어렵다.

출근 시간은 빠를수록 좋다 직장생활 초기에는 정시보다 30분 일찍 가는 것을 추천한다. 회사에 잘 보여야 한다는 뜻이 아니다. 30분만 먼저 나와도 최소한 출근 시간의 대중교통이 덜 붐벼 정신적으로 이롭고, 그만큼 여유가 생기기 때문이다. 병자들은 대체로 자기가 회사에 투자하는 시간, 노력 등등에 대해서 준 만큼 받아야 한다고 생각하는데, 이런 전제는 우리를 불리하게 만든다. 물론 부당한 일이다. 그러나 초기 몇 달에 그런 태도를 보이는 이들에 대해 회사는 트집 잡을 점이 생기면 언제든 자르고 새로운 인원을 뽑으면 그만이라고 보기 때문이다. 자신이 들이는 노력이 바로바로 피드백 받을 것이라 예상하지 말라.

일을 너무 잘하지 말 것 처음부터 너무 많은 능력을 공개하면 안 된다. 회사에서는 출근을 일찍 하고 인사를 잘하기만 해도 평이 나쁘지 않다. 잘리지 않으려고 SNS도 운영해보고, 책도 냈고, 디자인도 할 수 있다는 등 많은 경험을 밝힐수록 그 일들은 주어진 업무분장의 범위를 넘어서서 당신에게 올 것이다. 그러다 보면 회사가 돈을 주고 외주를 맡겨야 마땅한 일들을 당신이 대신 하고 있는 모양새가 된다. 아무리 다른 능력이 출중하더라도 회사가 우리를 뽑을 때의 목적은 따로 있다. 본업을 소홀히 하면서 다른 일을 하고 있다면 회사는 우리의 능력을 의심할 것이다. 일은 언제나 100퍼센트, 120퍼센트 달성을 목표로 완벽하게 하려고 하지 말고 70~80퍼센트 정도로 하는 것이 좋다. 그 상태에서 상사에게 보여주고 나머지 20~30퍼센트를 수정하는 방식으로 '차근차근' 밟아가고 있음을 보여주는 것이다.

학교, 병원, 군대식으로 대할 것 취직을 하게 된 정신병이 있는 이들은 어떻게 회사에서 적응해야 하는지 난처해하는 경우가 많다. 일단 학교식이다. 정해진 등하교 시간이 있는 것처럼, 그리고 등교 시간을 맞추는 게 더 중요한 것처럼, 출근 시간을 아주 중시한다. 두 번째는 병원식이다. 병원에서는 환자에게 일어나는 모든 일들을 체크하고, 보고하고, 다음 사람이 오면 인계한다. 이처럼 업무를 처리하고 보고하도록 하자. 마지막은 군대식이다. 정신질환이 있으면서 사람들에게 크게 노출되고 싶지 않을 때 쓰는 방법이다. 말투를 딱딱하게 하고, '-해요.'가 아니라 '-입니다.' 같은 건조한 어투로 보고한다. 회사에 입고 가는 의상도 일종의 군복(유니폼)처럼 몇 벌 갖추고 있는 것이 좋다. 일을 할당받을 때 확인하고, 업무를 처리한 후에 보고하며, 이어 수정이 필요한 부분을 처리하는 등 자기 지위에 맞춰 할 일만

하는 것이다.

시간 분배의 중요성 마지막으로 시간의 분배가 정신병자에게 아주 중요하다. 회사 일이 힘들고 고될수록 병자는 개인적인 시간을 빼 회사 일을 하는 데 쓰게 되는데, '내 것'을 빼앗긴다는 이 느낌이 병을 더욱 가속하고 화를 치밀어오르게 한다. 하지만 어쩔 수 없는 경우라면 다음과 같은 우선순위를 밟는다. 점심시간을 사용하는 것이 첫 번째, 그다음은 기상 시간을 앞당겨 아침 시간을 업무에 할애하는 것, 그다음이 야근, 그리고 마지막이 주말에 일하는 것이다. 주말에 일해야 하는 직업이라면(주중에 다른 시간을 냈는데도 일을 끝마치지 못한다면) 그 직업에 대해 다시 한번 생각하는 것도 괜찮다.

⊘ ⊘ ⊘

우리 병자들은 쉽게 자신을 믿지 못한다. 자신의 행동과 그 결과에 대해 객관적으로 평가하려는 시도를 하지만 자주 인지 오류의 함정에 빠져 부정적인 결론을 내기 쉽다. 그뿐 아니라 자신이 잘해낸 것과 잘못한 것, 자신이 실패한 것과 성사시킬 수 있던 것이 마치 종이 한 장 차이처럼 느껴져 더욱 혼란을 가중하는 경우도 있다.

병증이 원인이 되어 실패하는 경우가 있다. 그런 경우 통제하거나 조절할 수 있었다고 우리는 쉽게 이야기한다. 예를 들어 며칠째 잠이 들지 못해 나쁜 컨디션으로 나가 조는 모습을 보이지 않았다면, 아침에 지하철에서 공황 증상이 일어나 지각하지 않았으면 모든 것이 잘 해결되었을 텐데, 말하는 것처럼. 전부 사소한 실수이며 조금만 신경 쓰면 일어나지 않았을 일이라고 쉽게 말할 수 있다. 그러나 그렇게 간단하지 않다. 병이 있는 상태에서 병증이 일어나지 않는 상황을 전제하고 목표치를 설정하고 자신에게 그것을 요구하는 것은 결국 스스로에게 되돌아오는 공격일 뿐이다.

정신병을 가지고 학업과 업무를 '완벽하게' 수행한다는 것은 과도한 바람이다. 우리는 너무 당연하게 그런 과업을 스스로 부여한다. "나는 당연히 해낼 수 있었어."라고, "내가 실패한 건 사소한 이유 탓이야."라고 말하며, 어떤 일에 실패했을 때 "상태가 나아진 내가 다시 시도하면 잘될 거야."라고 현재 자신의 상태가 나쁘지 않음을 웅변하며 과거에 다시 도전하는 이들도 있다.

자기 앞에 놓인 불가능을 뛰어넘고 다시 '정상'이 되고 싶어 하는 도전. 이런 도전이 실패할 경우 병자들은 자신을 폄하하고 기회가 생겨도 잡지 못했다고 질타하며 너는 살 자격이 없다고 매도하는데, 이런 태도가 과연 우리를 도울 수 있을까?

정신병이 있는 이들은 힘듦의 정도에 관해 스스로 객관적 판단을 내리기가 어렵다. "나는 괜찮은데?" 하고 말한다. 다른 사람들 앞에서(특히나 자신에게 기회를 주었던 가족, 친구들에게) 자신이 '정말 잘하고 있음'을 어필하는 데 힘을 쓰는 사람들도 있다. 그러나 우리 정신병자들이야말로 누구보다 잘 알고 있다. 직장을 유지하는 게 얼마나 힘이 드는지를. 다른 정신병자가 취직을 하려고 노력하고, 취직하고, 직장에 다니며 이리저리 치이면서 그래도 얼마나 애를 쓰며 버티고 있는지를 말이다. 정신병을 짊어지고 그것을 밝히지 못하며 병증으로 인한 수모를 겪어도 이것은 다 자기 탓이라고 스스로를 탓하는 이들을 알고 있다. 그러니 괜찮냐고 묻지 마시라. 우리는 괜찮지 않으므로, 이 영토에 발 들인 모두 괜찮지 않으므로. 이 업은 누구도 한 스푼도 덜지 못하는, 오직 나만이, 나와 병이 개척할 길이니까 말이다.

16장 🔵 약물의 이해: 심화

"나는 이제 약에 질렸다. 어떤 약도 내 상태를 나아지게 해주지 못했고, 의사와의 상담은 항상 짧기만 했으며, 내가 무엇을 더 전달해야 사람들이 이해해줄지 알지 못하겠다. 약은 효과가 없다."

우리는 약을 원망한다. 약을 처방하는 의사를 원망한다. 약을 먹어야 하는 자신을 원망한다. 너무 잘 듣는 약은 불안을 선사하고, 전혀 효과가 없는 약은 무력감을 얹어준다. 약물의 부작용을 원망한다. 그러나 약은 우리의 원망을 알지 못한다. 그것은 단지 몇 가지 화학물질의 조합일 뿐이니까. 그것을 복용하는 건 자신이다. 약은 내 머리맡에 있더라도 알아서 총총 뛰어와 내 입속으로 들어오지 않는다. 매일 아침 우리는 눈을 비비며 가장 먼저 약봉지를 찾아 아침약을 먹는다. 수면 패턴이 망가진 사람들의 특징은 아침약만 줄줄이 남는다는 점이다. 그들은 자신도 웃겨서 종종 아침약만 남은 약봉지를 사진으로 올린다. 하지만 보통 우리는, 그러니까 우리의 착실함은, 약물 치료에 기대고 있는 우리는, 원망과 무력을 딛고 오늘도 약을 먹는다.

약물에 질려 하기 전에, 당신이 해보면 좋을 일이 있다. 그것은 바로 당신을 질리게 만든 약물에 대해서 약간의 탐구를 하는 것이다. 약물의 이해 심화 편에서는 약에 대해 우리 인간이 할 수 있는 일을 소개하고자 한다.

당신은 약에 대해 더 많은 것을 알 수 있고, 결과적으로 자신에게 맞는 약물을 찾을 수도 있다. 당신은 약에 대해 의사와 나눌 말이 많아질 것이고, 의사가 "이러이러한 약을 처방할게요." 하는 말에 "아, 그 약은 이전에 부작용이 심했으니 다른 약을 주세요."라고 요청할 수도 있다. 그렇게 되면 우리가 누릴 수 있는 장점은 첫째, 시행착오를 줄여 전반적인 치료 과정 시간이 상당히 줄어든다는 점이며, 둘째, 의사와의 치료 동맹이 훨씬 견고해져 치료에 대한 믿음을 상승케 할 수 있다는 점이다.

약물의 이해를 도모하는 첫 단계는 자신이 먹는 약의 성분명, 상품명과 친숙해지는 것이다.

이를테면 알프라졸람(성분명)의 가장 유명한 상품 이름으로는 자낙스가 있다. 그 외에도 자나팜, 자이렌, 알프람, ○○알프라졸람정 등 다양한 상품명이 있다. 이 모든 이름들을 다 외우라는 말은 아니다. 여기에도 마치 영어단어를 외우는 것처럼 노하우가 있는데, 가장 유명한 '자낙스'가 있다면 나머지는 대부분 유사한 이름을 가진다. 플루옥세틴(성분명)은 프로작이라는 상품명으로 가장 유명하다. 여기에서 프록틴, 폭세틴 등으로 파생되는 상품명이 있고, ○○플루옥세틴캅셀처럼 성분명 앞에 회사 이름을 붙여서 유통되는 종류가 있다. 마찬가지로 로라제팜의 유명한 상품명으로는 아티반이 있고, 성분명에서 유래한 상품명인 로라반도 있다. 이렇게 정신과 약물은 수없이 많지만, 자주 쓰이는 몇 약물만 한번 찾아보자. 포털 사이트에서 약의 외형만으로도 간단히 이름을 알아낼 수 있다. 약물의 이해의 가장 기초가 된다. 성분명은 영명으로도 알고 있는 편이 더욱 유익하다. 이 작업을 돕기 위한 도서가 있는데 바로『정신약물 치료 지침서』(김희숙, 이혜경, 박연희 지음, 정담미디어, 2012)다.

이 책은 본디 간호사를 위해 쓰인 책으로, 책이 나온 해를 기준으로 시중에 유통되고 있는 약제의 성분명과 다양한 상품명을 소개하고 있으며, 사진도 흑백이나마 함께 실려 있다. 이렇게 다양한 상품명이 존재하는 것은, 해당 약이 독점적인 판매를 할 수 있던 시기가 지나면 카피 약이 함께 유통되기 때문인데, 흔히 '정품 약'이라고 부르는 것과 카피 약의 차이는 그다지 유의미하지 않다고 한다. 물론 개인마다 플라시보 효과가 존재할 수 있다. 내 경우 특정 정품 약을 먹을 때에는 카피 약을 먹을 때보다 왠지 더 잘 듣는 것 같고, 색깔도 더 예쁘고 어쨌든 기분이 좋은 경향이 있었다.(어디까지나 개인적인 견해다.) 대단한 사항은 아니지만 약에 대해 알고 먹는 것과, 억지로 먹는 것의 차이에서 오는 기분 변화 정도는 있을 것이다.

위와 같은 과정을 거치면 처방전에 쓰여 있는 약이 무슨 약인지 알게 된다. 이건 플루옥세틴이구나, 이건 쿠에티아핀이구나, 이건 프로프라놀롤이구나. 이런 식으로 자신이 복용하는 약물의 종류에 대해 알게 되면 의사가 나에게 이런 약물을 준 이유를 짐작하게 되고, 준 이유를 모르겠을 경우엔 의사에게 물어보면 되는, 좀 더 인터랙티브한 치료 과정이 가능해진다. 어떤 의사들은 환자가 병명이나 약물에 대해 알게 되면 집착하게 될 것이라 생각하여 정보를 주지 않는 경우도 있는데, 의사가 그렇게 생각할 사람이라면 정보를 제공받지 못하는 데에 민감해져 애저녁에 자신의 병명, 자신의 증상, 자신의 약 등에 대해 찾고 또 찾고를 반복했을 사람이다.

이제 우리는 약물 치료의 정보의 세계에 입문할 준비가 되어 있다. 가장 빠르게 학습하는 방법은 당신이 우울증이라면 『우울증』(박원영, 민경준 지음, 시그마프레스, 2018), 양극성장애라면 『양극성장애』(박원영, 전덕인 지음, 시그마프레스, 2019), 기타 정보는 『이상심리학』(Ronald J. Comer 지음, 오경자 외 옮김, 시그마프레스, 2017), 또는 종합적인 도서로 『임상신경정신약물학』(박원명, 김찬형 지음, 시그마프레스, 2019) 등 각종 도서를 찾아보는 것이다. 양극성장애를 예로 들자. 양극성장애 처방은 기분조절제를 베이스로 하며, 주로 쓰이는 약물 3대장은 리튬, 발프로에이트, 그리고 라믹탈이다. 리튬은 자그마치 50~60년 동안 치료 약제로 쓰여온 약물이며, 가장 뚜렷하게 양극성장애 삽화를 예방하며 우월한 항조증효과를 가진 폭넓은 치료제다. 발프로에이트는 급성 조증 삽화, 혼재성 삽화에 효과가 있다고 하며, 예전엔 자주 쓰였던 카바마제핀 또한 항조증, 급성기 조증 및 혼재성 삽화에 도움이 되지만 최근엔 잘 처방을 내리지 않는 것 같다. 대신 기분조절제의 마지막 3대장을 차지하는 라모트리진은 양극성 우울증과 2형 양극성장애에 주로 사용된다고 하는 점들을 책을 통해 알 수 있을 것이다. 보통의 양극성장애는 이 기분조절제 세 개 중 한 가지를 주로 사용하지만, 둘 혹은 셋을 병합하여 사용하는 경우도 있다. 양극성장애인이라면 기분조절제뿐 아니라 조증 삽화가 도래했을 때 쓰이는 비정형항정신병약물(정형 항정신성약물은 잘 쓰이지 않는다.)의 종류들도 알아보는 것이 좋다.

　나는 심한 조증이고 빠르게 증상을 잡아야 할 때는 올란자핀을 쓰는데, 이것의 항조증 효과는 다른 약제와 비교할 바 없이 신속하고 거의 모든 증상을 잡아주지만 2주를 먹으면 10킬로그램쯤 체중이 증가하는 무시할 수 없는 부작용이 있었다. 쿠에티아핀이 나에게 유의미한 정도로 작용하려면 400밀리그램 이상을 복용해야 하는데 자살사고나 기타 사고장애도 함께 잡아주는 효과가 있었고, 수면이 가장 중요한 조증 기간이나 조증 삽화에서 잠들기 위해 속방정으로 600밀리그램까지 복용했다. 아리피프라졸도 최근 많은 병원에서 각광받으며 널리 쓰이고 있는데, 내게는 자주 화를 내고 짜증을 내며 폭력적인 사고를 하는 것을 싹 사라지게 했지만, 지금 여기서 탈출하

고 싶다는 좌불안석이나 정좌불능이 심해지면서 15밀리그램까지 복
용하다가 전부 빼버렸다.

이상은 내가 몇 년에 걸쳐 약을 복용하면서 개인적으로 알게 된
사실이다. 이런 사실들은 도서를 비롯한 정보를 바탕으로 약물에 대
한 의사와의 상담을 통해 살을 붙이며 얻었다.

자신이 복용하는 약물의 작용, 부작용을 체크하는 것으로 시작
하자. 해당 작용과 부작용이 약의 흔한 작용, 부작용인지 혹은 자신
에게만 특수하게 나타나는 증상인지 알아보는 것은 자신의 치료 계
획에 도움이 된다. 또 특수하게 나타나는 부작용은 반드시 한 개의
약 때문이 아닐 수 있고 여러 약의 중첩된 효과일 수 있다. 이는 전문
적인 지식을 수반하지 않으면 판단하기 어려운 것이므로 반드시 의
사와 상의를 통해 확인하는 편을 추천한다.

위에 말한 도서들에는 우울증이나 양극성장애, 조현병, 정신증
등의 증상과 각각의 치료 약물의 작용과 부작용 등이 나와 있다. 또
아주 기본적인 치료 지침이 담겨 있을 것이다. 우울증의 경우 항우울
제, 조증의 경우 항조증제, 정신증의 경우 그에 맞는 약물들이 처방
될 것이다. 여기에 더해서 불안, 초조 등이 있거나 공황, 수면장애가
동반되는 경우 그에 맞는 정신신경안정제 등 다른 약들을 첨가하는
것이 약물을 처방하는 가장 기본적인 형태다. 환각을 느끼거나 사고
장애가 있는 경우에는 다른 약을 사용하는데 항정신성약제와 비정
형항정신성약제가 바로 그것이다. 이것에 대한 전문 도서는 『비정형

항정신병제의 임상』(김용식 지음, 서울대학교출판문화원, 2014)이며, 여기
에는 비정형항정신성약제에 대한 설명이 아주 상세하게 나와 있다.
당신이 아리피프라졸이나 쿠에티아핀, 혹은 올란자핀을 복용한다
면 해당 도서를 읽으며 양질의 전문적인 정보를 얻을 수 있을 것이
다. 그만큼 이 도서는 아주 상세하고 친절하다. 물론 약물 치료에 관
해 책을 찾아볼 때는 해당 책의 약물이 갖는 부작용에 관해 읽으며
그것이 자신에게 일어나는 부작용이라고 믿고 확신하는 우를 범하
지 않도록 주의해야 한다.

　우리는 자기에게 일어나는 증상을 뒷받침하는 재료로 사용하기
위해 약물에 대해 탐구한다. 그러나 이는 어디까지나 일부분이라는
사실을 잊으면 안 된다. 자신에게 나타나는 증상이 이 약의 부작용
이라고 책만 보고 단언하는 것은 아스피린을 20년 먹어봤다고 약 처
방을 하려 드는 일과 같다. 복용하는 약물에 대해서는 치료 계획을
수립하고 있는 의사와 상의해야 한다. 자의적으로 약물 용량이나 종
류를 조절하는 행동은 매우 위험하다. 또 도서나 인터넷 정보를 토
대로 자기만의 치료 계획을 멋대로 짜려는 행동도 금물이다. 의사의
처방이 마뜩잖으면 차라리 병원을 바꾸고 새로이 치료 계획을 만드
는 편이 이롭지, 자신과 잘 맞지 않는다고 스스로 '이 약은 빼고 저건
두 개씩 먹어보자.'처럼 임의로 약을 바꾸는 행위는 굉장히 위험하
며, 병증의 일환일 수도 있다.

　그렇다면 '왜 우리는 약물에 대해서 탐구해야 하는가? 어차피 의

사와 모든 것을 해결해야 하는데?'라는 의문이 들 수 있다. 우리가 약물과 병증에 대해 알아가는 이유는 첫째, 우리가 마주하는 다종 다양한 증상을 설명할 수 있는 언어를 습득하게 된다는 것이다. 예를 들면 내 조증에서 생각은 그것과 수박씨만 한 공통점을 가져도 다음 생각으로 넘어가고 이 전환은 매우 빠르게 일어나 바로 전 생각과 공통된다고 느낀 지점이 금방 휘발되고 만다. 지금 이러한 증상을 나는 몇십 자로 설명했다. 하지만 조증 또는 정신증을 앓는 많은 이들이 보고한 이 증상이 '사고 비약'으로 명명되었다는 사실을 알게 되면, 자신의 증상을 간결히 전달할 수 있으며 해당 단어가 사용된 자료를 조사해 그에 대처하는 방법이 있는지, 이 증상이 생산성과 어떻게 연결되는지 같은 추가적인 물음들에 답을 얻기가 용이하다. 병증의 상태를 묘사하려고 고민하는 것이 아니라, 해당 상태가 어떤 환경에서 일어나기 쉬운지, 그에 어떤 단어로 어떻게 대처하고 처리하는지 사고할 수 있다는 의미다.

둘째, 약물 정보를 알수록 우리는 우리의 증상에 대응하는 방법에 익숙해지게 된다. 심각한 정신증에는 항정신성약물 또는 비정형 항정신성약물을 쓴다는 것, 야밤에 충동적인 행동을 할 때 인데놀이 도움이 된다는 것, 알프라졸람은 효과가 발현할 때 살짝 뜨는 기분이 든다는 것 등 비단 자신이 탐색한 정보뿐 아니라 의사가 자신의 임상 경험을 바탕으로 설명해주는 약물의 기전을 기억할수록 우리는 자신의 병증에 좌표를 가지게 된다. 이는 쉽게 몰역사성을 띠게 마련인, 그러니까 과거와 단절된 상태에 놓이는 정신질환자들에게 마치 헨젤과 그레텔이 작은 빵조각을 떨어뜨리듯이 우리가 지나온 역사를 가늠하게 해주는 장치가 될 수 있다. 나는 심각한 조증이 예측되고 실제로 그러할 때 올란자핀을 복용하는데, 조증의 순간들과 사건 사고들을 기억하는 것보다 올란자핀을 복용하게 된 시점, 다시 올란자핀을 끊게 된 시점을 더 잘 기억한다. 약물은 우리의 투쟁의 노정에서 표식이 될 수 있으며 우리는 그것을 짚어가며 자신의 정신병 서사를 구축할 수 있다.

마지막으로, 약물에 대한 지식은 외로운 싸움을 해나가는 우리에게 일종의 자조집단 역할을 해줄 수 있다. 우리는 우리의 병증에 따라 처방되는 약물의 정도와 종류를 보고 대략적으로 지금 자신의 상태를 가늠할 수 있다. 언제나 만족스러운 효과를 내지는 못할지라도, 약물은 최소한 전적으로 우리 편으로 질병 관리에서 자리를 차지하고 그 역할과 본분을 다하고 있다. 메인 약이 SSRI에서 SNRI나 DNRI로 바뀌면, 그 바꾼 약이 효력을 발휘하면 '나에게 이게 맞는구나.' 알게 되는 것이고, 그 기전을 알고 어떻게 효력이 작용하는지 안다면 우리는 어떤 종류의 약이 자신에게 듣는지 혹은 어떤 약이 상태를 완화하는 데 효과적인지 알게 된다. 우울 삽화가 오면 의사에게 자신에게 잘 듣는 항우울제가 무엇이었는지 말할 수 있는 근거로 작용한다. 어려운 전문 도서나 문헌을 탐구할 여건이 안 된다면, 어떤 증상(구체적으로 '떨림과 불안')이 왔을 때 무슨 약을 먹었는지('자낙스, 리보트릴 추가됨') 그게 괜찮았는지('괜찮았는데 아침에는 안 좋음') 정도만 간단히 메모해놓아도 된다. 자신이 복용하는 약의 모양과 생김새를 기억하면 좋다. 다시 우울의 시기가 오고, 불안이 스멀스멀 기어 올라와도 우리는 혼자서 싸우는 것이 아님을 느낄 수 있다.

단기간 갑작스러운 우울증으로 약물을 복용하고 점진적으로 줄여 끊고 살아가는 사람도 있지만, 향후 10년 정도를 내다보며 치료해야 하는 사람도 있다. 후자의 경우에 평상시 처방되는 약, 부작용 때문에 중단했던 약, 불안이나 공황 등 특정 증세를 호소했을 때 효과가 있었던 약 등을 파악하고 있는 것은 병을 관리하는 데에 좋은 전략이 된다. 삽화의 예감이 들 때, 의사에게 그러한 예감을 상담하고 삽화를 방지하기 위해 약물을 조정하는 역할을 자신이 맡는다면 정신질환을 관리하는 데 매우 도움이 된다.

그러나 이런 노하우를 가지기 위해서는 수년에 걸쳐 증상을 관찰하고, 통계를 내고, 당시에 먹었던 약물의 종류와 용량을 기억해야 하므로 단숨에 이뤄지는 일은 아니다. 병이 발발하고 처음 약을 먹는 환자들은 혼란스럽다고 느낄 것이다. 어떤 약이 자신에게 잘 듣는지는 차치하고, 내가 왜 이러는지, 이게 병인지 고민하는 것도 아주 힘들고 고되다. 그런 경우에는 이것저것 정보를 찾아 자신의 증상을 설명해내려 애쓰는 것보다 정신질환과 싸우는 기간을 길게 설정하고, 그 시간을 버티는 방법을 찾는 것이 먼저다.

아무리 같은 진단 코드를 부여받는다 해도 사람마다 증상이 다르고 처방이 다르다. 그러므로 약물의 임상 결과 부작용 증상이 자신과 들어맞는다고 해서 의사에게 그런 임상 결과가 있고 나도 이에 해당된다고 말하는 것은 사실 크게 소용이 있지는 않다. 차라리 자신에게 이런 부작용 증상이 있다는 정도만 말하는 편을 권한다. 임상은 임상이고, 자신에게 일어나는 일은 자신에게 일어나는 일이다.

그리고 여러 병원들을 돌아본, 연차가 오래된 정신병자들은 알겠지만 병원마다 경향성이 참으로 다양하다. 어느 곳은 아빌리파이를 신봉하다시피 하는 곳도 있고, 어느 곳은 할돌이나 페리돌 같은 드문 약을 처방하는 곳도 있으며, 어느 곳은 증상에 따라 매번 바뀌는 대증적 치료를 하는 곳도 있고, 어느 곳은 몇 해를 기준으로 환자의 병이 어떤 경향성을 갖는지부터 짚고 넘어가는 곳도 있다. 보수적인 경향을 가진 곳도 있고, 상당히 쉽게 장애 진단을 내려주는 곳도 있으며, 기독교적인 곳도 있고, 퀴어프렌들리한 곳도 있다. 자신이 약물에 대해 파악하고 있으면 이 의사가 어떤 약을 처방하는 것을 좋아하는지, 어떤 약은 쓰기를 꺼려하는지 알 수 있다. 그리고 그 경향이 자신과 맞지 않으면 다른 병원을 찾거나, 의사에게 얼마든지 질문할 수 있다. 질문은 이를테면 "지난번에 다니던 병원에서는 수면용으로 졸민을 줬는데 효과가 없었어요. 다른 수면제를 쓰는 건 어떨까요?"라든지 "플루옥세틴은 저한테 아무 느낌이 없었고, 벤라팍신이 조금 효과가 있었어요. 이펙사(벤라팍신의 상품명)를 쓰는 건 어떨까요?" 같은 식으로, 인터넷의 약물 정보나 도서에 나오는 임상 결과가 아니라 자신이 복용했던 경험을 토대로 질문하는 것이다.

또 우리는 약을 먹는 것을 방해하거나 간섭하는 사람들과의 싸움도 준비해야 한다. 미리 염두에 둘 것은 이 게임은 이기기 위해 하는 것이 아니라는 것, 절대적으로 약물 복용자에 불리한 게임이라는 점을 말해두고 싶다. 나의 경우, 정신병과 관련한 해묵은 토론(을 가장한 과음)을 아버지와 나눈다. 고래고래 소리를 지르고, 다른 가족 구성원들은 방에 숨어 있던 채로 내가 "나는! 약을! 먹지 않으면! 물건을 훔친다고……."라고 말했을 때 한 점의 흠칫 놀람도 없던 아버지를 기억한다. 그는 다음 날, 전날 술에 취했기 때문에 아무것도 기억나지 않는다고 했고, 소리를 질렀던 것을 사과했다. 약물을 복용한다는 사실로 트러블이 발생할 때는 결과적으로 자신만 상처를 입을 가능성이 더 높다.

그럼에도 불구하고 우리가 약에 대해 변론하는 까닭은, 자신마저 스스로를 고립시킬 수 없기 때문이다. 약을 먹지 않으면 어떻게 되는지 우리는 알지만 다른 사람들은 모른다. 그리고 그들은 사실 알고 싶어 하지 않는지도 모른다. 다만 언제가 말다툼이 생길 때, 절대적인 신봉과 상대하게 될 때, 누군가의 오해를 부수어놓고 싶을 때를 위해 몇 가지 문장을 준비하면 좋다. '나는 수면장애가 있고, 8개월을 그렇게 보냈다가 크게 무리가 가 입원한 적 있다.'라든지, '나는 공황장애가 있고, 지하철이나 버스에서 종종 쓰러졌다.'라든지, '자살하고 싶은 마음과 충동이 심하고, 이것은 약을 먹으면 좀 가라앉는다.' 등등 자신에게 최대한 '사실'인 정보를 전달하는 것이다. 그래도 의문과 의심을 반복하는 이들은 같이 병원에 데려가 보는 것도 나쁘지 않다. '나쁘지 않은' 정도인 이유는, 그들은 의사라는 권위자가 말하면 설득되는 것 같지만, 병원 문을 나서면 또 쉽게 잊기 때문이다.

우리는 실제로 약을 먹는 당사자이므로 약 관련 정보에 손쉽게 결속하지만, 타인의 편견에 대고 약물의 작용 기전과 약학적 정보들을 아무리 설명해도 소용이 없을 수도 있다. 그러나 포기하지 말자. 우리가 동맹을 맺을 사람들은 우리에게 의문을 던지는 이들이 아니라 우리를 지지하는 이들이다. 특정 사회적 상황에서 약물을 복용하는 일을 밝히는 것이 마이너스로 작용한다면 굳이 말하지 않아도 된다. 거짓말을 한다고 생각할 필요도, 설명해야 된다는 압박을 느끼지 않아도 괜찮다. 모든 사실은 본인이 원할 때에, 그렇다고 생각이 들 때에, 최후의 순간에 밝혀도 괜찮다. 자신을 탓하지 않는 마음가짐이 가장 중요하다.

약은 완전한 존재가 아니다. 어디까지나 불완전하고 결함이 있으며 부작용이 작용보다 클 때도 있다. 그럼에도 내가 약물을 믿는 이유는 그것이 향후 하루 이틀, 혹은 일주일이나 2주 정도를 장악하기 때문은 아니다. 병에 의해 나는 단절되지만 약물은 계속된다는 건 재미있다. 전에 어느 날 처방전을 약국에 건네고 앉아 있는데 그들이 나누는 소근거림이 유난히 크게 들렸다. "리튬 네 알 왔어."라는.

처음엔 어처구니가 없었고 그다음에는 생각할 때마다 웃겼다. 나의 정체성은 사람이라기보다 리튬 네 알에 가깝지 않은가. 종종 약물의 의인화나 약물의 자기화에 대해 생각한다. 특히 우울 삽화일 때 기분조절제와 항우울제 두 종을 각기 최고용량으로 복용해야 최소한의 기능을 할 수 있는 나에게 약물은 무엇인가.

　　나와 긴밀한, 맹신하지 못하지만 긴밀한 약물. 가끔은 허우적대는 나 대신 하루 이틀 정도 몸을 움직여주는 약물. 언제나 믿지는 않지만 가끔은 사람보다 의지하게 되는 약물. '네가 언제까지 작용할 수 있을까?' 시한폭탄을 인 것 같지만, 수많은 약물이라는 선택지가 있는 것 같지만, 결국은 돌고 돌아 몇 가지 약물에 정착하고 그래서 원망하고 그래서 좌절하며 그래서 무감각해지고 그래서 불신하게 되므로 나는 알아가야 한다. 내게 맞는 옷을 찾는 것처럼, 가게에서 거듭 바꿔 입어보며 거울을 보고 그리고 집에 와서 결국 잘못 샀다고 팽개치더라도, 실수와 허탕을 거듭하더라도, 우리는 찾아야 한다. 알아보아야 한다. 그것이 앞으로 또 다른 내가 될 것이므로.

17장 ◖▭◗ 폐쇄견문록

폐쇄병동에 입원한다는 것은 특별한 일이면서 동시에 아무것도 아닌 일이다. 병의 심각성을 확인하는 일도 아니며, 자신이 얼마나 주류에서 벗어났는지를, 혹은 자기 인생은 끝났음을 알게 되는 일도 아니다. 전국 팔도에 다양한 폐쇄가 존재한다. 이름 모를 지방의 지역 정신과 의원에서도 운영할 수 있고, 누구나 이름을 아는 병원에도 존재한다. 나는 꽤 오래전 초발했을 때 일산의 모 병원에 입원한 적이 있고 그곳에서 약 3주 정도 시간을 보냈다. 아무런 정보도 없었고, 응급실에 내원했다가 바로 이송된 경우였기 때문에 병원을 고를 여유도 없었다. 만약 병원을 고를 선택지가 있었다면, 그리고 좀 더 마음의 준비를 할 수 있었다면…… 같은 생각은 당시에는 들지 않았다. 오히려 언젠가 조증이 너무 심해져 범죄적 양상을 숨길 수 없고, 자살사고가 위험 지점까지 달했을 때 '입원을 해야 할까?'라는 생각이 들었는데, 그때 내게 필요했던 것은 두 가지로 첫째는 정보요, 둘째는 비용이었다.

폐쇄병동에 입원하게 되는 경우는 대개 극도의 자살사고, 극심한 자해, 자살 시도 등을 통해 응급실을 찾는 경우다. 응급의학과 의사가 자가입원 방향으로 사정 청취하고 정신과 의사를 호출한다. 그동안 아티반 등 진정제를 맞으며 응급실 침상에서 기다린다. 그리고 정신과 의사와 얘기를 하게 된다. 또는 정신과에 내원하면서 병이 심각해 입원이 최선이라고 여겨질 경우 병동 입원을 제안받을 수 있다. 혹은 평소 내원하는 의사에게 병의 심화를 일상이 견디지 못함을 호소하며 병원 입원과 병원을 추천받을 수 있다. 해당 병원에 폐쇄병동이 있고 자리가 있다면 그곳에 입원할 수 있고, 그렇지 못하면 그 병원에서 가지 쳐 나온 다른 병원을 알아봐 준다. 정신건강의학과 주치의의 추천이나 권유로 입원하게 되는 경우에는 최대한 환자의 사정을 고려하여 연결해주는 것이 기본이다. 폐쇄병동에 입원하는 사유에는 자기 또는 타인을 해할 가능성이 있는 경우, 환경적 변화를 요할 경우, 안정을 취해야 하는 경우 등 여러 가지가 있다.

대개의 병동들에는 비슷한 특징들이 있다. 아침, 점심, 저녁 식사를 주는 것, 돈은 간호사에게 맡기고 사설 물품(커피우유 등)을 원하면 사다 달라는 문서를 작성해야 하는 것, 밥차처럼 약차가 와서 사람들에게 약을 나눠주고 약을 삼켰는지 입을 벌리게 해 살펴보는 것, 그리고 아마도 대부분 병실 문을 닫을 수 없다는 것. 그리고 병동에는 간소한 운동 시설(탁구대(탁구채와 공을 간호사에게 받아야 함)나 실내자전거), 의사와 검사 및 면담을 진행하는 공간, 전화카드를 충전해서 쓰는 공중전화, 목욕실, 밖에서 열 수 있는 화장실, 공동 냉장고, 정수기, 그리고 바로 그 악명 높은 진정실(병원에서 부르는 명칭 및 환자들이 부르는 명칭이 다르지만 보통 수감실, 보호실, 감옥, '그 방' 등으로 불린다.)이 존재한다.

폐쇄병동을 선택할 때는 다음과 같은 조건을 확인하자. 첫째, 개방병동과 폐쇄병동이 분리된 곳.(개방병동에 입원할지, 폐쇄병동에 입원할지는 입원 시에 고려할 수 있는 사항이다. 다만 대체로 개방병동은 대기 수순이 길기 때문에 급하게 입원하는 경우 폐쇄병동으로 입원하기를 선택하는 경우가 많다.) 둘째, 도심에서 너무 멀리 있지 않은 곳. 셋째, 완치를 확언하지 않는 곳.

이 세 가지를 조건을 충족하느냐 여부가 시설과 환자의 대우에 큰 영향을 준다. 내 친구 중 하나는 극조증으로 지방의 몇 군데 병원들을 전전했는데, 그 일에 대해 입에 올리고 싶지도 않아 했다. 내가 일산의 모 병원 폐쇄병동에 입원했을 때, 어떤 아저씨는 거의 매일매일 방실방실 춤을 추듯 다녔는데 후일 들어보니 그 직전에 있었던 병동이 끔찍하게 더럽고, 험하고 대우도 좋지 않고, 나가지도 못하고 때로는 맞았다고 했다. 내가 서울 지역과 근교, 혹은 전국의 정신병동을 다 다닐 수 없을뿐더러 그 내부 실정을 모두 상세히 알 수 없지만 위의 세 가지 모두에 해당되는 병원은 적어도 보증은 될 수 있을 것 같다. 특히 지방의 몇몇 병원들은 환자를 '완치'시킨다는 명목(심지어 완치라는 단어를 잘 쓰지 않는 경계선 인격장애 환자 같은 경우에도!)으로 반년에서 1년 혹은 그 이상의 강제 입원을 시키거나 '절대로 퇴원시키지 않겠다.'라는 직계가족의 서약서를 요구하기도 한다고 한다. 그런 곳은 절대로 피해야 한다.

폐쇄병동이라도 흔히들 갖는 편견처럼 입원자들을 마냥 병동에 가둬놓지만은 않는다. 공동 산책 시간을 주는 곳과 그렇지 않은 곳은 차원이 다르다. 또 환자들에게 흡연 시간을 제공하는 곳과 그렇지 않은 곳도 차이가 크다. 만약 자살 시도로 입원했다면 그때는 이런 외출이 불가하고 시간을 들여 이 환자가 자살이나 자해를 저지르지 않을 것이라는 판단이 내려진 후에 외출이 가능해진다. 나는 겨울에 입원했는데 아주 추웠음에도 거의 모든 거동할 수 있는 환자들이 외출을 나갔다. 그러나 외출, 외박, 외부에서의 면회 시간이 너무 긴 경우, 외출은 장점으로 작용하기보다 병증의 중력을 향해 끌려가게 하는 장치가 됐다. 적절히 환자를 통제하는 곳이 내게는 적합했으며, 다른 환자들에게도 너무 잦은 외박이나 외출은 도리어 폐쇄병동에 대한 환멸로 이어졌던 것으로 보인다.

물론 요새는 정신병과 폐쇄병동에 대한 인식이 훨씬 좋아져 의사들도 입원을 장려하면서 "푹 쉬고 오세요." 같은 말을 한다지만, 폐쇄병동은 쉬기에 썩 적절한 곳은 아니다. 이 말은 당신이 휴양 비슷한 느낌을 기대하고 입원을 한다면 어지간히 쾌적한 병원이 아니고는 견디지 못할 것이라는 뜻이다. 일단은 사무치는 외로움이 있으며, 심심하고, 시끄럽고, 다른 환자들은 다들 미친 사람 같고, 내가 왜 여기에 있어야 하는지 모르겠고, 움직이지 않고 주는 밥만 먹으니까 살이 찌는 것 같고, 그렇다고 몸을 움직일 만한 사적인 공간이 있는 것도 아니다. 권태로 채워지는 일상은 '굳이 돈을 들여 여기에 있어야 할까?' 하는 의문을 낳고, 결국 일주일을 채우지 못하고 자의로 다시 퇴원하는 것이다. 여성 환자와 남성 환자가 한 곳에 있을 수 있는 병동의 경우 빈번히 성희롱을 저지르거나 고성을 지르는 환자가 있기도 하며, 때로는 보호사가 그런 행위를 할 수도 있다. 환자들은 정말 쓸데없는 것으로 싸우며("내 조리퐁 네 년이 가져갔지?"), 간호사들은 모두 지쳐 있어 환자의 하소연에 관심을 가질 여력이 없고, 전화도 쓸 수 없어 전화카드로 공중전화를 이용해 걸면 번호가 낯설어 아무도 받지 않는 것. 그것이 폐쇄병동에서의 생활이다.

폐쇄병동에 들어가면, 아무리 '나는 여기에서 아무 말도 하지 않겠어!'라고 침묵시위를 다짐한 이라도 2~3일쯤 지나면 지루해서라도 주변을, 주위의 부조리를 관찰하게 된다. 그리고 대부분 자신이 목격한 바에 대해 기록으로 남기고자 한다. 일찍 퇴원하는 이들은 입원 기간이 길어야 한 주를 넘기지 않기 때문에, 당신이 일주일을 그곳에서 보냈다면 비로소 적응기를 지나 입원 치료의 장으로 입성하게 되었다고 보면 된다. 크게 보면 정신병, 치매, 알코올중독 세 집단이 모여 있으며, 그렇지 않고 정신병 집단만 있다면 그곳은 훨씬 환경이

나은 곳이다. 하지만 이는 불확실한 분류로 여러 집단이 모여 있다고
해서 반드시 최악의 병원은 아니다.

　그리고 사회생활이 시작된다. 정말로. 만약 인간사와 대인관계
에 지쳐 폐쇄병동 입원을 택했다면 최소 사나흘은 1인실이나 2인실
을 사용하길 추천한다. 사람들은 끊임없이 물어본다. 병명, 입원 사
유, 사는 곳, 출신 지역, 학교, 직업, 병이 최악일 때 어떤 일을 했고 얼
마나 심한지, 자해나 자살 시도 여부. 문제는 이 사람들과 24시간을
함께 하고 있기 때문에 마치 목욕탕에 알몸으로 들어간 것처럼 까발
려진다는 것이다. 특히 폐쇄에서 사람들을 판단하는 데는 병의 경중
과, 그럼에도 망가지지 않은 사회성이라는 두 가지 척도가 언제든 가
장 유효해서 우울증인지 조현병인지는 아무도 개의치 않았으나 그
것으로 인해 얼마나 심한 짓을 했는지, 그리고 그럼에도 불구하고 지
금 얼마나 양순한 얼굴을 하고 있는지가 중요했다. '자해의 흉터가
얼마나 심각한가?', '저지른 일로 후유증이 얼마나 심각한가?' 등은
주요 토론 과제로, 이를테면 무참한 자해를 거듭한 사람이 이 질문
집단 앞에서 굉장한 인내를 발휘해 사회적인 커뮤니케이션을 해나
가면 '흠, 괜찮은 사람이군……' 하고 인정을 받는 것이다. 인정을 받
으면 어떻게 되느냐, 당신은 먹을 것을 받게 된다.

　사회생활의 첫걸음은 음식물의 상호 교환이다. 만약 폐쇄병동
의 1인자가 있다면(모두가 '언니'라고 부르는 그런 사람) 그는 거의 병원식
을 먹지 않는다. 그에게는 산더미처럼 많은 과자와 라면이 있으며 그

의 배우자가 매일 면회 와서 그것들을 주고 갔다. 면회 시간이 끝나고 그가 남편과의 사회작용 시간을 마치면 우리는 모두 그 1인실로 기어 들어가는 하이에나가 되었다. 이런 짓도 사회적 교류가 가능한 병자들만이 할 수 있었기 때문에 인원은 대여섯 명에 지나지 않았지만, 그 대여섯 명의 왕이 된 언니는 자신의 음식을 차등적으로 베푼다. "리단아! 오늘 밥 맛 없던데 너구리 먹을래?" 아침저녁으로 이어지는 과자 파티는 모두를 살지게 했다. 그리고 병동 라운지에서 벌이는 과자 파티에는 알코올성 치매나 심한 정신증의 늙은 아저씨들이 얼룩하이에나처럼 몰려들어 그들에게 먹이를 던져주기 일쑤였다. 이쪽은 대화라도 가능했지, 이 아저씨들은 서로 의사소통이 되지 않았다. 그리고 대부분의 병동에는 여러 폐쇄병동을 전전하다 최종적으로 당도한 사람들도 있었고, 개중에는 정말 손쓸 수 없는 사람도 있었다. 머리를 밀어서 모두 '스님', '비구니'라고 부르는 이가 있었는데, 그의 일과는 주로 청소년 환자를 괴롭히기, 보호사에게 시비 걸기, 간호사에게 소리 지르기 등이 있었다. 내가 처음 입원했을 때 그는 "신참이 왔다네~ 내 발에 뽀뽀 시켜야지~" 하고 기괴한 노래를 부르며 내 병실 문 앞에서 진을 치고 있었다. 그다음에는 잃어버린 고양이의 사진을 보여주면서 울었고, 고양이를 찾기 위해 그 담당 구청에 전화를 해야 한다며 전화비를 내라고 요구했다. 나는 거절했고 그는 화를 내면서 간호사에게 삿대질을 하고 몸부림을 치다가 결국 긴급 콜로 올라온 무장요원 두 명에게 제압당해 '그 방'에 갇혔다. 그곳은 묶을 수 있는 줄이 있고, CCTV로 상태를 확인하며 시간이 지나면 "계속할 거냐? 안 할 거냐?" 하고 윽박질러 안 한다고 하면 풀어주고 괴성을 지르면 더 묶어두는 곳으로, 감히 '정신병동-인싸' 그룹은 가지도 쳐다보지도 않는, 정말이지 이름을 말할 수 없는 '그 방'이었다.

병원 생활이 개인의 독립적인 생활이 아님을 깨닫고 나면, 당신은 안도와 절망을 동시에 한다. 당신은 '나는 이곳의 인간들과는 달라.'라고 생각할지도 모르고, '내가 나중에 이런 인간들이 되겠지.'라고 생각할 수도 있다. 아예 처음부터 '내가 제일 최악인 것 같군.'이라고 느낄 수도 있다. 그러나 병원은 작은 사회와 같다. 누군가 하나밖에 없는 목욕실에 대변을 발라놓았다면 그 목욕실을 치우기까지 모두가 사용할 수 없고, 누군가 난동을 부려 제압하러 보안 팀이 올라오면 모두 병실에 들어가야 한다. 그래서 입원 생활이 길어지고 적응할수록 해가 뜨면 햇빛을 맞으러 창가 소파에 오종종 앉으며, 약차와 밥차를 반기고, 보호사와 사담을 나누며 몰래 태우는 담배 따위에 즐거워하게 된다. 그리고 당신의 병동 동지들이 담배 피우는 모습을 보호사에게 걸리지 않게끔 주위를 감싸줄 것이다. 이런 정글 같은 사회에서는 엄연히 서열이 나뉜다. 움직이는 자와 움직이지 않는 자, 먹는 자와 먹지 않는 자, 대화를 하는 자와 말이 통하지 않는 자의 위계가 존재하고, 또 면회를 누가 얼마나 자주 오는가, 감정적 정동을 보이는가 따위로도 위계가 갈린다. 그래서 말이 통해도 매일

시시한 이유에도 크게 절망해 서울의 주치의를 호출하기를 요구하며 꺼이꺼이 우는 열여덟 살의 여자 환자는 정신병 소셜 그룹의 일원이지만 말단이었고, K대를 나오고 석박사까지 한 듯한 40대 중반의 여자 환자는 대화에 일절 끼지 않았기 때문에 무리 바깥의 존재였다. 그 사람은 매일 새벽에 클래식 라디오를 들으며 명상을 했다.

2주째에 접어들자 병원 생활이 아주 익숙해졌고 동시에 불안감도 더해갔다. 내가 저지른 일들을 마무리 짓지 못하고 입원으로 돌입했기 때문에 그것들을 다시 만들어야 한다는 압박도 들었다. 그리고 그 일은 병원 내에서 할 수 있는 일이 아니었다. 당시의 나는 내 병의 심각성을 몰랐기 때문에 얼마나 더 입원해야 할지는 몰랐고, 부모님은 어서 퇴원하라 성화였다. 제대로 입퇴원 날짜를 상의하지 않았고, 최대한 빨리 이 생활을 청산하는 것이 목표였기 때문에 해야 할 일은 명확했다. 부작용 또한 명백했지만 앞뒤를 가릴 처지는 아니었다. 만약 지금 입원을 다시 한다면, 나는 시간을 넉넉히 잡아 많은 검사를 하고, 의사와 적극적으로 의사소통하고, 그때까지의 일들에 대한 모든 생각을 정리하고 실험하고 되짚은 후 퇴원했을 터이지만 당시엔 생각이 짧아 어서 빨리 이 의사와 간호사들을 속이고 내 바깥 생활로 돌아가 나사가 빠져 무너진 생활을 재건하길 바랐다.

그래서 나는 '다 나은 척'을 했다. '다 괜찮은 척', '다 좋은 척'을 했다. 그리고 정신병 소셜 무리에서 빠져나왔고 과자도 먹지 않았다. 실내자전거를 탔고, 복도를 빙빙 돌며 걷기 운동을 했다. 사람들을 관찰했다. 책을 읽었다. 도서명이 『감시와 처벌』이었기 때문에 회진하는 의사마다 웃는 것을 보았다. 내 눈속임이 성공적이었다기보다, 그 병원은 그 정도 기간이 되면 보통 괜찮아 보이는 환자를 퇴원을 시키는 것 같았다. 어쨌든 퇴원했고, 축하의 의미로 친구와 소주를 마셨다. 한 달 만에 사람을 앞에 두고 술을 마시니 술맛도 이상하고 대화를 할 때도 혀가 깔깔했다. 하지만 그뿐이었다. 나는 다시 돌아왔다!

병동 스케치

매일 아침 머리를 감싸 쥐고 일어났다가 다시 잠들어 1시 정도에서야 부스스하게 일어나 라운지에 나와 생활을 하는 언니가 있었다. 나는 붙임성이 좋은 고등학생을 한 팔에 끼고 전망이 좋은 2인 특실인 그 언니 방에서 술 마시는 이야기나 담배 피우는 이야기 등을 했다. 그 방은 증세가 심각하지 않고 병동의 지리한 일상에 무료함을 호소하는 여환우들이 가끔 아지트처럼 사용하는 방이었는데, 어느 날은 그 방에 중학생과 고등학생 하나, 나, 50대인 언니 하나, 60대인 언니 하나, 그리고 이 언니까지 합쳐서 여섯인가 앉아서 각자 자살 얘기를 한 적도 있었다. 유리 조각으로 손을 찍찍 그어 들어온 중학생 아이에게 다들 "그런 걸로는 결코 죽지 않지." 하며, 저마다 자신의 자살법이 훨씬 거칠고 강했음에 자부심을 가진 얼굴로 한마디씩 했는데, 그래서인지 몰라도 그 갓 들어온 나이 어린 이는 입을 비쭉 내밀고 여기도 자기 말을 듣지 않는 가족들 사이나 학교와 다를 바 없다는 듯한 얼굴이 되었다. 재미있는 것은 다들 미쳐서 들어왔지만 자신의 상태에 대해서 누구도 실패자처럼 굴지 않았다. 설혹 겉보기에 움츠러들어 있거나 주눅 들어 보인다고 해도, 자신에게 던져지는 시선들에만큼은 민감하고 단호하게 대응했다. 아무튼 약을 200알쯤 먹은 이야기나, 손을 깊게 그어 손가락이 마비된 이야기들을 듣고, 내 흉터를 만져보면서 나는 지극히 평범하고 일상적인 기분이 들었다.

우리의 일상은 약차가 지나가면 줄을 서서 손을 내밀어 약을 받고 먹는 모습을 검사받는다든지, 밥차가 왔을 때 이름을 부르기도 전에 자기 몫의 식사를 가져와서 끼리끼리 모여 먹는다든지 하는 단순한 일들과, 그런 단순한 일들 사이 광활한 무료함과 권태, 지겨움을 어떻게 채워야 할지 알 수 없는 시간들로 구성되었다. 그래서 대부분 밥을 먹는 등의 확실한 일과를 수행할 때에는 활기 있게 굴고, 그 이외의 시간은 각자의 성격이 드러나게 시간을 보냈다. 나는 처음 1주는 무력하게 병상에서 많이 보내고, 50미터짜리 복도를 배회하고 사람들을 쳐다보고 무언가를 적거나 그리려고 노력했는데, 이후에는 그냥 일어나는 마음이 흘러가게 내버려 두었다. 그리고 사람들과 얘기했다. 제일 먼저 말을 튼 환자는 옆 옆 4인실을 사용하는 고등학생이었는데, 초면이었는데도 친근하게 굴어서 나도 그리 대했다. 과자를 나누어주고 함께 먹고 했다. 그 애의 기분은 매우 쉽사리 바뀌었는데, 꼭 스위치를 켜고 끄듯 돌연, 그리고 너무나도 태연하게 변했다. 좀 전까지 까르륵대다가도 아주 쉽게 부서져서 이내 병실에 돌아가 이불을 싸쥐고 슬픈 울음으로 허윽허윽 울었다. 약 한 달 정도 같은 병실을 써서 그 애를 대하는 데 익숙해질 대로 익숙한 병실 동지는 표정 하나 바뀌지 않고 다시 할 일을 했고, 우리는 "아 저 애가 또 우네.", "오늘은 김 선생(주치의) 오려나." 하며 걱정하는 말을 하나 뱉고 과자를 먹고 드라마를 보고 할 일을 했다. 그리고 밥때가 되거나 프로그램 때가 되는 등 하루의 분기점에서 그 애는 다시 일어나 명랑하게 사람들을 대했다.

사람들은 너무나도 자연스럽게 그런 돌발 상황을 대했고, "아 그렇군요. 가서 쉬세요. 조금만 더 참아보세요. 안 되나요? 그럼 이불에 누워서 조금 자도록 해요."라고 물 흐르듯 이야기했다. 온정적인 분위기이기도 했지만, 이것은 보통의 매너에서 진화된 정신병동의 매너이며 자기 방어법이었다. 아주 조금만 움직이는 것. 큰 도움이나 변화를 줄 것도 없고, 받고 싶지도 않으며 어쩌면 믿지도 않는 상태에서 적당한 자기만족과 적당한 호의로 평탄한 입원 생활을 보내는 방법이다. 물론 정말로 정신을 통제하려는 의지를 놓아버리거나 하는 사람들이 있어서 간호사나 보호사의 도움을 '요구'하기도 했고, 무리를 지어 누군가를 경원시하거나 소외시키는 일 또한 수두룩했다. 처음에 사람들과 만나면 인사를 나누고, 이름을 읊고 왜 여기에 왔는지 병명이나 정황을 말하는데, 이 단계를 수월하게 통과하면 나름대로 병동의 '말이 통하는 그룹'에 속하게 된다. 반면에 "왜요?"라고 되묻거나, 답하기를 거부하거나, 응답 않거나, 장황한 소리를 늘어놓거나, 말도 붙이지 못할 만큼 살벌하게 굴거나 하면 자연히 다른 그

롭이 되는데, 이들은 대부분 "왜 왔는지 모르겠는데요?"라든지 "나는 별로 문제가 없는데."라고, 자신은 멀쩡하며 병원이나 가족들이 집어넣었기 때문에 왔다고 답한다. 그러면 우리의 조용하고 평온한 병동 내의 대화 그룹은 그들과 다소 거리를 둔다. 재미있는 것은 이런 관계는 꽤 유동적이고 그다지 의리 있거나 한 것은 아니어서, 이런 그룹 사람들과도 사실 잘 지낼 때는 몇십 분이고 얘기를 나누며 함께 먹고 놀고 했다. 그러다가도 언제든 누구든, 설혹 방금 전까지만 해도 잘 놀던 사람들이라도 갑자기 돌변해 난동을 피워 집중치료실에 가거나 하는, 여러모로 바람 잘 날 없는 곳이기도 했다.

퇴원 후에는 나부터 아주 바빴다. 연애와 교우 관계를 재개했으며, 바로 다음 학기를 다녀야 했는데 공황발작을 일으킨 장소들이 바로 수업을 들어야 하는 곳이었고 건물이었다. 게다가 발표를 하다가 그래 먹었으므로 발표를 하는 건 내게 엄청난 도전이 되었다. 나는 그곳을 피해 다니기 시작했다. 하지만 말아먹었던 프로젝트를 다시 시작했고, 답사도 갔고 조장도 했으며, 총여학생회 선거도 준비했다. 고양이도 기르게 되었다. 한 수업의 발표를 맡았다. 퇴원 후 나는 모든 정신과 치료를 중단했기 때문에 서서히 다시 조울 증상이 나타났다. 천천히, 나는 다시 조울증의 정신흥분 상태에 중독되었고, 여전히 조금은 '조증이 오면 모든 게 해결된다.'라는 바람직하지 못한 믿음을 가지고 있었으며 실제로 조증에 기대어 많은 이들을 만나고, 많은 발표와 과제를 해냈다.

퇴원 후의 사회 복귀는 언제나 내 고민이었다. 껍데기는 여기에 있지만 알맹이는 여전히 병동에서 과자를 까먹고 있었다. 나는 빽빽한 스케줄로 소화를 할 수 있든 없든 일단 일을 던져놓는 기질이 있었고, 그것을 해내야 하기 때문에 점점 무리하고, 기력은 점점 더 빈곤해졌다. 우리가 정신병동에 입원해서 얻을 수 있는 가장 큰 장점은 기상과 취침 시간이 규칙적인 것, 삼시 세끼를 먹으며 충분한 영양 섭취를 하는 것, 복약을 제때 하는 것인데 혼자 사회 복귀 과정을 치르려니 병동에서는 당연했던 규칙적인 것부터가 제대로 되지 못했다. 애초에 나는 초조와 불안 상태가 높았고, 자해와 자살사고가 강했기 때문에 입원을 했다. 퇴원 후 그런 것들이 조금 잠잠해진 사이 나는 스스로 정신을 흥분시키고 고양시키는 이전의 습관을 계속해 나갔다.

퇴원 후 사회 복귀 과정에서 해야 할 일

▶ 기상과 취침 시간을 일정하게 한다.

▶ 정해진 시간에만 식사를 한다.

▶ 실패했던 일을 할 수 있다고 입증하려 노력하지 않는다.

▶ 치료를 중단하지 않는다.

자, 다시 처음으로 돌아가 '언제 입원을 하면 좋은지, 왜 입원을 해야 하는지' 이 물음을 정신병을 가진 환자들에게 묻는다면, 여러 응답이 나올 것이다. 자기 자신을 믿을 수 없을 때, 자기 자신이 무서워질 때, 죽고 싶은데 살고 싶을 때, 자살사고가 너무 심하고 실제로 수차례 시도를 할 때, 명백히 타인에게 위해를 끼칠 때, 타인에게 위해를 끼칠 수 있는 망상 등이 있을 때, 의식주 생활이 불가할 때 등등의 답을 할 수 있을 것이다. 입원 기간은 환자 본인과 의사와의 상담을 통해 정하는 것이지만, 자의 입원이어도 너무 짧게 입원한다면 치료의 목적에 부합하기보다 부작용이 있을 수 있다. 따라서 기간에 대해서도 꼭 상의하고, 납득할 수 있을 정도의 기간으로 합의하는 편이 좋다. 그렇게 할 수 없을 만큼 위태로운 상태일 때는 일단 입원해 진정하고 이후에 생각하는 것이 낫다.

　폐쇄병동이란 기피할 곳도 아니고, 천국도 아니다. 친구를 사귀기에 적절한 곳도, 그렇다고 외로움에 사무치기만 하는 곳도 아니다. 시간을 버리는 곳도 아니고, 시간을 저축할 만한 곳도 아니다. 책을 산더미처럼 싸 가지 않아도 드라마가 펼쳐지는 곳이며, 외부와 완전한 단절을 꾀할 수도, 혹은 꾀를 내 외부와 교류를 만들 수도 있는 곳이다. 모두 당신을 도우려 하지만 아무것도 도움이 안 될 수도 있다. 입원 생활에 잘 적응했고 병세가 완화되는 모습을 보였어도 퇴원 후 급격히 나빠질 수 있다. 그리고 이 모든 것들을 당신은 연기할 수도, 감출 수도 있다. 사실 아무 일도 벌어지지 않을 수도 있고 그것을 가장 견딜 수 없어 일부러 위험한 행위를 할 수도 있다. 그리고 비슷한 질병의 친구들을 만나서 사이좋게 지내거나, 사이좋게 전이될 수도 있다.

내가 갔던 곳에 비교적 따뜻한 병동임에도 폴라티를 입고 그 위에 환의를 입은 노년의 여성분이 있었다. 그분은 계절성, 양극성 정동장애 때문에 매해 겨울이 올 때 즈음부터 의례적으로 약 한 달여를 입원한다고 했다. 그분은 가만히 앉아 햇볕만 받는 일이 주목적이요 일과였다. 오전에 뜬 해는 정오를 거쳐 점점 그림자를 오른쪽에서 왼쪽으로 만들었다. 나만의 목적을 가지고 입원하는 것이 가장 중요하다.

사람들은 가지각색의 이유로 입원한다. 입원 중에 자신의 병을 알게 되고, 마지막으로 사회로 돌아간다. 이곳의 경험은 인생에서 파내야 하는 단절의 부분도 아니며, 때로는 당신 병의 서사를 흐르기 용이하게 해줄 수도 있다.

폐쇄병동에 입원할 때에는 작은 목표를 가지고 들어가는 것이 좋다. 목표는 너무 큰 것(병증이 모조리 해소되는 것, 자해를 평생 끊는 것 등)이 아니어야 한다. 만약 내가 다시 폐쇄에 입원하게 된다면 낙서노트를 한 권 가지고 들어가 만화를 한 편 그리고 돌아올 것이다. 하나의 목적한 바를 달성하고, 사회에 복귀하기 전에 작은 연습을 해보는 것이다.

하지만 만약 당신이 상태가 매우 나빠서 사고와 판단도 불명확한 상태에 있다면, 목적이나 목표보다 그냥 있는 게 중요하다. 또 '빨리 나아야 해.', '어제보다 나아진 것 같아.' 같은 비교형 생각, '내가 왜 여기에 있지?' 같은 WHY형 질문보다 지금 있는 곳에서 출발하는 질문, 예를 들면 '여기서 뭘 할 수 있지? 아, 물 먹을 수 있군.'이 도움이 된다. 눈에 보이는 것만 생각하고, 귀에 들리는 것만 생각하면 시간은 더 쉽게 간다. 자신의 질병 서사를 톺아보는 것보다 병원 안에서 주위와 주변 사람을 관찰하고 웃음 포인트를 찾아내려 하는 게 중요하다. 치료받고 안정하는 것보다는 그 자체로 '있는' 것이 우선하며, 때로는 그 '있다 가는' 것으로 폐쇄병동 경험을 인식하는 것이 우리에게 도움이 되기 때문이다.

덧붙여 입원했을 때 우리는 꽤 많이 자주 심심해하지만 퇴원한 뒤에는 그 심심함이 공허감이 되어 우리를 덮칠 것을 대비하자. 바깥으로 나가면, 퇴원하게 되면 잠시 미뤄두고 내려놓은 것들과 마주해야 한다는 점을 기억하자. 괜찮다. 모두 제자리에 있을 것이고 우리는 제법 괜찮아졌을 테니까.

18장 ◯ 기억하는 자, 기록하는 자

처음에는 거의 모든 것을 기억한다.

인과관계가 흐트러지지도 않았고, 나름의 이유를 알고 있다. 자신의 정상 행동과 이상 행동을 구분할 줄 알며 이상 행동에 부끄러움이나 수치심을 느낀다. 자신이 왜 그렇게까지 행동하는지에 대한 이유를 알지 못하더라도, 어쨌든 저질러진 일에 대해 단편적인 기억을 지니고 있다. 어떤 기억은 너무나 트라우마여서 수납해둔 채 다시는 꺼내 보지 않으며, 어떤 기억은 이미 오염되고 변색되었기에 '마음이 떨리지 않아' 버린다.

사람마다 자기 방식의 기억술을 가지고 있다. 정신병이 있는 자도 마찬가지이다. 기억은 온전히 보존되는 수장고가 아니므로 원하는 기억을 찾아가기 위해서는 이를테면 듀이 십진분류법 같은 기술법을 가져야 편리하다. 아마 모두 자신만의 분류법을 가지고 기억을 다루고 있을 것이다.

정신병이 계속되는 사람에게 기억은 반드시 봉착하는 난관이 된다. 내가 기억에 대해 고민하게 된 것 역시 많은 정신병자들이 기억력 감퇴, 왜곡, 곡해 등의 증상을 호소하기 때문이었다. 기억이 너무 큰 자발성을 갖게 되면 사람이 버티지 못한다. 사람을 버티지 못하게 하는 기억은 주로 감정적인 것, 기분의 이상, 충동, 공허, 허기, 고독, 불규칙성, 일회성, 왜곡, 맹점 등이다. 그것들이 모두 소위 과거의 정상 상태에서는 스스로 해결하고 위치를 지정할 수 있었던 것들이기 때문에, 기억력에 문제가 생기면 병자들은 특히 박탈감을 느끼게 된다. 기억들은 고유의 좌표를 갖지만 상호 연계되지 못한다. 특히 어떤 감정과 기분이 일시적으로 폭발하더라도, 그리고 그것이 다른 폭발의 연쇄로 이어져도 그 사이의 맥락이 금방 소거되어 '왜 그랬는지' 이유를 알아내기 어려워진다. 따라서 맥락 없이 치솟는 감정만 느낄 뿐, 기억으로 유의미한 흡수와 축적을 이루지 못한다.

단편적으로 이뤄진 기억은 그 자체만으로도 혼란스럽지만, 기억에 대한 통제를 상실했다는 점이 병자들에게 가장 치명적으로 다가온다. 어떤 이들은 지난날에 대해 잘 기억해내지 못하는 것을 큰 흠이라 느끼지 않지만, 자신의 서사를 구성하는 기억력/기억법에 자부심을 느끼던 이들에게 이는 존재의 의의를 빼앗긴 것처럼 심각하게 다가올 수밖에 없다. 정신병과의 난전에서 기억을 바탕으로 싸우던 이들에게 기억에 결함이 생기면 결과적으로 가장 유용한 창과 방패를 모두 빼앗긴 셈이 된다.

그래서 사람들은 기록을 시작한다. 가장 쉬운 접근은 일기다. 그러나 일기를 쓰다 보면 자연히 알게 된다. 일기가 자신을 표현하기에는 턱없이 부족한 기록법이라는 것을. 혹은 일기라는 단어에 무색하게, 매일을 적지 못한다는 것을. 그리고 그것이 자신의 고통을 표현하기에 미흡한 도구라는 것을 시차를 두고 깨닫게 되며 그 후로 일기를 굳이 적지 않는다. 일기를 적든, 적지 않든 유의미한 차이를 느끼지 못하기 때문이다. 일기가 갖는 단점으로는, 감정과 생각의 편린들, 그들이 이루는 꼴의 지지부진에서 벗어나는 느낌을 받을 수 없다는 점이다. 병자는 변화의 양상을 관찰하는 동안 너무 오래 기다려야 하는 상태를 견디지 못한다. 이것은 병자의 필력이 달리고 내용이 빤하고 재미가 없기 때문만은 아니다. 그것은 일각이며 오히려 이것은 언어의 문제, 병자들은 자신의 상태에 부합하는 기호와 언어를 가지고자 하나 정합한 언어를 구사하지 못한다는 문제다. 우리가 사용하는 단어들은 우리의 고통을 온전히 담아내지 못한다. '나는 매우 죽고 싶다.'와 '의사가 나한테 아빌리파이 30을 줬어.' 사이에는 건널 수 없는 강이 흐른다. 병의 초기에 사람들은 으레 자신에게 찾아오는 불안과 초조, 견딜 수 없는 기분, 돌연 폭발하는 충동들을 설명하는 데 곤욕을 겪는다. 그리고 시간이 지나서야 알게 된다. 자신은 지금 역어(譯語)로 말한다는 것. 모든 고통은 번역어로서 존재한다는 것. 그러므로 자신은 평생 이 기분과 고통을 타인에게 전달할 수 없을 거라는 점.

그렇다고 해도 정신질환이 있는 이들은 다양한 기록법을 시도한다. 무슨 약을 복용하고 오늘의 복약량은 무엇인지를 단순 메모만 한다든지, 아니면 아예 한 자도 빠짐없이 일어난 바들을 적는다든지. 의사나 상담사와의 이야기를 자세히 기술해두기도 한다. '오늘의 할 일'을 적는다든지, '오늘의 잘한 일'을 적어놓는 사람도 있다. 트위터 같은 SNS를 정신질환 관련 기록 매개로 사용하는 사람들도 적지 않다. 그리고 좌절의 순간이 온다. 기록이 쌓이고 쌓여도 의미값이 제로이구나. 병 위에 쓰는 글은 결국 사상누각을 짓는 꼴이구나.

정신병자들의 인식은 아주 넓거나 아주 깊게 존재한다. 오직 병을 앓아본 사람들만이 그렇게 고르게 치우친 인식을 한다. 그리고 우리는 정신병이라는 만화경을 하나 더 달고 있으므로 인식은 때로 우리의 인식 범주를 넘어설 때가 있다. 초과분을 처리하기 위해 우리는 의식과 무의식을 동원해 다양한 활동을 한다. 각종 왜곡, 비교, 나열, 과도한 의미 부여 또는 의도적 소거. 물론 처음에는 열심히 대부분을 설명하고자 노력한다. 충분히 이해받지 못하는 이유는 아직 무언가 부족해서 그렇다 여긴다. 병에 대한 이해도가 부족하기 때문에, 자신의 어휘력이나 언어 능력이 소실되었기 때문에 그들이 이해할 수 없다고 믿는다.

그러나 시간이 지날수록 언어라는 매미채로는 결코 병을 잡아챌 수 없다는 것을 느낀다. 결국 언어, 바로 모국어가 자신을 버린 느낌이야말로 정신질환을 통해 경험할 수 있는 최악의 순간 중 하나다. 이미 죽고 싶어 하는 이들이 너무 많아서 단순한 '죽고 싶다'쯤은 죽음의 레이스에 명함도 내밀지 못한다. 입속으로 죽음을 곱씹으며 다니지만, 더는 자신이 표현하는 죽음에 무게가 없다는 것을 안다. 그래서 더욱 죽음을 자조하며 우스꽝스럽게 말하지만 경박해 보일 뿐이다. 당신의 '죽고 싶다'는 이미 널리 통용되는 '죽고 싶다' 아래에서 흐드러진다. 본인이 느끼는 바로 그 특별하고 특유한, 자신을 절망케 하는 유일한 '죽고 싶다'를 아는 사람은 없다.

기록은 언어의 집합이 아니다. 기록은 목적이 분명하다. 록(錄)이라는 글자 자체가 인식, 포착, 재현 그리고 전달의 의미를 갖는다. 단순히 '일기'에 무엇을 했고, 무엇을 했다고 적어 내리는 것은 정보의 조합과 순서를 정렬하는 것에 가깝다. 문장과 문장 사이에 숨겨진, 은신한 마음을 순서와 형태를 비틀어 새어 나오게 하는 것. 그것이 다른 사람에게도 자신이 목적한 바를 알리는, 혹은 그와 유사한 의미의 전이를 일으키는 것이다.

사람마다 다르지만, 내게 기억은 이미지를 한 번에 완성하는 것과 같다. 눈을 깜박, 하면 순식간에 만들어지는 이미지들. 그것은 나를 행복한 순간에 데려다주기도 하지만 피하고자 하는 순간을 불러오기도 한다. 악몽에 시달리는 사람들은 알 것이다. 평범하게 흐르던 꿈이 갑작스레 파국으로 치닫는 느낌. 장면이 돌변하는 잔인한 속도감. 이미지로 모든 픽셀을 단번에 완성하는 사람이 있고, 이미지에도 시선이 존재해 시점이 좌표를 따라 흐르듯이 기억을 만드는 사람이 있다. 정신병은 기존에 흐르던 기억의 물꼬를 막아 어디는 웅덩이를 만들고 어디는 메마르게 한다. 나의 경우 병의 경중에 따라 기억의 풍경이 달라진다. 다만 패턴이 있고, 패턴을 파악하는 것까지는 어려워도 포착할 수는 있다고 믿기 때문에 기록하는 것이다.

우리는 굳이 기록을 통해 기억과 만나지 않는다. 기억은 무시로 문을 두드리는 침입이고 불청객일 수도, 자애로이 굽어살피러 오는 이일 수도 있다. 아니면 언제나 치밀하게 자기를 되짚어 흐트러진 모양을 다듬는 자일 수도 있다. 정신병자들에게, 특히 정신증자에게 기억은 모호하다. 기억은 아름답고 괴팍하며, 한 자리에서 서성이고 있다. 기억은 되려 기억하는 자를 구경하기도 하고, 실체가 없는 주제에 생물의 행동을 한다. 기억은 고유한 생명력을 갖고 있기에 기억과 인간 간의 균형이 어그러지면 쉽게 돌아오지 않는다. 그래서 우리는 어떤 기억을 넘지 못하고, 자신의 일부를 조금 두고 온다. 기록은 그것을 건지려 펴는 그물이며 기억을 유혹하는 낚싯대로, 모든 파편을 주워 완전한 형상이 다시 되기를 염원하나 이미 병자들의 삶은 기억에서 멀어지고 일상은 달라져 있기 때문에 그것은 주인 없는 기억으로 떠돈다.

병자들의 기록법은 비슷한 출발을 거쳐 저마다 다른 길로 향한다. 때로 기록이라는 것을 영구히 포기하는 사람도 있다. 사실 그렇다. 써도 잊고, 쓰지 않아도 잊는다. 반드시 써두어야 살아남는 건 아니다. 하지만 기억을 기록하는 사람은 다시 기록으로써 기억하는 사람이 된다. 그리고 기록의 형태는 꼭 문자가 아니어도 된다. 많은 정신병 환자들이 언어 기술에 어려움을 겪으며, 난독증이라 할 만큼 언어 능력이 위태로워진 경우도 있다. 자신의 고통을 기억하지만, 고통의 인과와 정도를 글로 묘사하는 데에 난항을 겪는다. 고통과 직접 연결된 곳은 하물며 번역조차 이뤄지지 못한다. 너무 많은 사고를 겪은 이는 사건을 인지하는 육체적, 정신적 감각이 결여되고 무디어지는 경우가 있다.

기록과 기억에 집착하는 병자를 가까이에서 관찰한 적이 있다. 초발 후 5년간 그는 열심히 일기를 써 일기가 캐리어 하나를 가득 채울 정도였다. 5년 후의 그는 자신의 기록을 순서대로 다시 읽기 시작했다. 그리고 휘몰아치는 절망에 깊은 우울에 빠지고 말았다. 그는 "(기록에게) 얻어맞은 기분"이라고 했다. 자신의 기록이 발전도 퇴보도 없고 통제도 맥락도 없으며 병만 춤을 추는 것을 보았다며, 그 세월 특정한 시간을 관통하는 서사-선형적 연관이 아닌, 점점이 삽화들로 이루어진 가루만 발견했다고 했다. 그는 다른 이들이 겪기 어려운 기이한 갖가지 사건 사고를 경험했고 기록했으나 다시 읽었을 때는 비눗방울 같은 파편들만 목격한 것이다.

'기록은 배신하는가?'라는 물음에 '당연히 그렇다.'라고 할 수밖에 없다. 그것이 진실이기 때문이다. 기록은 미래의 어느 시점에서 기다리다가 다가오는 당신을 따뜻이 맞이하며 구원해주지 않는다.

고통과 아픔이 어떤 임계를 넘으면 다른 지평이 열릴 것이라 생각하지만 실제로 기록들이 당신에게 제공하는 것은 배신감뿐일 수도 있다. 그 배신감은 병증의 바람직하지 못함을 미리 알고 있어도 병을 이룩하는 실수들을 되풀이하며, 과거의 실책을 반복하고, 내가 반목했던 나의 부모처럼 굴며, 결심을 뒤엎고 되돌아가는 자신의 자취에서 온다. "그 모든 일에도 불구하고 아무것도 달라지지 않았구나!" 하고 탄식하게 만드는 것이다.

　나는 시각을 잠시 상실했던 시기가 있다. 눈이 안 보이던 시절에 청각이 내 기억을 대체한 적이 있다. 그 시기 내 감각 재활을 위해 나의 친구가 매일 다섯 편씩 시를 읽어주었고 헤아리자 여든다섯 편에 이르렀다. 그때 나를 관통한 청각적 경험들은 지금도 선명하게 기억되고 있다. 시각이 회복된 후에도 당시의 경험이 사라진 건 아니었다. 오히려 언제나 시각 위주였던 기억은 당시의 내가 밤마다 들었던 시들과 그때의 방 안의 공기, 그 공감각이 어우러져 새로운 집합을 만들어냈다. 나는 언어에 시각의 속성만 존재하지 않는다는 사실을 알게 되었다. 그리고 기록도 시각적 이미지를 문자 언어로 표현하는 것에 한정되지 않는다는 것을 알게 되었다. 나의 기록 카테고리가 몹시 넓어진 것이다. 그 후 굳이 대화가 아니더라도 청자가 자신뿐인 '소리 내어 말하기'나 '낭독'이 가지는 기록적 효과의 유익을 느끼게 되었다. 당신은 기록에 절망했을지도 모르지만, 당신이 사용하고 있는 감각이 아닌 다른 방식의 기억법을 생각할 필요가 있다. 나의 우연한 경우처럼 기록에 절망한 다른 이들에게 청각을 이용한 실험은 충분히 도움이 될 수도 있다. 감춰진 감각들이 우리에게 더 많은 기억의 가능성을 제공할지도 모른다.

우리의 기록은 우리를 더 나아지게, 성숙하게, 교훈을 얻도록 유도할 만큼 거창하지 못하다. 그러므로 쓰고, 적고, 편집하고 찍으며, 외치고, 빚고, 소리내고 그려야 한다. 언제나 다른 모습으로 바뀌지 않을 수도 있다. 언제나 다음 단계로 가지 못할 수도 있다. 그러나 기록이 우리의 구원이 되지 못하고, 어떤 문도 열지 못하고 그리하여 기록에 패배하더라도, 그 패배에도 불구하고, 우리는 도생을 위해 제 기억을 조형해나간다. 그럼에도 불구하고. 그럼에도 불구하고.

19장 ▄▄▄ 자해하는 사람들

자해는 우리에게 내재한 결함이다. 그러나 자해를 하는 사람들은 결점에서 오히려 진리를 찾는다. 이를테면 '나는 살아 있다.', '나는 존재한다.' 같은 진리들. 혹은 고통과 쾌락이 다르지 않다는 사실을 변증법적으로 접하는 것이다. 자해하는 인간은 예로부터 존재해왔을 것이다. 자해의 역사가 쓰였을 수도 있다. 자해는 은밀하고 사적이고 발설되지 않으며 어떤 타인은 죽을 때까지 제 옆의 사람이 자해한다는 사실을 알지 못할 수도 있다. 따라서 자해가 이야기될 때 그것은 상당한 의미값을 가진다. 한 명분의 감옥에서 벗어나 사회에 편입되는 새로운 서사이기 때문이다. 자해를 '옳다', '그르다'라는 관점에서 본다면, 자해 뒤에 숨어 있는 사람의 형상은 결코 알 수 없을 것이다. 그리고 어쩌면 많은 이들은 그런 짓을 하는 사람은 옆에 두고도 싶지 않을 수도 있다.

그러나 우리는 옆에 있다.

자해하는 사람들이 자신의 행위에 대해 '정상적'인 판단을 하고 있다고 말하기는 어렵다. 하지만 자신의 행동이 어떤 결과를 초래하는지, 자해라는 것이 얼마나 금기시되고 배척받는 것인지 정도는 안다. 그들은 자해를 들키는 것에 과도한 공포심을 갖거나, 주변 사람들에게 그냥 "본 척 만 척해라." 주문하거나, 굉장한 의미 부여를 하고 있으며 때로는 자해가 알려졌을 때 자살을 불사할 만큼 절박하다. 어떤 이에게 자해는 목적이지만, 어떤 이에겐 자해는 수단에 지나지 않거나 자위에 가까운 행위기도 하다. 대수롭지 않게 자해하는 이들부터 비장함을 가지고 자해하는 이들까지 범주가 넓기 때문에 자해에 관해서는 당연히 말이 많을 수밖에 없다.

자해는 은밀히 이루어지지만, 이를 인터넷상에 올리는 이들도 있다. 자해의 유행이 집중적으로 다뤄지기 시작한 것은 비교적 최근이지만, 인터넷에서 자해에 대해 이야기하고 공유하는 행위 자체는 2000년대에도 이미 존재했다. 한 증언은 오히려 2000년대에는 대형 포털에 자해나 자살 관련 비공개 카페들이 최소 10여 개가 되었고, 관리자 허용으로 카페에 가입이 완료되면 채팅이나 오프라인 정모를 포함한 매우 활발한 활동이 이루어지고 있었다고 회고했다. 이들은 현재 하고 있는 행동에 대해 게시글을 올리며, 때로 손목에 그은 줄들, 한가득 삼킨 약을 찍고 보정하기도 한다. 이것이 더는 은밀한 작업, 내밀한 기록에 머무르지 않고 수면 위로 부상하면서 자연히 자해하는 개체가 주목받게 되었다. 인터넷의 한 면에 존재하는 자해 글은 사실 공개석상에서 경동맥을 긋는 행위처럼 너무나도 노골적이다. 그러나 자해하는 이는 그런 '보이는' 것보다 그 속에 내재하는 것들이 '보이기를' 원한다.

자해하는 이들조차 자해를 '언젠가 끊어야 할 대상'으로 여기는 경우는 비교적 흔하다. 단도, 단주, 금연하려는 사람처럼 그들도 해로운 일을 하지 말아야 한다고 생각한다. 적어도 하지 않는 시늉은 해야 한다고 느낀다. 하지만 자해를 나쁜 것, 끊어야 하는 것으로 단정한다는 것은 그저 중독에 대해 빈약한 사고체계를 가지고 있음을 밝히는 셈이다.

자해를 유행이나, 정신병의 전조, 일탈 행동, 스트레스 표출 등 '무언가'로 치환해 설명하고자 한다면 절대로 자해를 이해할 수 없을 것이다. 우리가 파헤쳐보고자 하는 것은 자해가 얼마나 나쁘고 위험하며 좋지 않은 영향을 자타에 끼치는지가 아니라, 자해하는 자는 자신을 어떻게 인식하는가이다. 그리고 그 인식에 오류가 있다면 그것은 무엇이고 어떻게 발휘되는가를 탐구해보고자 한다.

🐱 자해의 시작 🐱

사람들은 어떻게 자해하게 되었을까? 그것은 매우 간단하다. 매체에 종종 등장하는 동물들도 자해 행동을 한다는 사례는 인간만이 자해하는 게 아니라는 것을 보여준다. 좁은 우리를 발바닥에서 피가 나도록 긁거나, 자신의 털을 뜯는 동물들의 행위는 사람의 자해와 닮아 있다. 자해의 시작 시점은 아주, 아주 어린 시절부터도 가능하다. 환경, 부모의 영향, 심지어 어린이의 성적 비관……. 내가 아는 이는 8+7=15인 것이 기억나지 않고 틀려서 벽에 머리를 박았다는 경험을 들려주었다. 다섯 살이었던 그는 벽에 사인펜으로 8+7=15라고 쓰고 재차 머리를 박았더니 그다음부터는 기억이 잘 났다고 술회하며, 스트레스를 풀거나 공격성을 표출할 다른 경로가 제공되지 않고 주위 환경에 대한 통제력이 없을 때 자해가 유일한 효용을 제공했던 셈이었다고 분석을 들려주었다. 또 자신의 몸에 대한 폭력에 익숙한 경우(학대, 괴롭힘), 폭력적인 상황을 계속 접해 둔감해진 경우 자해 가능성이 상대적으로 높다. 이들은 타인에게 폭력과 위해를 입어도 타격을 크게 받지 않거나 고통의 임계를 확인하였기에 오히려 역으로 자기가 자신을 훼손할 때 더욱 정교하고 섬세한 방식의 폭력을 체득해간다. '어디까지 하면 얼마나 아픈지' 아는 것이다.

본격적인 훼손이 시작되는 시기는 사람마다 다르겠지만 보통 10대 중반부터 20대 중반까지다. 시작했다면 끝(이 존재한다고 가정할 때)까지 약 10년을 오간다고 생각하면 적당하다. 그 속에서 폭력의 수위와 지속은 제각각이다. 수위는 주로 계단식으로 업그레이드된다. 수위가 상승하고 하강하는 것이 중구난방이거나, 하나의 자해에 몰두하는 것이 아니라 두 가지, 세 가지 자해가 겹겹이 결합하는 경우 심각한 위기 상태라고 할 수 있다. 이러한 위기는 단지 미성년자일 때만 오는 것이 아니다. 성인이 된 이들의 자해는 그 이전보다 손에 넣을 수 있는 도구들이 많고 홀로 고립된 공간에 머무르기 용이하기 때문에 빠르게 정교해진다.

첫 자해는 계획이 아닌 우발일 가능성이 높다. 하지만 이후에 또다시 자해의 시발이 되는 사건이나 감정 상태가 발생했을 때 자해 또한 재개된다. 그리고 이것이 거듭될수록 자해가 자해를 부르며 처음에는 손목에 몇 줄 그으면 만족했던 것이 이제는 피를 보아야 하고, 그다음엔 피를 모아야 하고, 그다음엔 뿌려야 하고, 그다음엔……이런 식으로 진화한다.

🐱 자해의 철학 🐱

사람마다 자해의 법칙, 규칙, 범주, 영역, 미학을 갖는다. 그 안에서 마치 스마트폰 농장 게임을 하듯이, 게임 속에서 '배 농사'를 전문으로 짓는 농부와도 같이 자해 활동이 진행된다. 그리고 각자 자기 자해 분야의 전문가가 되어간다. 어느 정도의 깊이, 강도, 흠집이 적절한지, 어떻게 시간대나 장소를 물색하는지, 후처리를 어떻게 하는지, 자해 흔적을 어떻게 은닉하거나 보이게/알게 하는지 등을 '관리'하고자 한다. 자해는 통제에서 벗어난 일탈, 우발 행위이면서도 역설적으로 지극한 통제 아래에 놓여 있으며 이 통제가 바로 자해의 핵심이기도 하다.

자해는 당신의 정신과 육체 사이에 균열을 내 관계를 정립한다. 그것은 처음으로 느끼는 정신과 육신과의 연결일 것이다. 이는 사회적으로 고립된 당신의 내면에서 너는 죽어 있지 않다고, 살아 있다고 속삭이는 나만의 비밀, 나만의 진실, 나만의 친구가 생겨버리는 것과 같다.

우리는 자해를 통해 두 번 존재한다. 첫째, 육신의 존재를 확인하고, 둘째, 내 기분이 나아질 수 있음을 확인한다. 자해로 인한 심신의 변형(흉터, 정신적인 흥분 고조)이 생긴다면 육체와 정신 사이에 직통으로 오가는 철도를 만든 것과 같다. 자해는 육체를 장악할 수 있게 하며, 거덜 난 육체성은 자기 자신의 무능력과 무력감을 해소해주고, 우리는 자해 후 잔해를 돌보면서 다시 한번 육체를 장악한다. 우리는 자해를 통해 신체에 상처를 입히고 훼손하며, 행위로 인한 상해를 수선하고 회복하며 육체성을 획득한다. 약물 자해의 경우도 마찬가지로 작동한다. 약물 오남용을 통해 신체를 순종시켜 기절, 구토 등 비일상적이고 극적인 반응이 일어나게 한다. 그렇다. 자해는 자신의 몸을 식민지로 인식해 열심히 그곳의 지도를 그리는 작업과 같다. 길게 늘어진 칼자국이나 바늘땀 같은 것들은 모두 이 고통의 세계에서 자신의 육체를 인식하는 증표가 된다. 자해를 통해 신체와 정신적 고통 사이의 괴리를 메우는 작업을 하는 것이다.

자신의 자해를 설명하기에는 아직 자해에 관한 언어가 부족하다고 느낄 수 있다. 그렇게 공백의 영역에 있는 자해에 대한 감정, 상태, 분석, 설명 등등이 반드시 언어화를 거치지 않아도 괜찮으며, 오히려 그편이 나을 때도 있다. 핵심은 자해가 어떤 식으로든 고통을 경감시켜준다는 것이다. 분명히 매우 괴로웠고, 자해를 해서 덜 괴로워졌으며 자해를 계속하는 것은 그때 느낀 바가 있어서 계속 해나가는 것이다.

자해 행위에 대해 호기심이나 관심은 높아지고 있지만 그만큼 이해도도 높아지고 있는지는 의문이다. 가정이나 학교에서 자해가 발각된다면, 곤란한 처지에 놓일 확률이 매우 높은 것이 사실이다. 어떤 사람들은 자해에 의미 부여하는 것 자체를 꺼린다. 이런 사람들은 자해라는 단어 자체도 두려워하며 무조건 '미친' 사람의 이상 행동으로 치부한다. 자해 행위에 어떤 이유가 있다는 것은 알지만 특유의 논리를 이해해주는 이들은 몹시 적다.

대부분의 자해하는 사람들은 인터넷 상에서 자신과 같은 자해자를 찾으려 한다. 하지만 온라인 상에서도 자해자들은 싫은 소리를 들을 가능성이 높다. 지금은 자해를 하지 않는, '전-자해자'라 불릴 법한 사람들은 지금의 젊은이가 다소 여과 없이 온라인 공간에 자해를 게시하는 행동에 대해서 한때의 일탈일 뿐이라고 보고, '자해 전시', '패션 정병' 등으로 수식하며 그 고통의 심각성과 상황의 절박함을 눈여겨보기보다는 '민폐'라고 쏘아붙이는 데 급급하다. 모든 자해를 이해해야 하는 것도 아니고, 모든 자해가 SOS 신호인 것도 아니지만, 자해에 대한 이해도가 부족한 것이 현실이긴 하다. 우리는 자해의 철학과 역사를 알지 못하고 그런 것이 있으리라고 생각하지 않으려 하는 경향도 있다. 인간은 무구한 역사 속에서 다양한 형태를 반복하며 자해적 행위를 발견하고 발전시키고 일부는 문화화해왔으며 때로는 즐기고 있다. 이는 세대를 거쳐 거듭하고 있으며, 그 속에서 우리는 언제든 자해하는 인간이었을 뿐이라는 사실을 기억해야 한다.

😼 자해의 종류 😼

자해는 그 폭이 넓고, 행할 수 있는 것들의 종류도 많다. 다음에 나오는 내용은 모두 인터넷에서 쉽게 접할 수 있는 것이기 때문에 가감 없이 적으려 한다. 심각성이나 강도와는 상관없는 순서다.

약물 자해는 약물 오남용과 밀접한 관련이 있다. 그리고 약은 비교적 손쉽게 구할 수 있기 때문에 약물 자해는 접근성이 매우 높다. 흔히 약물 자해를 시도해보고자 할 때 약국에서 시판되는 약들을 혼합하여 실행하곤 한다. 이렇게 하면 다음 날 멀쩡하더라도 점점 내장이 기능을 못 하게 되는 경우가 발생한다. 약물 오남용을 해본 적 없는 사람은 약물 과용에 대해 지나친 환상을 갖곤 하는데, 타이레놀을 몇 알 먹고 아무렇지도 않아 뻘쭘함(이 '뻘한' 느낌을 잘 기억하라.)을 느끼고 자신이 한 것이 정말 자해인가? 생각하는 것이다.

기억이 끊어지는 경우는 가장 주의해야 할 경우다. 그것은 뇌와 간 기능을 치명적으로 붕괴시킨다. 게다가 그것이 반복될수록 먹어야 할 용량은 늘어나고, 약물을 자해용으로 사용했기 때문에 약물 치료 계획에 제대로 순응하지 못해 결과적으로 치명적이다.

위세척은 약물 오남용자가 도달하는 곳으로, 위세척을 받을 때의 고통과 고난, 수치스러움이 있다. 따라서 이것을 목표 달성이나 자신이 스스로 감각하기 어려운 삶의 고통이 구체화되었다는 방식으로 생각하지 않기를 권한다. 수치화하지 못하는 고통에 대해, 개수, 종류, 용량 등 숫자로 표현되고 마치 '실험'처럼 행할 수 있는 약물 자해는 단번에 시너지 효과를 내어 당신을 돌아올 수 없는 곳으로 인도할 것이다.

목으로 넘기면 그 순간부터 할 일이 끝나는 약물 자해와 대척점에 있는 것이 자르기다. 목을 넘어가면 어떻게 효과나 작용이 진행되는지 알 수 없는 약물 자해와 달리 커팅은 처음부터 끝까지 자신이 관할하는 통제의 세계다. 어떤 칼날을 사용하느냐, 얼마만큼의 힘을 주느냐에 따라 무한 가지 방법이 존재한다는 점에서 다양한 사람들이 접근할 수 있게 한다. 커팅은 다른 자해와 다르게 살균, 소독, 밴드를 붙이는 등의 후처리가 반드시 필요하고, 심한 경우 병원에 가서 꿰매고 드레싱을 하고 실밥을 뽑는 등 여러 날에 걸쳐 지속되는 현실적인 나날이 소요된다. '자해 기분'이 지속되기는커녕 정병인이 지긋지긋해하는 일상의 시간과 결합하는 것이다. 자해와 일상이 구분되지 않고 오히려 자해에 일상을 구겨 넣는 형태이니, 후처리 과정에서 져야 하는 책임이 성가시다. 하지만 커팅을 하는 사람들은 그 유려한 칼날이 닿는 순간과 쾌감만 간직하기 때문에, 후처리 과정의 불편을 싹 다 잊고 다시 반복하기도 한다.

주로 자해의 재료로 쓰이는 피부는 손목과 팔목이겠지만 반소매 티셔츠 선 이하로는 긋지 않는다든지, 허벅지를 긋는다든지, 여름옷에 가려지는 곳을 긋는다든지, 사람마다 나름의 원칙이 있다. 커팅 자해는 바로 이 원칙에서 벗어나는 순간 가장 위험하다. 약물을 과용한 상태, 만취 상태, 고도의 스트레스에 노출된 상태 혹은 그런 위험들이 혼재된 상태에서 평소 잘하던 힘 조절이 실패해 신경에 손상을 입는 등 심각한 사고로 이어질 가능성이 높다. 살아가면서 우리가 전적으로 통제할 수 있는 일만 벌어지지는 않는다.

자해의 원시적인 방식으로 넘어가자. 머리를 벽에 부딪히거나 찧고, 얼굴을 때리고, 주먹으로 머리를 때리는 맨손 사용 자해와 도구로 자신을 가격하는 자해가 있다. 조르는 것도 마찬가지다. 자신의 맨손을 이용한 방식과 올가미를 만들어 도구로 목을 조르는 것까지 다양하다.

이로 자신을 무는 자해를 하는 이들도 많다. 주로 손톱을 무는 유형으로, 손톱이 일반적인 사람의 것보다 절반 이하 정도밖에 자라지 않는다. 그 외에 입안의 살을 물거나, 다른 부위의 피부를 물어 상처를 내는 경우도 있다.

자해가 반드시 자신에게 직접 위해를 끼치는 행동만을 의미하지는 않는다. 일부러 자신을 위험에 처할 수도 있는 상태에 노출하는 방법 또한 간접적 자해라 할 수 있다. 위험한 놀이 과정에서 합의된 행위를 넘어 폭력이 발생하거나, 전염성 질병에 옮거나, 신체에 이상이 생기는 경우가 있을 수 있다. 그리고 이런 상황에 자신을 계속 밀어 넣는 이들이 분명 존재한다. 위험 속에서 쾌감을 느끼는 것, 혹은 부적절한 상황에서 그러한 기분을 느끼는 것 모두 자해의 일환이며 습관처럼 굳어질 확률이 높다. 약을 먹거나 칼로 긋거나 하지 않아도 자해적 행동은 무수히 많다. 자해적인 습관이 존재하고 있다면 언제든 자신을 해치는 행동으로 이어질 수 있다.

때때로 우리는 자해를 통해 서로 발견하고 다가가고 교류한다. 학교에서 유난히 옷으로 팔목을 가리던 친구, 비행을 무용담처럼 말하지만 내재된 침울함이 돋보이는 친구, 이들은 눈치채면 서로 다가오기도 하고 불길한 예감에 일부러 멀리하기도 한다. 하지만 궁금할 것이다. '너도 이거 해? 너는 왜 해? 뭘로 해? 어디까지 해봤어?'와 같은 사소한 질문에서 시작해서 자해 방법을 공유하거나 아예 함께 자해를 하기도 한다. 해본 사람은 알겠지만, 기묘한 안정감과 어긋난 동료애는 우리를 홀로 자해하는 사람보다 더 멀리 가게 한다. 그리고 이제 이것은 반드시 면대면으로 형성되는 것이 아니다. 온라인상의 주고받음으로도 충분히 형성된다.

자해는 전염될 수 있다. 경쟁적인 시합이 될 수도 있다. 자해는 더는 '나의 문제'로 국한되지 않고, 타인과 교류하고 교감하는 매개로 그 패러다임이 바뀐다.

😼 자해적 인간 😺

자해는 육체의 손상과 위해만을 의미하는가? 아마 다들 아니라고 답할 것이다. 육체에 손상을 입히는 것을 넘어 자신의 손상을 내버려두는 것, 치료를 하지 않고 방기하는 모든 행위를 통틀어 일컫는 게 가능하다. 머릿속에서는 자신이 죽고 죽어 고쳐 죽지만 실제에선 그런 일이 일어나지 않더라도, 그의 생활과 사고 패턴이 자해적인 인간이 될 가능성은 참으로 높다. 자해적 인간이란 자신에게 주어지는 외부 자극에 대해 자해적 표현으로 반응하는 사람을 말한다. 이런 방식으로 외부 자극을 분석하고 해석하고 흡수하는 유형은 시간이 지나면 자해라는 중심에서 벗어나기도 하지만 영영 거기에 매여버릴 수도 있다.

자해하는 이유는 여러 가지 있지만 단 하나의 명백한 해답은 존재하지 않는다. 사실 자해가 주는 명징함은 감각과 느낌, 감정의 영역이기에 언어로 표기하거나 수치화해 표현할 수는 없다. 아래는 자해를 하는 여러 이유 중 일부다.

★ 징벌: 스스로 기준을 만들고 그것에 미달했다고
느낄 때 자해를 통해 스스로 벌을 준다.

★ 확인: 자신의 존재가 살아 있음을 자해를 통해
확인한다.

★ 신체를 하위 소유물로 인식: '내'가 제일
바닥이라고 여겨질 때, 그보다 아래를 '내
소유물인 내 몸'으로 가정하여 지위 상승을
도모한다.

★ 협박의 수단: 자해를 금기시하는 관계나
자해가 금기된 사회에서 자해로 인한 충격
효과를 노린다.

★ 도박: 할 수 있느냐, 없느냐. 살아남느냐, 그럴
가치가 없느냐를 스스로와 내기하는 행위다.

★ 중독: 어떤 감정을 자해를 통해 해소했다면
이후에도 행동이 반복될 가능성이 높고,
자연스럽게 중독으로 이어진다. 중독의 특징은
같은 행위를 해도 점점 더 만족감을 느끼기
어렵다는 것에 있다.

★ 해소: 자신이 직면한 알 수 없는 기분을 자해를
통해 승화한다.

★ 통제: 외부 환경에 대한 통제권을 가질 수

없을 때, 최소한의 통제권을 얻기 위해 자신의
신체를 훼손하며 전능감을 느낀다.

자해를 끊는 방법은 없다. 자해하지 않는 인간이 되는 것뿐이다. 즉각적이고 바로 실현 가능한 자해와 오랜 시간 공들여 죽어가는 거리가 먼 자해가 존재하고, 후자가 자해에 덜 가까운 것처럼 보일 뿐이다.

과거 나는 자해를 "여기에서 저기로 가려는 마음"이라고 설명한 바 있다. 조금 더 상술하면 자해는 이 상태에서 다른 상태로 도달하고자 하는 욕망에 가깝다. 그 때문에 자해는 한번 인생에 스며들면, 삶에서 다른 상태를 보려고 할 때 얼마든지 되불러올 수 있는 수단이 된다. 자해를 하는 우리에겐 모든 것이 모호해져 이 세계가 상상의 것인지 경험된 상상의 것인지 정말로 물리적인 세계인지 모르게 된다. 누구도 자신의 자해를 설명할 수 없고, 어쩌면 이해받을 수도 없다. 그러니 아마도 100명의 자해하는 사람이 있다면 100가지 자해하는 방식이 있고 무한한 자해에 대한 감정이 있을 것이다.

자신의 자해에 대해 어느 시점이든 사고하고 매듭을 지어야 한다. 흑역사 취급을 하든, 이제는 지나가버린 과거지사로 여기든, 아직 내게 필요한 수단으로 여기든 한번은 자해에 대한 생각을 정리해놓아야 그 다음 단계로 넘어갈 수 있다. 자해하는 삶을 계속 살든지, 자해를 접든지.

과거 우리 모두에게는 '자해'로 성사되기에는 미흡한 행동들이 선행한다. 자해라고 명명하기에는 불완전한 측면이 있고, 정상적 상태라고 이르기에는 문제적인 행동들. 이것이 바로 우리의 자해의 기원이었고 원류인 부분이다. 마치 정신병의 서사를 거슬러 올라가는 사람들이 인생의 유년의 어떤 스산한 장면을 짚어내듯이 우리가 처음 자신을 해쳤던 좌표를 찾아내는 것은 중요하다. 그곳에서 처음 자기 자신의 자해에 대한 인과, 이유가 생겼을지도 모른다.

또 내 자해 행위는 무엇을 탐닉하는지 혹은 피하는지 그 작동하는 특성을 찾아내 분석하자. 해당하는 욕구가 다른 방법으로도 충족 가능한지 질문하고 실험하자. 자신이 지평을 넓혀갈수록, 여기에서 저기로 넘어갈 수 있는 영역이 많아질수록 자해에 대해 다각도로 의문을 제기할 수 있다. 자해는 통제하고자 하는 욕망과 통제를 조금만 아슬아슬하게 벗어나고자 하는 두 마음의 대항이기 때문에, 약간의 물음이 팽팽한 자해 사고에 타격을 입힌다. 자해는 고무줄과 같다. 처음이 가장 팽팽하고, 처음 무렵이 가장 치명적이며, 시간이 지날수록 초기의 탄성을 잃고 만족할 수 있는 바를 잃어간다.

내게 자해는 많은 것을 주었지만, 점점 줄 수 있는 것이 줄어들기에 삶에서 멀어져갔다. 스스로를 해치고 싶은 마음 자체에 일어나는 균열이라곤 볼 수 없다. 지금도 나는 가끔 어떠한 상황에서 자해만이 가장 획기적인 수단이라고 생각이 들기 때문이다. 다만 나의 자해는 늙고 나이 들어 이제는 그 고무줄이 굳고 균열이 가 쓸 수가 없다.

앞서 자해는 몸과 정신의 균열을 메운다고 했다. 그러나 자해를 거듭해나갈수록 그 효과는 줄고 효용 없는 행위 위에 반복만이 축적되는 형국이 오면, 스스로 의문을 가지게 될 것이다. 내가 정말 세계에 균열을 만들어내고 있는지, 어느새 어두운 곳에 앉아 균열이 만들어지는 영상을 무한히 반복 재생하고 있는 것인지.

자해는 자기를 망치고 흐트려놓는 즐거움을 준다.

지지부진한 일상의 달리기에서 탈 것을 바꿔주고, 날게도 한다.

그러나 한 번 이 미친 열차에 타면 선로가 다할 때까지 내릴 수 없다.

그 속도감. 짜릿함. 변화무쌍. 활기!

선로의 끝에서도 기차는 계속 달린다. 그리고 끝의 끝에 가서야 멈춘다.

그리고 그곳엔 끝이 아닌 내가 있다.

― 리단, 『자해장려안하는만화』

20장 ⬤ 자살을 하려는 이들을 위한 탐구서

🐱 자살하는 사람들 🐱

시도는 개인적일지라도 죽음은 모두의 것이 된다. 정신질환이 있는 모든 사람들이 자살을 기도하는 것은 아니며, 자살한 사람들 모두가 정신질환자라 말할 수는 없다. 그러나 우리가 여기서 말하고자 하는 것은 정신병자들의 자살과 자살 기도, 자살 시도 후에 오는 것들, 그리고 자살한 정신질환자들의 주변 사람들에 관한 이야기다.

일단 당신이 자살한다면 그 순간부터 당신의 서사는 모두의 것이 된다. 모두 당신을 오해할 것이다. 궁금하다는 명목으로 당신을 갑자기 알아내려 하고, 유언을 알려고 하고, 어떻게 죽었는지 알려고 하고, 왜 죽었는지 알고자 한다. 오랫동안, 어쩌면 영원히. 당신은 당신의 진실을 찾을 수 있다고 믿는 이들과 당신을 기억 속에 묻으려는 사람들 사이에 조금 더 존재할 뿐이다. 그 이후는 바랄 수 없다.

본인이 직접 시도한 것이든 아는 누군가가 시도한 것이든, 성공한 것이든 실패한 것이든 자살은 깊은 공허를 남긴다. 깊고 고통스러운 병에 시달린 사람들은 자살이 보여주는 위태로운 달콤함을 안다. 대부분 수도 없이 자신이 어떤 방식으로 자살에 도달할지에 대해 시뮬레이션했을 것이다. 그리고 그 과정들은 우리로 하여금 자살의 개념을 점점 익숙하게, 대수롭지 않은 것으로 여기게 만든다. 자살사고가 언제 올지, 얼마나 심하게 올지는 언제나 우리의 상상을 초월한다. 따라서 언제나 너덜너덜해져 술병을 잡거나 이불 속으로 무한정 도피하기도 하고 또는 함께 휘뚜루마뚜루 자해 파티를 하기도 한다. 자살은 반드시 나와 병 둘이 동등한 국제식 다이를 두고 치는 포켓볼이 아니며, 당신 손이 두 개라면 병은 천수관음의 손을 하고 당신을 유린할 것이다. 자살은 공평한 상대가 아니다. 시작된 순간부터 이미 기울어진 것과 진배없다. 외려 점점 더 커져 이윽고 우리를 지배할 것이다. 일단 발생한 자살사고는 당신을 온 구석구석 헤집어놓을 것이다. 사소한 자살 생각부터 몇 날 며칠을 가리지 않고 이어지는 자살사고는 차곡차곡 개켜지고 발라져 머릿속을 빼곡히 채우는 관념이 될 것이다.

자살을 하게 되는 이유는 무엇일까? 꼭 자살 직전에 있던 사건사고만이 원인이 되는 것은 아니다. 자살을 하는 이유야말로 암호처럼, 해독할 수 없는 고대 문자처럼, 기록은 했으되 다시 읽어보면 뭐라고 하는 건지 위화감을 느끼고 이해할 수 없는 내용과 같다. 자살은 눈을 번득이며 도사리고 있다. 당신이 조금만 균형을 잃는 순간을 기다리며 말이다. 만약 당신이 치솟는 자살사고로 숱하게 자해나 파괴적인 행동을 한다면 조속히 내원해 자신의 증상을 가라앉히는 등 빠른 진정이 필요하다.

또 다른 위험한 자살사고가 바로 만성적인 자살 관념이다. 이것은 이를테면 특정 기간이나 사건을 정하고 이를 기점으로 자살을 행하겠노라 정교히 플랜을 짜둔 자살사고다. 이것이 위험한 점은 단지 실행력이 높으며 성공률도 높다는 점에 있다기보다는 병자로 하여금 이른바 '죽음의 스케줄'을 철저히 믿고 따르게 한다는 점에 있다. 게다가 쉽사리 타인에게 노출하지 않기 때문에 시간이 지날수록 죽음의 색과 가까워지며, 계획이 타인에게 노출되어 저지당할 시엔 마치 자살을 실제로 시도한 사람처럼 공허감에 사로잡혀 현실과 사회로 복귀하기까지 오랜 시간이 걸리기도 한다.

자살자의 터널 사고(tunnel vision)는 오로지 자살만이 빛나는 선택지로 보이는 것을 말한다. 심한 우울증이나 정신질환에 시달리는 사람들에게 공통으로 보이는 경향이기도 하다. 또 자신에게 너무나 당연한 논리이기에 최소한의 힌트만 주어도 모두가 당연히 알고 이해하리라 여긴다. 음성으로 내뱉지 않았지만 상대 앞에서 했던 생각들을 마치 소리 내 직접 전달한 것처럼 여기는 것이다. 그러나 타인의 입장에서는 갑작스러운 전개에 당황하여 "네가 왜 자살을 해? 그런 이유로?" 따위의 질문을 던지게 되며, 이것은 자살을 생각하는 이들에게 좌절을 주고 다시 한번 자살을 결행코자 마음먹는 데에 일조하기도 한다. 결국 자신을 이해시킬 수 있는 최후의 방법은 자신의 죽음뿐이라 여기는 것이다. 이때 자신의 사고방식에 문제가 있다는 것을 스스로 깨닫는 것은 사실 불가능하고, 주변 사람의 태도를 살펴 그들이 위화감을 느끼는 것을 보며 자기 생각이 일그러져 있음을 파악해야 한다. 혹은 다른 사람에게 말을 먼저 꺼내 자신의 생각이 온전한 형태를 하고 있는지 확인받을 수도 있다.

자살 위험에 놓인 이들에게서 단번에 위기감을 읽어내는 것은 어려운 일일 수도 있다. 자살하고자 할 만큼 심각한 정신적 위기에 처한 사람들도 소위 정상적인 생활을 영위하고 있는 것처럼 보이기 때문이다. '죽고 싶다'라는 언어적 의사표현 없이 자살하는 이들도 있다. '죽고 싶다'는 마음, 자살 충동의 형태 역시 사람마다 다르다. 어떤 이들은 사소한 일에 자살을 결심하기도 하고, 어떤 이들은 남들이 '저러고 어떻게 살지?'라고 반응할 정도여도 자살 시도의 임계에 도달하지 않기도 한다. 다행인 얘기지만 자살을 생각하고 시도한 것만으로 자살의 세계에 발을 들이게 되는 것이 아니다. 그 여부에는 시도의 심각성과 여파, 후처리, 의도 등이 종합적으로 작용한다. 그리고 여타 정신병의 증상들처럼 한번 수위가 높아진 자살사고, 충동, 돌발 행위 등은 제어하기 어려워진다. 자살사고가 더는 자기에게서 발아하는 게 아니라 자신에게 강림하듯 내려오기 때문이다. 사람들이 호소하는 자살사고의 첫째로 고통스러운 지점이 바로 여기에 있다. 자신이 원하지 않는 생각이 자신을 지배한다. 초조와 불안에 시달린다. 둘째는 자살사고가 너무 만성화된 나머지 미래에 대해 자살 이외에는 상상할 수 없으며 일상을 살아가는 데에 있어 당연하게 전제된 경우다. 격한 감정이 요동치는 첫 번째 경우와 다르게, 이 지점에서는 이미 모든 결론을 자살로 맺어버렸기 때문에 삶에 애정도 아무런 감정도 일지 않는 상태이며 가장 불행한 것은 이 둘을 함께 느끼는 것이다.

자살이 최선의 해법이라는 사고방식은 비교적 흔하다. 사회와 소속집단에서 탈락하고 대인관계도 모두 망가진 사람, 연이은 실패를 겪고 건강도 회복도 희망적인 미래도 장담할 수 없는 이의 입장에서는 사회에 복귀해 '정상적 일원'으로 살라는 요구는 어처구니없을 따름이다. 그쪽이 더 불가능하다는 것을 왜 사람들이 알지 못하는지, 자살하고자 하는 사람은 이해할 수 없다. 그는 확신도 없이 기나긴 고난의 재활을 수행하기보다는 자살을 택하는 편을 현명하다고 느낀다. 자신이 부딪힌 장벽을 일시적인 것이라 여기지 않으며, 이에 대한 영구적이며 합리적인 해법으로 자살을 선택하는 것이다.

자살은 자기 이외의 모든 사람을 죽이는 행위라는 요지의 말을 다들 들어보셨을 것이다. 누군가는 자살은 타살이라는 말에 적극 동의하지만, 누군가는 자살은 마침내 자신의 의지로 저지르는 일이기 때문에 타살이라 보기 어렵다고 본다. 어떤 이는 자신의 육체적 수명이 그보다 길었을지는 몰라도 자신의 삶을 여기에서 끝내고자 하는 바가 명확해 죽음을 택하므로 여기까지가 제 수명과 마찬가지라는 점에서 마땅히 자연사라고 부를 수 있다고 한다. 뭇 사람들은 자살이 병사라는 점에 크게 토를 달지 않고 대부분 동의를 표하지만, 결국 투병의 고통이 그를 잠식해버렸는지, 아니면 자살이 마지막 저항의 제스처였는지 누구도 그 죽음의 성격을 명확히 단정지을 수 없다. 결국 자살은 자살이며, 자살을 병사라고, 타살이라고, 자연사라고 말하는 것은 그 증상의 어떤 측면, 이를테면 어쩔 수 없음, 불가피한, 만성적인, 저항해도 좌절되는 상황을 설명해보려는 시도일지도 모른다.

하지만 결국 자살은 자살이다.

정신질환으로 고통받는 사람에게 자살의 의미는 단순히 삶을 스스로 끝내는 것에 국한되지 않는다. 어떤 이들에게 자살은 자신의 존엄을 지킬 수 있는 최후의 보루이며, 어떤 이에게 자살은 자신의 삶이 마침내 정신질환에 무릎을 꿇었다는 일종의 포기 선언일 것이다. 문제는 자살로 승리의 쾌감을 맛볼 사람도, 패배의 비감을 느낄 사람도 둘 다 존재하지 않게 된다는 점이다. 자살의 성패를 결정할 수 있는 당사자인 자신이 존재하지 않게 되므로 자살을 성공 혹은 패배로 양분해서 인지해 지나치게 의미를 부여하더라도 되돌아오는 것은 없다.

본인의 자살사고로 인해 피폐해져 있는 경우만이 아니라, 여러 형태의 자살에 노출되어 있는 경우도 빈번하다. 특히 주변 사람, 동거인, 가족 구성원 등 가까운 사람들이 계속해서 자살을 기도하고 자살의 조짐을 보이고 있는 경우, 본인도 그것과 썩 다르지 않은 상태일 때에는 상황이 심각해진다. 이런 상황을 빠르게 끝내려면 자신부터 스스로 입원을 하는 등 스멀거리는 자살 연못에서 최대한 벗어나야 하는데, 입원에는 금전적 문제가 연관되다 보니 자살 고위험군임에도 적절한 치료를 받기 어려워하는 이들이 많다. 특히나 자살하고자 하는 사람들끼리 서로 기대어 살아가면서 문제가 더욱 커지는, 악순환을 빚는 사례도 많다. 만성적인 자살사고를 가진 사람들로 구성된 그룹은 자살에 대한 장벽이 아주 낮고 그 벽도 얇아서 서로 전염시키기도 쉽고, 빠르게 영향을 주고받는다.

하지만 구성원들이 자살사고를 가졌다고 그 공동체를 반드시 당신에게 해를 끼치는 유해한 집단으로 규정해야만 하는 것은 아니다. 오히려 구성원들이 자신의 자살사고를 자주 화제에 올리고 공유하는 것은 구성원들의 상시적 상태에 대한 정보를 가볍게 주고받는 일종의 스킬이라 말할 수 있다. 자살이라는 주제를 마치 오늘 식사를 무엇으로 할지 이야기하는 것처럼 자연스럽게 입에 올려, 구성원들 사이에 주고받는 자살사고와 그 정보가 서로 트리거나 위해가 되지 않게 하는 방법이다. 물론 궁극적으로는 미봉책에 가깝다. 결국에는 기존에 공유하던 것 이상의, 주체할 수 없는 자살사고가 범람해 그룹 내에서 해결할 수 없는 정도의 물리적, 재정적 지원이 필요하게 되면 모래성처럼 무너지기 때문이다. 그렇기에 각종 돌발상황에 대비해 도움을 줄 수 있는 외부인의 존재를 꼭 주위에 두어야 한다. 대인관계를 친밀한, 그러나 위기에 취약한 그룹 내에서 전부 해결하는 상황은 가능한 한 피하도록 하자. 당신이 치명적인 영향을 받기 때문만이 아니라, 당신도 치명적인 영향을 끼칠 것이기 때문이다.

자살을 다루기 위해서는 우리 모두 조금쯤 뻔뻔해져야 한다. 자살은 막강한 인력을 가지고 있기 때문에 그가 피리 부는 대로 따라간다면 줄줄이 죽을 것이다. 자살사고에 형태와 모양은 없지만 그의 분위기, 그의 감각, 그가 비추는 불빛만 바라보는 것을 막기 위해서는 적절한 타협이 필요하다. 해를 거듭한 자살사고는 이미 또 하나의 인격처럼 우리와 상호작용한다. 자살사고에 대응하는 괜찮은 방법은 여러 가지가 있다. 자살에 대해서 탐구하는 것도 하나의 방법이 될 수 있다. 자살에 대한 탐구란 참으로 방대한 범위를 아우를 수 있다. 자살이란 누가 누구를 죽이는 것이냐는 가장 근원적인 질문부터 사후 유품을 분배하는 가장 현실적인 부분까지 말이다. 아이러니하게도 자살에 대해 다양한 질문과 답을 하는 동안 우리의 삶은 지속된다.

자살사고가 극심할 때 내가 유언장을 남긴다면 과연 어떤 내용이 들어가야 할지 고찰해보는 것도 해볼 만한 시도라고 생각한다. 반드시 서식에 맞출 필요는 없다. 최대한 무미건조하게 써볼 수도 있고, 반대로 구구절절 눈물의 대하 서사를 집필할 수도 있다. 가족에게 남길 내용, 연인이나 친구에게 남길 내용 등 상대를 달리해 서술해보는 것을 권한다.

자신의 물건들의 처분에 대해, 무엇이 버려져도 되고 무엇은 그러지 않으면 좋겠는지를 나누고 기술하는 데에 의외로 많은 시간이 소요된다는 것을 알게 될 것이다. 그러면서 당신이 사는 집, 당신과 사는 사람, 당신과 사는 동물이 어떻게 될지 생각해볼 수 있다. 자살을 생각하는 많은 병자들에게 자살 이외의 것이 눈에 들어오지 않는 것은 어쩔 수 없는 일이겠지만, 어떤 식으로든 자신이 다른 존재에게 영향을 주고 있는 사람이라는 사실을 잊지 않았으면 한다.

자살을 생각하는 사람들에게는 안타까운 일이지만 자살을 생각할 만큼 고통받았다 고백한다고 해도 주변 사람들은 이해하지 못한 얼굴로 "네가 왜 자살하고 싶어?"라고 수도 없이 되물을 것이다. 하지만 성적이 좋아도, 좋은 학교에 합격해도, 직장이 있어도, 실적이 좋아도, 연애를 하고 있어도, 가족과 사이가 좋아도, 돈이 없어도 죽고 싶은 것은 죽고 싶은 것이다. 이 말은 뒤집으면 성적이 좋아도, 좋은 학교에 들어가도, 직장을 구해도, 실적이 좋아도, 연애를 해도, 가족과 사이가 나쁘지 않아도, 돈이 생겨도 자살사고는 우리의 삶에 충분히 스밀 수 있고, 무엇을 하고 무엇이 성사되든 자살하고 싶은 마음은 사라지지 않는다는 뜻이다.

따라서 자살사고에 시달리는 정신병자 여러분은 자신을 위해서라도 죽고 싶은 마음을 표현하는 데에 있어 얼마간의 규칙을 정해야 한다. 먼저 의사든, 자신과 가까운 사람이든, 먼 관계의 사람이든 상대가 자신의 '자살하고 싶음'을 온전히 이해하는 것은 불가능하다는 것을 알아야 한다. 많은 정신병자들이 자신의 병·기분·증상에 대해 분석하기를 시도하는데, 이는 간혹 획기적인 표현을 찾아낼 때도 있지만 대체로 언제나 불만족스럽게 끝나는 행위이다. 자살사고도 마찬가지다. 그것이 시작된 이유를 처음엔 분명하게 기억하기도 하지만 시간이 지날수록 해당 이유와 관련이 없어도 자살사고가 진행되곤 한다. 이때 우리에게 중요한 건 얼마나 죽고 싶은지 그 진정성을 표현하는 것이 아니라 의료진의 적절하고 응급한 치료다. 평소 정신과에 내원하고 있다면 자살사고에 대해 절대 "죽고 싶어요.", "죽을 것 같아요." 등으로 말하지 말자. 구체적으로 증상, 상황, 자신의 반응 등을 나열해야 의사의 이해를 도울 수 있다. 의사가 이해할지까지 아픈 사람이 고민해야 하냐고 반문하는 이들이 있을 것이다. 하지만 우리도 종종 SNS상에서 온라인 친구가 지나가는 말로 '죽고 싶다'고 말했을 때 그것의 정도를 가늠하지 못할 만큼, '죽고 싶다' 자체는 현재 우리 사회를 관통하고 있는 거대하고 모호한 흐름에 가깝고, 사람들의 '죽고 싶어 함'의 호소 정도 역시 나날이 진화하고 있다. 그 사이에서 자신의 고통이 큰 흐름에 속해 있다는 것을 확인받으며 나아지는 사람도 있지만, 자신의 자살사고가 그저 모호하고 흔한 '죽고 싶다', '자살 시급' 등의 언사로 읽혔을 때 더욱 악화되는 사람도 있다. 나는 여기서 후자에 대해 말하는 것이고 후자에게 도움을 주고 싶다. '죽고 싶음'이라는 생각이 시간상 언제 드는지, 낮인지,

밤인지, 사람이 있는 곳에서 잊을 수 있는지, 악화되는지. 집에서 심해지는지, 직장이나 밖, 공공장소, 대중교통 등 특정 장소에서 더 심해지는지. 어떤 식으로 자살에 대한 마음이 이는지, 그것이 충동적인지, 행동으로 표출해야 하는 것인지, 자기에게 쏟아져 자신을 무력하게 만드는지, 자살사고의 빈도와 지속 시간은 어떠한지, 그것을 대체하기 위해 자신은 어떤 행동을 하는지, 그것이 자기를 수동적으로 죽게 내버려 두려는 행위인지 등 의사에게 전달할 수 있는 정보들은 많다. 다행인지 불행인지 급속 생성된 사고장애는 그에 맞는 치료를 빠르게 시작하면 굉장히 좋은 효과를 볼 수 있다. 어릴 때부터 자살사고에 시달려 왔어도 근래 급격히 다른 양상의 자살사고를 보이고 충동적인 행동을 시도하려 한다면 그 달라진 시기에 맞는 치료를 받을 수 있다.

시간의 흐름은 그 자체로 자살사고의 최대의 맞수이다. 시간은 변수를 만들고, 작용하는 변수들에 따라 당신이 원래 갖추고 있던 자살사고의 모양과 형태도 조금씩 변화한다. 자살사고는 주로 밤, 잠들기 직전에 가장 고조되는 편이다. 자살사고가 심하다면 '생명의 전화' 등에 연락해 도움을 받아볼 수 있다. 반드시 도움이 되지 않을 때도 있지만, 그래도 최소 다섯 개 정도 되는 곳을 하나하나씩 클리어한다는 마음으로 시도해보는 것도 좋을 것이다. 때로는 상담을 마치고 그 계열의 심리상담사 또는 지역의 정신건강증진센터와 연계해주는 곳도 있다. 하지만 자살사고에 시달리는 이들은 대부분 조속한 기분 변화를 원하기 때문에 내원했을 때 (소요한 노력에 비해) 원하는 정도의 정보나 만족을 얻기 쉽지 않다. 그래도 아예 아무 기대를 하지 않고 전화 상담을 하는 정도는 충분히 해볼 만하다.

자살사고가 급격히 요동칠 때, 대부분 밤이므로 보통은 정신과에 갈 수 없다. 이때 두 가지 선택을 할 수 있는데 대형병원 응급실에 내원하거나, 119에 전화를 하는 것이다. 지방 소도시에 살면 24시간 내원할 대형병원이 인근에 있는지 여부가 불투명하지만, 일단 응급실이 운영되는 병원에서 최소 진정제 정도는 투여를 요청할 수는 있을 것이다. 문제는 그다음이다. 응급실에 내원한다고 상황이 즉각 바뀌는 게 아니다. 정신병자들에게 가장 어려운 일인 '대기'를 해야 한다. 응급실 특성상 언제나 자살 고위험군 환자에게 친절하지는 않다. 이 시점에서 자살사고가 빗발치는 환자들이 주로 진료 예약 후 탈출한다. 응급실에 가도 기본적인 응급의학과 진료를 보기까지 대기, 그다음 정신과 관련의의 진료를 보기까지 대기, 그다음에야 처치를 받기 때문에 상황을 빨리, 조속히 처리하고자 하는, 지금 상태를 너무나도 견딜 수 없는 환자들이 외려 스트레스를 받고 만다. 만약 과도한 자해, 자살시도 등으로 응급실에 오게 되면 그는 몇 가지 절차를 통해 입원을 권유받게 된다.

기다리는 것을 잘 견디기만 하면 응급실은 나쁘지 않은 선택이다. 다만 병원비와 약제비를 합쳐 약 7만 원 정도 나오고 병원까지 이동하는 데 드는 택시비도 고려해야 한다는 점이 있다. 병원 베드에 누워 아티반 같은 것을 맞는 처치는 자살사고가 심한 사람에게 안정을 준다. 또 자살을 유도하는 공간에서 벗어나 다른 환경에서 쉴 수 있는 수단을 제공한다는 점에서 응급실에 가는 것이 훨씬 효과가 좋은 이들도 있다.

자살이 성사되는 것은 대체로 우연적 요소가 크다. 오직 자살만을 향해 뛰어드는 이들은 드물고 많은 이들에게 자살의 징조, 응급신호, 자살 계획 작성 등은 뒤섞여 있다. 그리고 상당히 많은 사람이 자신이 죽는 것이 왜 잘못된 일인지 의문을 표한다. 분명 죽어야 된다는 확신은 있지만 자신의 죽음의 당위를 타인에게 설득하기에는 어려운 왜곡된 사고를 지닌 것이다.

나는 우리의 죽고 싶은 마음은 모두 타당한 이유에서 시작한다는 견해지만 자기에게 타당하다 해서 타인에게도 그렇게 읽히리라고 짐작하면 곤란하다. 병자 자신이 굉장히 확신을 갖고 용기를 내어 말한 것임에도 타인에게는 그 정도의 무게가 아닌 농담처럼 들려 상심할 수 있다. 나는 심각한 수준의 자살시도를 한 이후에야 비로소 나의 신호가 하나도 전달되지 못했다는 점을 알게 되었고, 타인 자체에 엄청난 배신감을 느꼈다. "나는 말했어, 나는 말했다고!"라고 외치는 나날이 계속되었다.

한 곳에서 다른 곳으로 넘어가 끝나는 방식이든, 스스로 해를 입혀 끝을 내는 방식이든 자살 시도에서 살아남은 사람들은 이상한 공간에 도달한다. 그리고 알게 된다. 어떤 종말을 맞기 위해 다리를 넘

었든, 자신의 고통을 끝마치기 위해 치사량을 삼키든, 살아남아 고
개를 돌려 확인하게 되는 세상은 전과 같고 아무것도 달라지지 않았
는데 자신은 더 이상 과거의 자신이 될 수 없음을.

나는 오래전 대학 병결 휴학 후 입원을 하면서 학적에 우울증으
로 기록이 남았는데 그것 때문에 제풀에 해볼 수 있는 미래 중 일부
를 소거했다. 물론 그것은 타당한 선택이었다. 병은 낫지 않고 충실
하게 악화되었으니까. 하지만 시간이 지나고 대기업의 인사과정을
꿰던 친구에게 털어놓았을 때 그는 웃으며 "그런 것을 조사하는 곳
은 아무 데도 없어."라고 말했다. 그때 나의 그 오래된 과장된 두려움
에 따라 웃고 말았다. 이런 상상된 두려움이 따라오기 때문에 자살
이 앞날을 앗아간다는 얘기를 하려는 게 아니다. 정말로 자살은 미
래를 앞으로 당긴다. 자살과 섞인 우리는 매우 응축된 사고를 하고
아주 밀도 높은 고통에 시달리며 앞으로 살면서 긴 시간 동안 느껴
도 족할 고통이 매일 매 시 압축적으로 쏟아진다. 나는 지나간 시간
과 과거사 때문에 자살을 택하는 비율보다 앞으로의 시간을 그렇게,
혹은 더 심하게 보내야 한다는 고통 때문에 자살을 선택하는 사람
이 더 많을 것이라 여긴다.

마지막으로 자살을 기도한 뒤, 나는 아무것도 잃지 않았을까? 모
든 것은 정상으로 돌아왔을까? 몇 달의 기이한 감금 뒤 취직을 해 다
시 서울의 집에서 살게 되었고, 직업을 가지게 되었고, 가족이 돈을
많이 주었고, 가족들과 사이도 좋아졌기 때문에 다 괜찮아졌나? 그

렇지 않다. 나는 자살을 기도한 '그날' 앞으로 보낼 수 있을 많은 시간을 지불하고 일정 부분을 포기했다. 내가 버린 그 '나'는 내 인생에서 계속 맴돌 것이다. 그날 그 시간에서 멈춰서 나의 일부는 그 시간에서 산다. 그 생각을 종종 한다. 자주 하는 것도 아니고 의식적으로 하는 것도 아니지만 사고의 회로를 빙빙 거치다 보면 자살을 시도한 나의 얼굴을 마주하게 된다. 나는 미안해하지 않는다. 죄를 지었다고 생각하지도 않는다. 그렇다고 합리적이고 타당한 선택이었다고 자신할 수는 없다. 그렇게 드러나는 복잡한 심경들은 필연적으로 '그날' 이후로 흘러가고 있는 내 시간대로 스밀 것이다. 나이와 성별과 이름이 적힌 팔찌를 차고 오래 깨어나지 않던 나는 링거 줄이 줄줄 매달려 있던 병상에서 뒤척이며 일어나서, 간호사도, 보호자도, 병동의 잠금장치가 걸린 유리문도, 경비도 아무도 몰래 병원 밖에서 담배를 피우면서 '아, 이대로 도망가버릴까?' 했지만, 그곳에서 벗어나지 못할 것이다. 나는 친구들에게 자살 얘기를 했지만 마치 농담거리인 양 밝고 산뜻하게 이야기했다. 나는 내가 살아온 얼마간의 인생을 죽음을 택한 내게 쥐어주고 그냥 떠났다. 그리고 내가 잃은 것은 지나온 삶이 아니라 앞으로의 시간이라는 것을 늦게 알았다. '그날' 내가 그에게 건넨 부피만큼 내가 할 수 있는 것이 망실됐다. 이것은 상상된 두려움이 아니다. 자살하고자 하는 사람이 제거하고 싶은 대상은 많을 거다. 자기 자신부터 시작해 특정 인간, 어떤 사실이나 기억 등. 그러나 결국 지불하는 것은 자기 자신이다. 그래서 살아남았어도 당신은 살아나지 못했다. 그는 늘 거기에 있다.

🐱 애도하는 사람들 🐱

자살을 한 사람은 모르겠지만, 누군가 자살한다면 그 이후에 온갖 말이 돌고 붙여지며 덧대진다. 사람들은 그가 왜 죽었는지 궁금해한다. 사람들은 그가 어떻게 죽었는지 알고 싶어 한다. 사람들은 그의 자살에 귀책이나 유책을 찾으려고 하기도 하고, 자살의 촉매제를 지목하려 한다. 유언을 알아내려 하고, 그의 자살의 원인과 이유를 유년부터 거슬러 추적하기도 한다. 진실을 찾기 위해서. 하지만 이렇게 찾아낸 진실이 정말로 진짜일까? 확인할 수 있을까? 확인한 후에는 어떻게 되는가? 어떤 것도 진실이 될 수 없으며 죽은 사람에게는 어떤 확인도 받을 수 없다. 자살은 시도한 사람에게 혼돈을 안겨주는 만큼 자살자의 주위 사람에게 영향을 준다. 정신병을 가진 사람이며 동시에 정신병을 가진 친구나 가족을 두고 있는 우리는 필연적으로 언젠가 누군가의 자살을 경험하게 되거나 과거에 그러했던 경험이 있을 것이다. 상대는 인터넷상의 친구일 수도 있고 당신의 가족이나 함께 살던 연인일 수도 있다.

자살로 인한 죽음은 일반적인 죽음과 다르다. 만약 어떤 사람이 암에 걸려 건강이 악화해 죽었다고 하면 그 사람의 죽음은 사회적으로 주목을 끌지 않을 것이고 일반적인 장례가 치러질 것이다. 그러나 자살은 마치 죽음의 돌연변이처럼 취급되어 사실을 쉬쉬하고 장례도 서둘러 치른 뒤 그의 죽음에 대해 혹은 그 사람에 대해 입에 올리지 않는 등 기피된다. 따라서 시간이 조금만 지나도 그런 사람이 살아 있었던가 하는 생각이 들 정도로 아무도 그에 대해 이야기하지 않게 된다.

자살로 인한 애도는 매우 혼란스럽다. 누군가의 자살 후 그의 장례식에 참석할 수 있다면 참석하길 권한다. 인위적인 의식이라도 장례 절차에 따라 망자를 보낼 수 있는 마지막 사회적 의례이기 때문이다. 장례식 이후에는 그 죽음에 대해 사회적으로 나눌 수 있는 장이 존재하지 않게 될 수도 있다. 부모와 반목이 심한 퀴어 친구들, 정신병자 친구들이 자살한 경우 부모의 원망이 그 친구들에게로 전가될 수도 있다. 혹 장례식에 부득이하게 참석하지 못한다면 공통 지인들이 모여 추모하는 날을 갖는 것이 좋다. 덧붙여 자살한 이에 대해 이야기를 나눌 수 있는 관계가 있는 것과 없는 것의 차이는 아주 크다. 홀로 애도한다는 것은 자살자에 대해 가졌던 마음과 감정, 그리고 그 사람을 상상하는 퍼즐이 점점 어긋나고 소실되며 잘 알았던 부분이 사라지고 같이 보냈던 작은 시간 단위들이 휩쓸려 나가고, 즐겁게 나눈 얘기들, 웃었던 순간들, 조용히 보내던 시간들이 서서히 침식되고 색을 날리듯 보정된 것처럼 희미해지는 모습을 홀로 지켜봐야 한다는 뜻이다. 한 명, 단 한 명이라도 죽은 이에 대한 기억을 함께 나눌 수 있다면 큰 도움이 된다.

누군가가 자살했다는 소식만 듣고 의례에 참여하지 못해 실제로 그가 죽었는지 확인하지 못한 때에는 비현실감에 사로잡힐 수도 있다. 이때 즉각 그 사람의 죽음을 추적해서 언제 어디서 왜 죽었는지 그 전말과 진위를 알아야만 한다는 당위에 빠지기보다, 시간을 두고 자기가 확인하고자 하는 마음이 들 때에 알아보아도 괜찮다. 실시간으로, 누구보다 빠르게 누구보다 많이 생각하고 누구보다 슬퍼하는 것보다는 자신이 받아들일 수 있는 만큼에서 출발하는 편이 낫다. 어떤 죽음이든 받아들이는 데에 걸리는 시간과 방법은 정말로 사람마다 다르다.

자살자가 매우 열악한 환경에 처해 있었거나, 객관적으로 정신질환이 매우 심했을 때, 고통스러워하는 상황을 옆에서 지켜보았던 사람이라면 그의 죽음에 오히려 안도의 마음이 들거나 마음 한편에서 다행스러운 감정이 들기도 한다. 이는 잘못된 생각, 사이코패스 같은 생각이 아니다. 자연스러우며 충분히 일어날 수 있는 감정이다. 통상적인 애도의 5단계는 마땅히 따라야 하는 지침이 아니다. 언제까지고 자책감을 갖기보다는 공통된 친구들과 자살자에 대한 이야기를 나누고 때로는 그의 흉을 보면서 웃으며 시간을 보내야 한다. 이런 경우 시간이 지나면서 그 감정들이 슬픔으로 전환되기 때문이다.

누군가 죽었다, 그것도 자살이었다는 소식은 자살사고가 있거나 자살을 생각해본 적 있는 정신병자들에게 돌연 치밀어 솟구쳐 팽창하는 자살사고의 원인이 될 수 있다. 그런 경우 반드시 제일 먼저 자신을 걱정하고 정신과에 내원해 자살사고와 관련한 약제를 처방받아 복용하길 권한다. 또 자극을 받을 수 있는 곳은 되도록 피하되 자살자의 다른 지인들과 교류하는 것은 유지해야 한다. 그렇지 않으면 시간이 지나 자신이 충분히 얘기할 준비가 되었을 때 주위에 이야기를 나눌 사람이 없는 사태를 빚게 된다. 자신의 기억이 스러지고, 그를 온전히 기억하는 것이 아니라 점점 망각한다는 점, 죄책감, 슬픔 등을 모두 공통적으로 경험하므로 자살자의 지인들과 함께 이야기를 나누며 그의 면면을 복원하는 시간을 가지는 것이 필요하다. 같이 생각하고 농담하며 웃는 경험, "그 사람은 그랬지." 하고 그에 대한 공통의 기억을 되새기는 것, 그것이 과거에 실제로 있었던 일임을 확인하는 것이 회복에 도움을 준다.

기일이나 생일이 다가오면 삽화를 겪거나 자살사고를 경험하고 실제로 자살 시도를 할 수 있는 일이 생길 수 있다. 이때를 전후해 미리 병원에 내원하고, 상담하고, 이야기할 수 있는 사람들을 만들어두고 충분히 슬퍼할 수 있도록 준비를 해둔다. 기일에 맞춰 조촐하게 추모의 시간을 가지는 것도 좋다.

누군가 혹은 당신 자신이 다음의 이유로 죽고 싶어 한다면, 다시 생각해보자. 1) 자신이 죽으면 부모가 과거를 반성할 것이다. 2) 자신이 죽으면 가해자가 반성할 것이다. 3) 자신이 죽으면 떠나간 애인이 후회할 것이다.

당신에게 폭력을 가했던 부모는 절대 반성하지 않으며, 엉뚱한 이들에게 책임을 돌리며, 되려 당신이 생전에 친하게 지냈던 친구들을 괴롭히고 원망하며, 심지어 자살이라는 것도 부인할 것이다. 당신에게 폭력을 행사한 이들은 죄책감을 느끼거나 일말의 양심의 가책을 느끼지 않고 발을 뻗고 잠을 잘 것이다. 당신을 떠나간 사람들은 후회하는 게 아니라 진작에 떠나길 잘했다고 생각할 것이다. 당신이 자살하면 당신이 소중하게 여겼던 모든 것들, 물건, 기록, 함께하던 동물이 엉망으로 처분되고, 어떤 자들은 하이에나 떼처럼 훔쳐가고 불리한 정황을 은닉하고, 당신의 흔적들은 아무렇게나 폐기될 것이다. 당신의 유서는 공증이 없어 아무도 따르지 않는다. 당신의 의지, 추구했던 가치, 목표, 의견, 명예, 경험은 다시는, 절대로, 이 세상의 누구와도 무엇과도 상호작용할 수 없다는 뜻이다.

마지막으로 덧붙일 것이 하나 있다. 자살사고에 오래 시달리다 보면 종종 경험하는 것으로, 이를테면 A라는 자신의 상태에 불쾌감을 느꼈다면 그것을 느낀 즉시 재깍 다른 기분 B로 전환되길 바라는 경험이다. 이 과정에서 병자는 아주 조급해져 기분이 바뀌는 틈을 기다리지 못할 정도로 불만을 느낀다. 이것은 불안이나 초조를 의미하는 것만이 아니라 솟구치는 자살 충동과 싸우면서 일어나는 당연한 반응이다. 치솟는 자살 충동이 도사린 그들은 모든 것이 빨리, 즉각 실현되고 바뀌길 바란다. 서둘러 문제를 해결하려 하기 때문에 아무렇게나 갈등을 봉합하고 후에 감당키 어려울 갈등을 만들기도 한다. 이것은 불변의 법칙이 아니다. 이러한 기질이 누그러지는 나이

대, 소속된 조건, 환경 등이 잘 맞으면 자살사고가 찾아오지 않거나 빈도가 줄면서 해당하는 경험 또한 수가 줄어든다. 성정이 좀 더 느긋해져 '나를 싫어하는 적들은 강가에 앉아 구경하고 있으면 알아서 떠내려올 것' 같은 마음가짐이 되었을 때에 이제 자살사고는 이전만큼 강력하고 빠른 통제력을 발휘하지 못한다. 이런 마음가짐은 사람들을 만나며 얻거나 풍파를 겪으며 습득하는 경우도 있고, 약물의 도움을 받아 누그러뜨린 상태를 만들어 유지할 수도 있다.

천사처럼 날아오는 자살, 게다가 나의 고통을 이해하는 자살. 자살은 나의 고통을 이해하지만, 그것이 반드시 내가 죽어야만 증명되는 것이라면 한 번쯤 자살과 자신이 공모해 만든 이 기이한 고리를 짚어봐야 할 것이다. 아마 언젠가 당신은 자살하지 않고도 살 수 있는 방법을 찾을 것이며, 그런 조건과 환경을 갖출 수도 있을 것이다. 그리고 언젠가 당신은 자살하고자 하는 마음이 상시 존재해도 그것을 신경 쓰지 않을 만큼 괜찮은 축에 들게 될 수도 있다. 그때를 위해 지금부터라도 강가에 앉아 구경하는 놀이를 해보자. 강가에 앉아 여울을 피해 유영하는 오리들을 구경할 수 있는 사람이 되자.

21장 ● 섬 연애:
떠나지 못하는 섬, 끝나지 않는 연애

내가 있던 나라에서 이해받지 못하기 때문에 섬으로 간다네

암초투성이 해변에 함께 나의 연인, 연인은 나의 섬.

여기서만 내가 살 수 있다네

연애를 시작한다. 시작은 연애였다. 둘만의 시간, 둘만의 공간, 둘만의 감정, 그리고 둘만의 병.

연애의 초입에서 우리는 동물적으로 서로가 가진 결함을 파악하지만 그것보다 빠르게 사랑이 발현된다. 반드시 사랑이 아니더라도 공감, 동정, 위로 아니 정확히 말할 수 없는 무언가가 이 연애를 시작하게 한다. 어떤 믿음이 우리를 내딛게 하는지 분명히 알지는 못한다. 불확실한 미래, 병으로 인한 고통, 가족과의 갈등, 경제난, 그리고 무엇보다 정신질환이라는 암초투성이 해변에서 이 연애는 출발한

다. 두 명의 불안정한 이들이 헤엄쳐 도달하는 곳이 바로 섬이다.

섬 연애는 단순한 도식에서 시작된다. 섬 연애자들이 보이는 특징 중 하나는 불행한 과거나 쉽게 이해받기 어려운 고통을 가지고 있다는 것이다. 가정폭력이나 집단 괴롭힘 등 성장 과정과 대인관계에서 어려움을 겪은 이들, 그래서 가정이나 또래집단 혹은 기존 환경에서 간절히 벗어나고 싶어 했던 이들, 자신의 병이나 정체성 등이 '우리 사회 보편적인 기준'에 어긋나는 요소로 취급되어 외부 세계에서 배제당하지 않기 위해 끊임없이 자기표현을 검열해야 하는 이들, '나와 나의 상처나 이질적인 점마저도 공유할 수 있고 나를 그대로 받아들여주고 인정하는 누군가'에 대한 열망을 가진 이들. 이들이 기존의 있던 곳에서 떠나려는 시도를 하고 마침내 성공해 새로운 환경이나 새로운 집단에 속하게 되었을 때, 이 새로운 곳에는 내가 나를 드러내도 될 만한 사람이 있을 거라 믿는다. 오랫동안 외로움에 시달렸던 사람은 자신처럼 상처를 가진 사람을 알아보고, 쉽게 이끌린다. 살면서 다른 사람하고는 나누지 못했던 과거의 고통스러운 기억을 나누며 단단해지는 결속은 타인이 이해할 수도 손댈 수도 없는 강력한 무언가가 된다. 불안정한 두 사람의 만남은 종종 격렬하고 배타적인 파국을 맞지만 물론 연애 초기에 당사자들은 이것이 섬 연애라고 생각하지 못한다. 연애와 우리가 말하는 섬 연애는 한 끗 차이, 종이 한 장 차이이기 때문에.

한 번쯤 연애의 열정에 빠져 주변인을 소홀히 하고 애인과만 의식주를 함께하며, 연인의 공간에서 식사·수면·여가를 전부 함께하며 극도로 밀착된 시간을 보내본 기억이 있을 것이다. 다만 보통은 열정적인 몰입의 시기를 지나 차츰 다시 친구들과 어울리거나, 평소 해오던 일, 사회생활을 재개한다.

하지만 섬 연애는 그렇게 흘러가지 않는다. 섬 연애는 이 사람의 모든 것을 가질 것처럼, 모든 면면에 자신을 아로새길 것처럼, 자신이 이 사람의 마지막까지 남을 단 하나의 지지대가 될 것처럼 비장하게 진행된다. 그 와중에 벌어지는 여러 외부적 갈등 요인은 오히려 섬 연애를 더욱 뜨겁게 만든다. 이를테면 학생이 휴학을 반복한다든지, 직업을 잃는다든지, 부모와 반목하게 되어 금전적 지원을 받지 못하게 된다든지 하는 갖은 외부적 난관은 섬 연애의 당사자들을 더욱 깊이 결속시킨다. 그리고 한쪽의 또는 양쪽의 의존이 시작된다. 반드시 의존이라는 개념이 아니어도 '나에게 필요한 건 너뿐이다.', '그럼에도 불구하고 나는 너만 있으면 된다.'라는 식의 관념은 이미 섬 연애가 착실히 진척되고 있다는 증거다.

불행에 익숙해진 이에게 고립된다는 것은 그리 치명상을 입히지 않는다. 하지만 누군가 자신에게 호의를 가지고 다가오는 상황에는 당황하여 실수를 연발하기 일쑤다. 다양한 인간관계와 감정선을 접하고 교류하기 어려웠던 이들이 연애에서 좌충우돌을 거치는 것은 필연적이다. 섬 연애가 개시되고 이들은 자신이 갖는 애정과 별개로 자신에게 오는 애정을 의심하고 불안해하며 의문을 가진다. 사랑과 사랑이 아닌 것들이 산재하는 감정의 요동에 이들은 무드 스윙을 겪는다. 문제는 섬 연애를 하는 두 사람에게 과도한 정신적 자극은 고도의 스트레스로 작용한다는 것이다. 따라서 병적 증상이 생기거나, 심화되거나, 상태가 불안정해질 수 있다. 더 큰 문제는 이 상황에서 섬 연애자들이 문제점을 그들 스스로 해결할 수 있다고 생각하는 것이다.

🐱 동반 악화되는 불건강한 패턴 🐱

사실 정신질환자들의 섬 연애는 표면적으로 잘 드러나지 않는다. 우리가 조용히 생활하고 있다면 주위에서는 '둘이 잘 살고 있구나.' 정도로 해석하기 때문이다. 특히 퀴어이면서 정신질환이 있는 경우 한 2년 정도 얼굴을 비추지 않았다가 나중에 전과는 돌변한 모습을 하고 사회적 자리에 비로소 모습을 나타내는 경우가 많이 있다.

퀴어-정신병-섬 연애라는 3단 콤보는 그 파괴적인 면모에 비해 의외로 흔하게 존재한다. 애초에 '이곳에서만 서로 이질성과 상처를 공유할 수 있다.'라는 전제를 매개로 관계의 결속이 시작되었기 때문에 그렇다. 비단 연애 감정 때문이 아니더라도 이 아늑함을 포기하고 밖에 나가 또다시 자신을 이질적으로 대하는 외부로 나간다는 것은 무척이나 힘든 일이다. 정체성들끼리 서로 연결돼 상호의존하기 때문에, 섬 연애를 포기하는 것이 곧 자신의 정체성을 버리는 일이 되어 이들은 결단코 헤어지지 않으려 노력하기도 한다.

섬 연애를 하는 정신질환자들에게는 반드시 이상사고가 생긴다. 그것은 상대방의 기분이나 의중을 왜곡해 해석하는 것에서부터 자살사고, 동반자살사고, 혹은 환각과 정신증 등 정신질환이 보여줄 수 있는 거의 모든 것들을 가지고 온다.

번갈아 자해를 하는 일도 빈번하다. 예를 들어 다음과 같은 전개도 흔하다. A가 커팅 자해를 해서 병원에 다녀옴→상대가 약물 자해를 해서 잠들어 그 꼴이 보고 싶지 않음을 표명→A는 밖에 나가 공공장소에서 더 심하게 자해함, 혹은 조증에 3금융 대출을 받아 돈을 다 쓰고 자살할 거라고 밝힘→상대의 정신증+조증 발생→실업+동반자살 희망+3개월 동안 밖에 나가지 않음. 이처럼 섬 연애의 드라마는 무궁무진하며 한 줄 한 줄 고통스럽다. 문제적 행동의 이유에 관한 한 서로가 전문가이므로, 모든 맥락과 까닭을 공들여 분석하고 해석하고 알고 있다고 여긴다. 그래서 심각한 위기 상황이 되어도 둘이서 해결할 수 있다고 믿게 되는데 이것은 명백한 착각이다.

섬 연애의 두드러지는 특징은 다음과 같다.

동거 동거는 섬 연애의 특징이자 핵심이다. 둘이 살고 있는 집은 물리적 실체를 가진 섬이다. 집을 구하는 것, 가구를 들이는 것, 이케아 가구 같은 것을 사다 함께 조립하는 것, 침구를 함께 고르는 것, 집을 어지르고 치우는 것, 함께 밥을 먹는 것, 옷을 공유하는 것 등 집에서 할 수 있는 일은 매우 많다. 때로 생활을 유지하는 것만으로도 힘에 부칠 정도로. 집과 일상, 집과 살림은 관계의 가장 깊숙한 곳까지 스민다. 더군다나 함께 살며 서로 익숙해지는 영역이 늘어날수록 '나만이 알고 있는 상대'라는 생각이 황홀하게 다가온다.

사회적 관계의 단절 섬 연애는 사회적으로 고립된 자들이 사회적으로 고립됨을 향해 달려가는 것과 같다. 사회적 관계의 단절은 쌍방에서 일어나기도 하고, 한쪽에서 일어나기도 한다. 섬 연애자 둘 다 기존의 사회적 관계의 교류를 끊거나 단절할 때 가장 파멸에 이르기 쉽다. 관계가 끝났을 때, 섬 연애의 한쪽은 섬 연애의 시간 동안 겪어온 것들을 타인과 공유할 수 없다. 자신이 경험한 바를 공유하는 친구도, 공통된 지인도 없기 때문에 이제까지 누적된 연애 관계에 대한 정보, 상대에 관한 이야기는 그저 과거지사일 뿐 다른 사람과 나누기 어렵다. 섬 연애 자체가 섬 연애자의 모든 것이라 할 수 있는데, 이를 오로지 둘만이 공유했기 때문에, 새로 사회적 관계를 회복해 이야기를 나누려 하더라도 이미 지나버린 파란만장한 시간에 대해서, 그리고 섬 연애의 경험이 자신에게 어떻게 작용하는지에 대해 털어놓기 막막하기만 하다. 연애가 끝나버리고 자기에게 남은 것이 아무것도 없고, 자신을 알고 있던 사람은 이제 없기 때문에 섬 연애를 했던 이들은 그 시간들에 대해 무엇도 입증할 것이 없어 고통스러워한다.

한쪽의 재정적 의존 재정적 의존은 섬 연애에서 흔히 관찰된다. 이를테면 A의 부모가 A에게 준 돈이 B에게 흘러가는 방식으로, 가용할 수 있는 돈이 1인분이기 때문에 지속적인 가난 상태가 계속된다. 주거 비용 역시 한쪽에 의존한 형태가 많다. 생활비도 마찬가지다. 직업이 있는 한쪽이 다른 한쪽에게 용돈(!)을 주는 경우도 목격한 바 있으며, 돈을 주고받지 않더라도 한쪽이 담배나 식료품을 사다 준다든지, 급한 대로 공과금을 내느라 언제나 그 비용이 한쪽에게 전가되어 있다든지 하는 사례들은 많다. 그렇다면 돈을 의존하고 있는 다른 쪽은 무엇을 하는가? 그들은 부담감과 부채감에 시달리고 있다. 집의 환경을 정비하거나 생산 활동을 하는 게 아니라, 자신은 현재의 경제적 의존에 대해 충분한 부담감과 부채감을 느끼고 있음을 필사적으로 증명하려 한다. 관계에 있어 자신은 결백함을 주장하듯.

애완동물 반려동물이 아니라 '애완동물'인 까닭이 있다. 섬 연애 중 둘이 사는 공간에서 기르는 동물은 '반려'동물이 아닌, 두 인간의 관계를 결속하고 환기하는 수단이 되기 때문이다. 물론 섬 연애자들이 의식적이고 의도적으로 '동물을 도구 삼아 관계를 개선해야지.' 하고 생각한다는 뜻이 아니다. 분명한 것은 아기 동물을 들이는 것이 섬 연애자 둘의 관계에 일종의 타개책으로 작용한다는 사실이다. 섬 연애도 마찬가지로 권태에 빠지거나 지지부진해지는데 이때 어린 동물을 들여 기르는 경우가 있다. '섬'에 들어온 '어린 동물'을 두고 두 명이 '보호자'나 '양육자'라는 새로운 역할을 가지게 되고, 유사 가족에 대한 책임감과 헌신을 다지며 섬 연애를 지속할 명분이 확고해진다.

중독 한 명의 흡연자는 두 명의 흡연자가 되기 쉽고, 한 명의 알코올 중독은 쌍방향 알코올 중독이 되는 지름길이다. 중요한 것은 중독은 전염된다는 점이다. 한쪽이 자기 파괴적 행동을 하면 그것의 연쇄로 다른 이도 마찬가지의 행동을 하며 눈덩이가 굴러가듯 커진다. 가장 주의해야 하는 중독이 알코올이고, 약물 오남용도 섬 연애에서 빈번하게 있는 일이다. 예를 들면 같이 잠들기 위해(정확히는 한 사람만 잠이 들면 남은 사람은 견딜 수 없는 기분이 들어) 한쪽이 과도한 약물 남용에 중독되는 예가 있다.

병증의 상호 진화 우울증, 조울증, 정신증, 신체 질환 등이 가속된다. 섬 연애의 과잉된 밀착 생활에서 갈등이 발생할 가능성이 높고 이는 정신적 스트레스로 작용하므로, 자연히 기존의 병증을 자극하기 쉽다. 그리고 섬 연애에서 한 명이 아프면 다른 이는 상대의 간병인을 자청하고 자신의 모든 생활을 간병에 투입한다. 그러나 빠르게 진화하는 병증에 우선되어야 하는 것은 적극적 의료 개입과 조치다. '간병인'은 그 다음 일이다. 정신질환자에게 동반 발생하기 쉬운 질환들, 이를테면 갑상선 문제, 부신 문제, 염증 수치 및 자가면역질환, 호르몬 문제는 장기적으로 자신이 관리해야 할 일이고 타인이 손을 쓸 수 있는 부분이 아니다. 더 나아가서 섬 연애 상대의 '간병인'을 자처하여 과도하게 수발을 들려는 행동은 도움과 친절을 베풀며 상대가 자신에게 의존하도록 이끄는 교묘한 조종(manipulation)에 가깝다.

공의존 공의존(co-dependent)은 관계가 발산하는 고통에도 불구하고 '내가 없으면 (아픈) 쟤는 안 된다.'라는 마음의 발현이다. 일견 책임감과 비슷해 보이지만 굉장히 다르다. 차라리 '(아픈) 쟤가 없으면 나는 안 된다.'가 더 솔직할 것이다. A의 결점과 결함에도 불구하고 옆에 머무르는 B는 A의 결점을 포용하고 A를 돕는 것처럼 굴지만, 그런 흠결에도 굳이 머무르는 데는 이유가 있다. B가 곁에 있음으로써 A는 스스로의 결함을 떠올리지만, 변할 결심을 하지 못한다. 그래서 죄책감과 자책을 느끼지만 자신의 결점도 받아들이고 감싸주는 B가 계속 자신의 곁에 있길 바란다. A는 B를 필요로 하고, B 역시 A의 곁에서 목적을 이룬다.

자해 및 위험 행동 자해, 위험 행동, 폭력은 섬 연애에서 상당히 빈번하게 벌어지는 사건이다. 격렬한 불화 상황에서는 자해와 같이 단순히 자기를 해치는 일부터 집기를 부수거나 상처를 주고 상대에게 영향을 끼칠 폭력적인 언어를 주고받거나 소리 지르는 것, 밀치거나 때리거나 멱살을 잡는 등의 행위, 성폭력 등의 행위가 일어나기도 한다. 이는 한쪽이 일방적으로 저지르는 것이 아니다. 폭력의 공방을 벌이며 싸움이 있은 뒤에 한쪽이 자살 시도를 하고, 그에 대한 절망의 표현으로 다른 쪽이 자살 시도를 하는 등 엎치락뒤치락 상대방에게 치명타를 준다. 하지만 후에 감정이 가라앉으면 섬 연애자들은 얼마든지 마주 앉아 이러한 행위들의 원인을 무수히 분석하고 이유를 찾는다. 이유에 대해 납득하면 폭력 행위였더라도 용납하고 극적으로 격렬하게 화해한다.

　　자살　그리고 마지막으로 당도하는 곳이 자살이다. 섬 연애자들은 한쪽의 자살, 혹은 자살에 버금가는 행위로 인해 상황이 전환될 때 마침내 벗어나게 된다. 대화와 소통으로 이 파멸적인 연애가 평화롭게 끝나는 경우는 거의 없다. 섬 연애에서 자살은 굉장히 영향력 있는 패다. '영원히 날 기억하게 하겠어.'와 같은 맥락으로. 혹은 '더는 너를 괴롭게 하지 않겠어.'처럼. 하지만 하나는 확실하다. 누군가 죽으면 생전에 얼마나 잘 알았든 그 죽음이 무슨 의미였는지 절대로 알 수 없게 된다. 한 사람이 죽는다면 다른 이는 그렇게 잘 알았던 사람에 대해 더 이상 질문할 수 없고 단지 추측밖에 할 수 없어 절망하게 된다. 섬 연애 중이었기 때문에 둘이 이룩한 철저한 고립은 누구와도, 아무와도 그 섬의 그와의 시절에 대해 말할 수 없는 상태가 되고, 더러 그 기억에 의심을 품게 되고, 기억의 물리적 증거가 소실되어 확인할 수 없게 된다. 남은 이는 오랫동안 자아 정체감의 혼란, 기억의 혼돈, 애도, 또 다른 관계를 시작하지 못하는 등의 큰 손상을 입는다.

🐱 섬 연애 당사자들의 관계 해결 🐱

겉으로 속의 문드러짐이 드러나지 않기 때문에 주의를 기울이지 않으면 주변의 섬 연애의 진행 과정을 알기 어렵다. 또 섬 연애 중인 이들이 아무리 둘이 정서적 학대, 폭력, 가스라이팅, 자해 등을 일삼고 있어도 사회적인 자리에서는 그런 모습을 보이지 않기 때문에 목격하기 어려울 수 있다. 또 자신의 친구가 섬 연애 중이어서 어려운 상황에 놓인 그를 돕고자 하더라도 아마 그는 도움과 조언, 충고를 듣고 실행에 옮기지 않을 것이다. 섬 연애 당사자 둘 모두 이 관계에 문제가 있다는 것을 인지하고 있어도 헤어지지 않는 경우도 아주 많다. 어떤 상황에서는 둘이 문제를 자가 해결하게 내버려 두었을 때 발생할 수 있는 참극으로 흘러갈 가능성도 있다.

도움이 되지 않는 조언은 "빨리 헤어져라.", "걔는 죽게 내버려 두고 도망가라.", "왜 헤어지지 않느냐(헤어져야 하는 이유를 제시).", "(섬 연애 관계로 인해 얼마나 많은 손실이 있었는지 헤아려주면서) 이것 봐라, 이렇게 되지 않았느냐." 등이다. 이런 조언들이 도움이 되지 못하는 까닭은 첫째, 이미 섬 연애 당사자도 잘 알고 있기 때문이고, 둘째, 그것을 감수하고 있기 때문이며, 셋째, 그것을 견디는 수고에 이미 무뎌질 대로 무뎌져 있기에 그렇다. 설혹 주변의 말을 듣더라도 이별에 절망해 금세 만남을 재개한다든지, 절망 행동의 일환으로 심각한 자해나 자살 시도를 할 만큼 사고 과정과 행동 과정의 체계가 망가져 있을 수 있다. 또 좌절, 절망에 지나친 동요를 보이는 등 섬 연애의 후유증을 보일 수 있다.

다음은 비교적 대화가 가능한 섬 연애자들이 자신들의 관계를 돌아보고, 지금의 문제 해결을 도우며, 향후 계획을 모색할 수 있도록 시도해볼 수 있는 것들이다. 먼저 두 가지 조건이 있는데 이에 해당되어야 최소한 두 명이서 생산적이고 지속 가능한 결과를 도출해 낼 수 있다. 첫째, 양측 모두 해당 관계의 문제점을 밝히고 해결을 모색하고자 함. 둘째, '네가 죽지 않으면 내가 죽을 것' 같은, 상황의 심각성을 상호 인지한 상태여야 함. 이 두 조건을 충족하는 상태에서 자리를 마련하는 것이 좋다. 둘의 거주 공간은 이미 관계의 기울어진 영향력 아래에 있을 것이기 때문에, 외부에서 만남을 가지는 편을 추천한다.

누구의 잘못, 누구의 탓, 누구의 영향을 따져 물어 비난하는 상황이 되지 않도록 주의한다. 연애 기간에 벌어졌던 사건들에 대해 되돌아보고 행동의 인과를 파악한다. 감정에 대해 이야기하는 것은 싸움으로 이어질 수 있으므로, 실제로 발생했던 사건 사고에 대한 객관적 진술(예: 2018년 4월 5일 10시 언쟁을 벌이고 나서 A는 부엌칼, B는 커터 칼을 가지고 자해를 해 다음 날 각기 네 바늘, 열 바늘 꿰매었고 병원에 가서 5만 원을 썼으며 이는 B가 지불함. A의 왼쪽 손목과 B의 왼쪽 손목에 흉터 남아 있음)을 나열한다. 그리고 해당 사건에 대해 어떤 마음과 감정이 남아 있는지 메모하여 서로 비교해본다. 감정이 격해질 때에는 쉰다. 서로 바꿔 읽되 평가하지 않는다. 이 활동을 통해 '우리가 함께 있을 때 이런 일들을 했다.', '이것은 문제가 있다.'까지 도달할 수 있으며, 이렇게 하는데도 왜 우리는 함께 있고 싶어 하는가, 또는 함께 있어야 하는 나름의 이유를 분석할 수 있다. 또는 이를 토대로 관계를 정리하길 요구하거나, 관계를 정리하는 데 합의할 수 있다.

위의 활동조차 할 수 없을 정도로 골이 깊고 치명적인 경우에는 절대적으로 제삼자의 도움이 필요하다. 보통 섬 연애 상태일 때에는 자신이 납득할 수 있는 행동, 자신이 생각했을 때 할 수 있을 법한 낮은 수준의 조언만 따르기 때문에 위기 상황에 대해 경중을 판단하지 못한다. 그뿐 아니라 '섬 연애를 하는 우리의 언행은 모두 필연적이고 그럴 이유가 있었다.'라고 여기기 때문에 원인과 결과를 왜곡한다. 그러므로 섬 연애를 하고 있는 본인들이 스스로 행동으로 옮겨 자기와 상대를 분리하고, 떨어져 시간을 갖는 일을 개시하는 것 자체는 너무 막막한 일인 것이다. 그러나 관계에 명백한 폭력이 존재하고, 폭력을 상호 주고받고 있는 상태라면 보다 심각히 대응해야 하며 이를 도와줄 수 있는 단호한 존재를 찾는 것이 가장 중요하다.

◎ ◎ ◎

섬 연애는 여러 관계 중 하나의 형태다. 섬 연애는 발을 들이면 죽어야 끝나는 개미지옥이 아니다. 살아가면서 우리가 맺는 관계가 섬 연애의 속성을 띠거나 섬 연애의 방식으로 굴러갈 수도 있는 것이기 때문에 어느 한쪽의 탓이라 말하기 힘들다.

섬 연애가 비교적 온건한 형태로 지속될 수 있으려면 누군가는 꼭 안정성을 가지고 섬을 운영해야 한다. 안정이란 앞서 말했다시피

가치관의 확신일 수도 있고, 재정적 여유일 수도 있으며, 지지적 관계망을 확보했거나 정신질환의 혼란을 제법 통제할 수 있는 상태일 수도 있다. 이러한 상태에 이르러야 관계가 가능할 수 있다. 그렇지 않고, 둘 다 서로 존재 전체를 의지하는 상태에서는 섬 연애가 파국으로 끝나기 쉽다.

만약 당신의 많은 영역이 불안정하고 오로지 연애에서만 자기 자신을 성취하고 있다면, 그리고 그 의존으로 인해 상대방이 지쳐가고 있는 것을 보고, 느끼고 있다면 자기 자신도 알 것이다. 헤어져야 한다는 것을. 그러나 섬 연애의 고립된 상태에서는 '나는 자살할 거야, 너를 자유롭게 해주기 위해.'라고 생각할 수도 있다. 문제는 바로 이것이다. 자신의 행동, 자신의 생각, 자신이 저지르는 것이 아무것도 아니라고, 가치가 없다고, 사라지면 그만이라고 여기는 태도. 나는 사람들이 섬 연애를 하는 것에 대해 거부감을 갖거나, 말려야 한다는 입장은 아니다. 섬 연애는 그렇게 '되는' 거니까. 그러나 자신은 아무것도 아니며 오직 이 연애 안에서만 존재가 성립된다는 생각, 그 생각으로 말미암아 저지를 수 있는 행동의 극단에 대해서 입장을 정리해야 한다는 견해다. 그래야 지금 관계도, 그리고 언젠가 이후에 생길 관계들도 살 수 있다고 말이다.

섬 연애를 하는 당신은 헤어지느니 죽는 것이 낫다는 생각이 들 수도 있다. 이 사람 없이 살아가는 외로운 저 바깥보다는 무슨 일이 터질지 모르는 지금의 섬에 머무르는 편이 낫다고 말할지도 모른다.

섬 연애에서는 매 순간 선택과 결정, 판단을 내려야 한다. 우리가 쉬운 선택을 내릴 때마다 섬 연애는 한 단계, 한 단계씩 미끄러진다. 입을 다물고, 가만히 있고, 피하고, 갈등을 두려워할수록 점점. 섬 연애를 타개하려는 이들에게 당부하자면, 그러니 부디 어려운 선택을 하고, 힘든 결심과 고통스러운 결정을 내리기 바란다. 그리하여 둘만의 섬에서 벗어나 새로운 지평이 열리길 기원한다.

22장 ⬤ 부모 그리고 의사: 모든 걸 모르고 모든 걸 아는

우리는 정신질환에 대해 조치를 취하기로 결정하고, 병원에 갈까 말까 고민한다. 그리고 용기 내서 병원에 가지만 대체 뭐가 나아지는지 알 수가 없다.

병원에 가고 약을 먹는 행위에 방해가 있거나, 치료가 효과가 없다고 느껴 치료자든 약이든 신뢰하지 못하면 치료 자체가 어려워진다. 꾸준한 치료는 매우 중요하며 이를 위한 지원 역시 여러모로 필요하다. 그러므로 생활을 유지하길 원하고 더 나아가 회복하길 원한다면 우리가 기본적으로 고려해야 할 제반 조건이 있다. 바로 심적, 경제적으로 돕는 부모(양육자)와 치료 면에서 돕는 의사(치료자), 그들과의 관계다.

🐱 더 잘 알게 할 수만 있다면 🐱

우리는 의사에게 많은 것을 이야기하려 애쓴다. 자기 병의 실마리가 될 수 있는 정보라면 뭐든지. 혹은 병을 숨기고 의사와 얘기를 하다 탄로가 나거나, 의사에게 절대로 비밀로 하려 하다 어느 날 무심결에 말하게 될 때도 있다. 아무튼 의사는 그 자리에 그 의자에 앉아 있는 것만으로도 우리의 얘기들을, 수도 없이 쏟아지는 정보들을 듣게 된다. 자신의 성적 지향, 젠더 정체성, 유년 시절부터 지금까지 어디서 어떻게 살았고, 가족들은 어땠고, 친구에 대한 이야기, 겪었던 폭력의 이야기, 애인에 대한 이야기, 자기를 정의내릴 수 있는 사건 사고들, 학교나 직장은 어떤지, 어떤 강도로 일하고 있고 휴식을 취할 때는 무엇을 하는지. 단 10여 분, "어떻게 지냈어요?"에 뒤이어 치고 올라오는 말들의 홍수는 때로는 홀가분함을, 때로는 '이런 얘기까지 해도 되나?'를 불러온다.

내가 처음 다니던 정신과에서는 늘 상담 시간이 부족했다. 처방약을 받는 것과 별개로 내게 지금 벌어지는 사건 사고들을 의사에게 이해시켜야 한다고 생각했다. 더 잘 알수록, 더 잘 알게 되는 것 아닌가? 하는 명료한 도식. 젊고 어린 나는 당시 나를 좀먹던 삼각관계에 관해, 그 진행에 관해 A가 어떻고 B가 저떻고 그리고 그 사이에서 내가 어떤지를 상세하게 말했다.

진료가 끝나면 늘 미진한 기분이 들었다. 이를테면 설명했어야 하는 어떤 연결고리들, 그리고 그것들이 종합적으로 영향을 미쳐 내가 8개월여를 제대로 잠들지 못한 사실이 그제야 생각났다. 물론 이것들은 다음에도 진료실에 들어가서 의자에 앉자마자 기억에서 잠시 소거되었다가 집에 가면서 생각이 난다.

그래서 다 못한 말이 있었지만 참고 나왔으며 문을 한 겹씩 열고 나가는 길에도 서성이곤 했다. 그때 내가 무슨 약을 받는지, 약들이 어떤 작용을 하는 건지 몰랐다. 약품을 검색하려 하면 오랜 시간이 걸렸다. 주로 졸민(수면제)과 아티반(안정제)이 있었고, 항우울제는 몇 개월간 우울을 호소하고서야 타낼 수 있었다. 약에 네모 세 개 표식이 있으면 프로작인 줄만 알았다. 나중에서야 네모 세 개 표식은 프로작이 아니라 제약사의 로고이고, '프로작'은 '스카치테이프'처럼 상품명이고 성분명은 '플루옥세틴'이라는 것을 알게 되었다.

아무튼 나는 그해 병세가 손쓸 수 없이 거세져 학기 도중 병결 휴학을 하게 되었다. 휴학계 서류를 작성하기 위해 자해나 자살 시도의 증거, 정신과 의사의 진단서와 소견서 등을 타러 돌아다녔다. 내가 다니던 병원 측은 진료기록서를 요청하니 얇은 스프링노트쯤 되는 양의 종이 뭉치를 주었다. 그곳에는 정말, 아무것도 없었다. 사랑과 증오의 대서사시를 몇 날 며칠에 걸쳐 그토록 얘기했는데도 그것이 '대인관계에 문제 있음', '패닉 어택 있었음'쯤으로 '요약'되어 있는 것을 보자 그 의사에 대한 모든 좋은, 좋아야 한다고 믿었던, 내 쪽에서 신뢰 관계를 구축하려 애썼던 마음이 싹 사라졌다.

2년간 약을 먹지 않다가 집과 가까운 새 병원을 찾아갔다. 처음에는 심각한 자해에 대한 상상이 우리가 해결할 문제가 되었고, 우울증과 '우울증이 아닌 상태(나는 조증을 객관적으로 정의 내릴 수 있는 단계가 아니었다.)'에 대응하는 약물을 처방받았다.

진료는 언제나 미온적으로 느껴졌다. 내가 현재 어느 증상이 심각하다 아무리 호소해도 만족할 만한 수준의 약물이 처방되지 않았기 때문이다. 전과 달리 약물 정보에 대한 검색 시스템이 사용하기 편리해져서, 약을 타면 의사가 무엇을 덜고 무엇을 더했는지 바로 검색해서 확인할 수 있었다.

그럼에도 불구하고 '내가 먹는 약물이 도움이 안 되는 것 같고 불만족스럽다.'라는 의사 표시를 하기까지는 또 꽤 시간이 걸렸는데, 그것은 다들 경험해보셨을 것이다. 진료실에 들어가기 전까지 이것을 얘기해야지, 저것을 얘기해야지 하던 것들이 진료실 안에 들어가 의자에 앉아 "어떻게 지내셨어요?"라는 음성이 들리면 순간 모두 사라져 아무 얘기나 늘어놓고, 문을 닫고 처방전을 받고 나설 무렵이면 이 말을 했어야 되는데, 저 얘기는 꼭 해야 했는데 하는 생각으로 가득 차던 경험. 의사에게 전달하고 싶은 내용은 이렇게 많은데, 언어로 그것을 전달하기엔 턱없이 부족한 느낌.

이듬해 자살사고가 너무 심해 대학병원의 정신과로 내원하면서 기존의 약보다 훨씬 증량된 약물을 처방받았고, 증상이 호전되어 자살이 '자연스러운 수순'으로 여겨졌던 상태에서 벗어날 수 있었다. 이번 의사에게는 전처럼 의사에게 자신이 어떤 사람이고 어떻게 살아가고 있는지를 먼저 설명하지 않았다. '어떻게 지냈는지'에 장황하게 화답하는 것이 아니라 간결하게 증상만 전달하는 방식으로 전환했다. 병증이 심각해서 그런 긴 정보를 말하기 어려웠기 때문이었는데 결과적으로 이렇게 제한된 정보만을 제공하는 이 방식이 꽤 유익했기 때문에 이후에도 이런 방식으로 의사와 대화하는 습관이 생겼던 것 같다. 그러나 이 실험은 계속되기 전에 대학병원의 엄청난 비용 문제로 중도 이탈.

비용 문제로 나는 다시 이전의 정신과 의사에게 되돌아갔고, 당시 시달리던 여러 관계의 문제나 학업, 직장 문제 등을 호소했다. 왜냐면 그가 내 주변의 유일한 '정상인'이라 생각해서 그나마 유용한 충고를 해줄 수 있을 거라 생각했기 때문이다. 의사는 내 말을 들으며 노란색 리갈패드에 휘갈겼는데 3~4년이 되어도 그것은 한 권을 넘어가지 않았다. 내 상황이 총체적으로 드라마틱하게 나빠지고 있을 때, 의사는 매번 "너무 힘드시겠어요."를 달고 살았다. 그러면서 처방했던 약물은 나를 병의 수렁에서 전혀 건져주지 못했다. 처방 약물은 미미해 약을 먹어도 기분이 언제나 무기력했고 죽고 싶었으며 잠들지 못했다. 의사는 당연히 고용량의 항우울제를 처방했는데 나는 당시 최고용량의 아편류 진통제를 복용하고 있었고 큰 조증 삽화가 발생해 큰 곤란을 겪었다. 그렇게 항우울제를 먹으면 조증 삽화가 올 수 있다고 후에 다른 정신과 의사가 이야기해주었을때 몹시 배신감을 느꼈다.

나는 리튬 과용에 리튬 중독으로 약 한 달을 입원했고, 다시 한 달 정도 지나 상황이 조금 안정되어 먼저의 의사에게 그간의 얘기를 했더니 그는 다시 "아유…… 힘드시겠어요."라고 말했다.

그리고 처방전을 보니 네 알이던 리튬이 세 알이 되어 있었고 나는 웃었고 그런 다음 그곳에 가기를 관두었다.

의사들은 당신이 그에게 설명하고 전달한 정보들을 선택적으로 받아들이며, 순차적인 진료 계획을 세운다. 당신이 심각한 갈등 상황을 겪고 있으며 그로 인해 얼마나 고통을 겪고 있는지 설명해도 언제나 '최우선으로' 치료되어야 할 항목으로 분류되진 않는다. 그리고 이러한 좌절을 의사와의 커뮤니케이션 문제라고 느끼기 쉽다. 인간적으로 호감이 안 가서 이런 사람한테 나의 이야기를 하는 것이 별로라는 기분을 느낄 수도 있다.

그러면 두 가지 방향으로 뻗어나가는데, 하나는 의사에게 말하는 방식을 바꾸는 것, 아니면 새로운 병원에 찾아가 새로운 의사와의 관계를 도모하는 것이다. 물론 둘 다 잠깐의 효과를 내긴 하지만 결과는 비슷하다. 병증이 심해져 일상생활이 전혀 불가능할 때, 가진 자산을 모두 날리고 빈털터리가 됐을 때 의사는 그러한 난관을 타개하기 위한 결정적 해결책을 제시할 수 없다. 해결하기 위한 개입도 할 수 없다. 당신은 차차 기대를 접고 그러면서도 매번 절망해 진료실을 나오며, 병을 관리하고자 하는 결심도 쉽게 매너리즘에 빠지게 되며, 엇비슷한, 뭐가 뭔지 모를 약물 실험이 이어지는 속에서 갈

피를 잡을 수 없는 병증에 시달리며 무의미와 불가능의 기분만 끌어안고 집에 돌아오게 될 것이다.

🐱 부모라는 평행선 🐱

의사와의 관계가 명백히 치료를 목적으로 하는, 같은 방향을 보고 뛰는 달리기라면, 부모와의 관계는 그보다 복잡하다. 병을 기반으로 형성된 의사-환자라는 평면적 구도가 아니다. 부모에게 '나'는 성장 과정을 토대로 구축된 서사와 부모가 생각하고 고려하는 자식의 인물상이 결합한 존재다. 혈육은 단지 얼굴만 닮은 것이 아니라 장단점, 화법, 습관 그리고 약점까지 닮아 있다. 부모와의 대화는 언제나 온건하게, 진료실 안의 미온적인 분위기처럼 이뤄지지 않는다. 침묵, 대화에서 물리적 폭력까지 쉽게 넘나드는 관계가 가족이며, 어느 한 방식이 전적으로 옳다고 말할 수 없다. 부친이 술을 마셔야만 속내를 얘기하는 타입이면, 자식도 마찬가지로 눈앞에서 소주병을 원샷하며 고성을 질러야만 대화의 링에 오를 수도 있다. 혹은 각자 자기가 하고 싶은 얘기만 고장 난 테이프처럼 반복하기도 한다.

부모와의 관계는 언제나 논리적이고 합리적으로 손을 들고 평화롭게 순서대로 의견 청취하고 발표하는 관계가 아니라는 말이다. 다수의 부모들이 젊은 자식들의 관점, 미래 예측을 허황되다고 생각하거나, 비웃거나, 묵살하거나, 겉으로는 지지한다 말해도 내심 그들의 실패를 기다릴 수도 있다.

특히 자식들이 청소년기와 20대 초반을 우왕좌왕 보내며 부모와 다른 수평적 정체성을 발굴해나갈 때 갈등은 더더욱 가속화된다. 정체성을 자각해나가며, 타인에게 그것을 알리고 받아들여지고 인정을 획득하는 부단한 작업을 계속해나가며 갈등은 최고조에 달한다. 이를테면 커밍아웃(성적 지향성을 밝히는 것)이 그러하다. 정체성이란 어느 한 점에서 멈추는 것이 아닌 매 순간 저어가는 노이며 도정이다. 그 과정을 거치면서 정체성이 성숙되는데, 여기에는 내적 갈등과 외적 갈등 둘 다 수반될 수 밖에 없다. 커밍아웃은 절대적으로, 무조건 불사한다는 마음보다는 관찰을 바탕으로 자신만의 타이밍을 찾아 실행하고 유지하는 것이 핵심이다. 정신병을 밝히는 일도 이와 유사하며 여기에서 착안할 수 있다. 하지만 '처음' 이 돌풍을 어떻게 알리느냐는 승산 없는 게임에 억지로 베팅하는 것처럼 고역이다. 게다가 처음 병을 밝힐 때 우리는 대부분 병에 잠식된 상태로, 도움을 요청하면서도 나를 내버려 두라는 이중적 태도를 보이거나 아주 예민하고 곤두선 상태로, 받아들여지지 않으면 죽어버릴 기세로 덤빈다. 병증의 자극적인 면을 가감 없이 얘기하거나, 지금 사정을 설명할 때 제반 상황을 제대로 해석하지 못하거나, 감정이 격앙돼 제대로 전달하지 못했음에도 불구하고 자신은 '말했으니 충분하다.'라고 느끼다가 후폭풍을 맞을 수도 있다.

그런 경우 부모의 입장에서 보기에는 자식이 갑자기 이상 행동을 하는 것으로 보일 것이다. 몇몇은 심각성을 느끼고 즉각 강도 높은 치료를 받게 하는 등 조치를 취하고, 몇몇은 신호를 무시하고 강압적인 태도를 보일 수도 있고, 어떤 이들은 우선은 자녀가 진정될 때까지 조금 지켜보았다가 병증이 수그러들었을 때, 그때 파괴적으로 개입해오기도 한다.

부모도 관계의 갈등 상황이나 의견충돌이 있을 때에 병증을 빌미로 삼는다. 나도 부모에게 내 병증을 무기로 삼을 수 있지만, 부모도 자식의 병증을 들먹이며 공격한다. '너는 정상이 아니므로 내 도움이나 얌전히 받아라.', '내 말을 들어야 한다.' 등 대화와 토론이 가능한 동등한 인간 취급을 하지 않는다. 온건-호의적이든 공격-간섭적이든, 어렸을 때 신뢰를 얼마나 쌓았든 중요하지 않고 검은 양처럼 대한다. 네가 잘되기를 바란다는 명목으로 도움·간섭·폭력 모두 심해질수록, 그것을 따르려는 연기가 과부하될수록 병증도 깊어진다.

의사가 내 현재 생활권, 환경에 기반한 개선, 그 안에서 문제를 다루는 데 집중한다면, 부모는 아예 새로운 곳으로 보내거나 고향으로 돌아오도록 한다. 병이 나쁜 것이고 너는 원래 착한 아이이므로 기존 환경과 분리시키고 집에서 '케어'를 잘하면 괜찮아질 거라고 생각한다. 하지만 '케어'의 기간이 끝나고 복학하든 복직하든 원래 환경으로 돌아갔을 때 다시 느낀다. 모든 것이 떠난 그대로 나를 기다리고 있었다고. 부모의 곁에서 케어 받기를 연기할 바에는 지금 있는 자리를 지키며 바리케이드를 치는 것이 편이 낫다.

"너 미쳤니?" 말할 수는 있어도, 대부분의 부모는 자녀가 정말 '미쳤다'고 생각하지 않는다. 그들이 나쁜 친구를 사귀어서, 나쁜 환경에 물들어서, 대학을 잘못 가서, 타지 생활에 스트레스를 받아서, 건강하지 못한 생활을 해서, 운동을 안 해서 잠시 방황하는 거라고 믿는다.

반면 우리 자녀들은 생업 또는 학업을 병행하면서 시간을 내어 정신과를 오가고 처방 약물을 복용하고 자신의 서사를 병이라는 프리즘을 통해 분석한다. 그들의 병의 주원인은 부모일 수도 있고, 어떤 관계의 트라우마일 수도 있고, 학창 생활이나 그 외의 실패, 좌절 등에서 출발할 수도 있다. 우리는 바쁘게 우리를 복원해나가며, 그 과정에서 병이 자신의 일부가 되는 경험을 하며 때로는 우리가 병의 일부인 것 같은 느낌도 받는다.

정신질환자들은 병 정체성을 기반으로 서사를 정렬하고 내용을 해석한다. 우리는 지금, 여기의 병이라는 렌즈를 통해서 우리의 과거를 살핀다. 과거에 발생한 결함들은 우리로 하여금 현재를 나아가 더 뒤의 시간을 분석할 수 있도록 돕기 때문이다.

그리하여 병을 인식하고 나서 이전의 과거를 복기한다. 어렸을 때의 한 장면에서도 구석의 먹구름을 발견하듯이 유년기의 병의 기미와 전조를 포착해낸다. 이를 토대로 부모에게 자신의 병이 얼마나 오래되었는지, 예를 들면 얼마나 옛날부터 자살사고가 있었고 얼마나 옛날부터 자해를 했는지를 이야기하고 설득하고자 하나 부모는 납득하지 못한다.

자식의 병이 완전히 낫지 않는다는 것, 계속 관리해야 하는 여타 질병과 다름없다는 인식의 지점까지 도달한 부모는 그나마, 아니 훌륭한 축이다. 병원비 정도는 지원해주기 때문이다. 많은 부모들은 '왜 하필 네가' 그런 병을 갖게 됐는지, '왜 너에게 그런 일이' 생겨났는지 잘 이해하지 못하고 병의 원인을 좁혀서 레이저시술처럼 제거하고자 한다. 마치 혹 같은 걸 떼어내듯이 말이다. 또 우리의 부모는 대부분 병의 발발이 일탈적 상태이며, 우리와 별개로 존재하는 '미친 것', '귀신 들림', '이물질'이라 여긴다. 또는 병 상태를 지칭하는 언어조차 만들지 않는 경우도 있다. 예를 들면 '그랬을 때'라든지, '그러던 때'로 지칭하지 절대 '우울증이 심할 때'라고 말하지 않는다.

부모는 '정상적으로' 회복된 미래의 나를, 혹은 과거의 '멀쩡했던', '착하고 똑똑했던 우리 아이'를 언제까지나 상정하고 바라보고 있다. 그러나 병자에게 그런 상들은 더는 자신이 아니다. 흐릿한 홀로그램처럼 느껴질 뿐이다. 뚜렷하고 감촉을 느낄 수 있는 것은 병과 맞닿은 자아이다. 결국 '병'의 정의부터 '치료'에 이르기까지 병자와 그의 부모는 영원히 평행선을 달릴 것이다.

🐱 그리고, 그래서 🐱

다시 의사로 돌아가서, 우리는 자신이 맺어온 다른 관계와 별개로 의사와의 신뢰 관계를 구축한다. 자신이 그린 병의 얼개를 확인받고, 함께 과거지사를 톺아보며 직조하며, 자신의 증상을 설명하기 위해 무한대로 펼쳐진 언어의 바다에 그물을 던진다. 단지 질문과 응답, 설명과 호응으로 끝나는 관계가 아니라 자신의 거의 모든 정보를 의사에게 알리고, 제공하며, 대답한다.

그러나 관계는 절대로 일방적인 형태로 전개되지는 않는다. 어떤 사안에 대해서는 입을 다물 수 있고, 의사와 논쟁할 수도 있으며 때로는 의사를 설득하거나 가르쳐주는 풍경이 연출되기도 한다.

빠지기 쉬운 함정은 의사가 '나를 잘 알고 있다.'라는 가정이다. 정보를 아무리 많이 제공하더라도 의사가 환자와의 관계에서 필요로 하는 정보는 그와 상이할 수 있다. 자신은 자기를 알리고자 제공하는 정보들, 이를테면 "제 이름은 리단, ○○빌라 3층에 살고 검은 고양이를 키웁니다. 애인은 있습니다. 애인과 사이는 어떻냐면요 어쩌구 저쩌구 요새 걔가 어쩌구……" 같은 정보는 의사 입장에서 하나도 도움이 되지 않을 수 있다. 의사 입장에서 필요한 정보는 '밤에 잘 자는지, 몇 시간 정도 자는지, 식습관은 어떤지, 여전히 환청이나 이상한 감각은 계속되고 있는지, 외출은 하는지' 같은 것이기 때문이다.

모두가 시작은 절박하게, 지푸라기라도 잡는 심정으로, 나의 고통을 알아달라고 허공에 외치듯 시작하나 투병 생활이 장기화되면서 점점 의존에서 벗어나 독자적인 병 서사를 갖추게 된다. '의사에게 아무리 말해도 결국 의사는 모른다.'라고 생각하게 될수록 정신 과 진료가 무의미하고 소용없다고 판단할지도 모른다. 그리고 병과 홀로 싸운다는 것, 점점 병의 장악이 커지는 것에 대해 입을 다물고 무력감을 느낄 수도 있다.

'나'를 설명하고, 알리고, 이해시키고자 하는 그 절박한 표현들이 좌절되고, 결국 당신은 의사와의 관계를 구축하는 데 있어서 체념하 게 될 수 있지만, 기억해야 한다. 그럼에도 불구하고 병원에 내원해 의사의 진료를 받고 약을 타오고 복용하는 행위가 당신이 가진 것 들, 잃고 남은 것들을 유지하기 위한 당신 자신의 의사 표시이며, 결 정적인 순간에 당신을 돕는다는 것을. 이 의사가 날 구원해줄 수 있 을까? 잘못된 질문이다. 우리 병자들의 세계에는 구원이 없다. 행동 의 연쇄, 행동의 축적만이 삶을 지탱한다. 병이 길어질수록 의사는 조력자의 역할을 하고 주 행위자는 자기 자신이 맡는다.

반면 부모는 자식이 그들의 생각에 성체가 아니면 절대 떠나지 않는다. 부모는 간섭한다. 끝까지 간섭한다. 그래서 당신은 전혀 예상 치 못하던 상황에 놓이게 된다. 당신이 병중에 진 채무를 부모가 대 뜸 갚아주기도 하고, 때로는 집을 얻어주기도 하며, 일자리를 알아 봐 주기도 할 것이다. 모이를 물어다 주는 새처럼. 당신은 기묘한 무 력감을 느낀다. 그리고 그 무력감은 더욱 복잡미묘하게 관계를 재배 치한다. 불과 몇 년 전만 해도 갈등과 고성이 끊이지 않았던 집이 평 화와 안정을 찾은 것처럼 변모하기도 한다. 그리고 그에 안착하는 병자는 없다. 그들은 평화보다는 기이함, 일그러짐, 비틀린 듯한 위화감을 느낀다. 억지로 작은 새 둥지에 처넣어진 성체 새들마냥.

과거 어느 날 병원을 나서서 골목에서 담배를 피우며 손에 들린 아버지의 신용카드와 영수증, 한 달치의 약이 든 봉투를 안고 생각했다. 비록 병원에 간다고 할 때 병원비를 기꺼이 내주겠지만, 그 돈이 무엇으로 교환되는지 집에서는 절대 알지 못하겠구나. 이 병에 대해서 부모가 이해를 할 일은 없고 우리는 그저 이 주제에는 거리를 두고, 다른 때에는 행복한 가족일 것이다. 그 순간 나는 그 도시의 무연고자가 된 기분이었다. 그러나 뭐 어때. 담배를 다 피우고, 버리고, 사거리의 횡단보도에서 조금 잰 발로 집으로 돌아갔다. 새 둥지에 떨어진 커다란 뻐꾸기면 어때, 나는 언젠간 날아갈 수 있다.

23장 ● 정신질환자를 지지하는 것

인간은 거대한 고통도 견딜 수 있다. 한계가 존재하는 고통에 한해서 말이다. 예상 범위 내의 고통은 그것이 불지옥에 떨어지는 것이어도 우리를 파괴할 수 없다. 인간을 무너뜨리는 것은 예상을 비웃는 고통, 즉 불확실성을 매개로 하는 고통이다.

이런 얘기를 들어보셨는지. 세계대전 당시 어떤 사람이 라디오를 매일 들으며 그것을 바탕으로 정세를 분석했다. 그는 크리스마스에는 종전이 될 것이라는 확신을 가졌고 매일매일 그날을 기다렸다. 그러나 크리스마스에도 그다음 날에도 전쟁은 계속되었다. 그는 그 해가 끝나기 전에 죽음에 대한 저항력을 상실했고, 살아남지 못했다.

자신의 고통이 언제까지 지속되는지 알 수 없다는 사실은 우리를 두렵고 지치게 만들며 손끝 하나 까딱할 수 없게 만든다. 우리는 고통을 감내하는 데에 너무 많은 일을 해왔고, 때로는 살아서 간신히 버티는 것만으로도 우리의 노력이 다했을 수도 있다.

고통을 맞닥뜨렸을 때 자신의 존엄을 지켜내는 일은 숭고하다. 그러나 숭고한 일만 벌어질까. 사실 그의 내면은 정말로 비참과 아픔으로 고래고래 흉측한 소리를 지르고 있을 수도 있다. 그의 내부는 너무나 망가졌기 때문에, 그는 자기가 소리 지르는 것을 들으면서, 또 소리 지르는 이유를 알면서 시끄럽다고 생각한다. 그리고 이 비명, 소음으로 인해 또 병이 생겨난다. 이윽고 우리는 알게 된다. 고통에 노출될수록 인간이 단단해지고 성숙해지는 것이 아니라고. 고통과의 알력은 두더지게임 같은 그런 것이 아니라고. 오락기의 나무 두더지들은 아무리 내려쳐도 까닥하지 않지만 우리의 고통은 입을 다물라고 망치로 내려칠수록 새로운 모습을 하고 와와 불어난다고.

이제 나는 더는 병을 치료로 낫게 한다고 생각하지 않는다. 만약 누군가 내 병을 치료해준다고 호언장담해도 나는 의심할 것이다. 가능하지 않기 때문이다. 병이 오래되고 깊은 사람들 대부분은 마찬가지로 생각할 것이다. 병의 고통을 덜어주는 행동을 우리는 몇 가지들 수 있고, 상태가 좋을 때에는 그것들을 실천해볼 수도 있다. 그러나 결코 그 행동이 병을 완전히 낫게 하지는 못한다.

질병의 고통이 어느 날 갑자기 사라질 수도 있다. 하지만 그것은 병의 변덕일 뿐, 당신의 인생에서 병이 완전히 사라져버린 것인지 결코 알 수 없다. '난 그 시기는 이미 지났으니까.' 하며 아주 병을 쫓아보냈다 확언하던 사람은 후일 병이 돌연히 방문했을 때 큰 배신감을 느끼며, 이제껏 꾸려왔던 생활에 더해 정신질환까지 관리해야 한다는 사실에 부담을 가진다. 그러는 동안 병은 병대로 신이 나서 새 집들이를 한다.

우리는 병에 익숙해지는 것이지, 병을 좋아할 수 없다. 익숙해진 병과 앞날을 조금 함께 걸어볼 뿐이지, 그의 손을 뿌리치고 도망칠 수 없다. 긍정적으로 생각하여 병이 마치 배우자라도 된 양 여겨볼 뿐이나, 병의 배신에 여상하게 굴 수 없다. 결국 우리는 병과 대치하든 공존하든 함께 존재하면서, 다른 영역에 발을 디딜 수밖에 없다. 그리고 그 영역이란 언제나 행복하고, 즐겁고, 재미난 곳이 아니며 모멸을 무릅쓰고, 수치감을 느끼며, 망칠 것을 재차 우려하면서 조심스럽게 때로는 과감하게 굴어야 하는 곳, 바로 사회다.

우리가 사회의 일원이 되어야 하는 까닭은 많이 있다. 다만 아이러니하게도 많은 사람들은 사회의 일원이 되면서 정신병을 얻는다. 게다가 정신병은 사회적으로 고립되었을 때 더욱 심화된다. 이게 무슨 역설이란 말인가.

정신병은 당신이 가족이나 친구, 지인들과 거리가 멀고 관계 설정이 미미하고 동떨어져 있을 때 더욱 가중되어 당신의 '소중한' 짐이 된다. 그럴 때 당신은 자신의 유일한 끈과 영향력인 정신병적 상황과 상태를 붙잡고 싶어 할지도 모른다. 당신이 학교를 그만두거나, 인간관계가 파탄 나거나, 직장에서 쫓겨나거나 했을 때 당신을 제일 먼저 맞아주는 것은 병이다. 우호적으로? 우호적으로.

하지만 밤은 가고 새벽이 오며, 몇 달 몇 해를 누워서 자신의 실책에 대해 생각만을 거듭해나갈 수는 없다. 결국 다시 자리에서 일어나야 하는 순간이 온다. 다만 그 순간은 사람마다 달라 어떤 이들은 얼마 지나지 않아 툴툴 털어낼 수 있지만 어떤 이는(예를 들면 나의 경우 사직의 여파에서 일어나는 데에 3개월이 걸렸다.) 몇 달, 아니 몇 해가 걸릴 수 있다. 새로운 시작의 순간 전까지, 우리는 병의 얼굴을 쓰고 휴식하고 있는, 대기하고 있는 셈이다. 사실 새로운 시작을 해야 하는 이유도 제각각으로, 돈을 벌지 않아도 된다면 충분히 지원에 기대서 쉬고 있어도 괜찮지만, 돈을 벌어야 한다면 그 사람은 실패 후 다시 사회의 일원이 되는 과정에 뛰어들어야 한다.

이 과정에서 사회에 적응할 수 있는 습관을 만들고, 건강한 생활을 지속하고, 사회적으로 유의미한 수치의 기능을 하고, 자신의 '나쁜 사이클'에 뛰어들지 않아야 하는 이들, 즉 '그럼에도 불구하고' 재사회화를 선택하는 이들은 종종 자신이 수행해야 하는 이 모든 것의 무의미함을 느낀다.

결국 우리의 정신병은 이 무의미의 강을 건너 사회의 영역으로 '왜' 돌아가야 하는지 탐구하는 데로 수렴한다. 여기서 정확한 대답은 아니더라도 최소한 자신을 설득하는 답변은 얻어야만 앞으로 걸어갈 수 있다.

'사회의 일원으로 활동하고 있음'의 상태는 소위 스카우트 배지처럼 한 번 획득한다고 영원히 소유할 수 있는 것이 아니라, 우리는 어느 날 갑자기, 또다시 어떠한 요인으로 추락하고, 퇴보하고 탈락할 수 있다. 이 사실을 상기하면 노력은 발동을 멈추고, 행동은 머뭇거리게 된다. 어차피 또 패배해서, 또 자기의 방(마지막 보루)으로 후퇴해 또다시 사회의 재진입을 꾀해야 하는데, 새로 시작되는 병증은 더 견딜 수 없을 것이고, 무엇이 새로이 일어날지 모른다는 불확실성. 우리는 불가능한 고통에 대해서는 시지푸스가 되어 끊임없이 몸을 던져볼 수 있다. 계속해서 꼭대기로 끙끙거리며 돌을 굴릴 수 있다. 그러나 불확실함에 대해서는 수를 쓰기 어렵다. 어쩌면 영원히 자기 방에서 무슨 일이 닥칠지 모르기만 하는 생을 살게 할 것이라는 전망은 우리를 좌절스럽게 한다.

😿 병을 운영하는 능력 😿

불확실성에 맞서 정신병자를 지지하는 것은 바로 일관된, 계속되는 것이다. 그것을 가능하게 해주는 것들이 바로 병식, 약, 돈, 그리고 사람이다.

　나는 완전히 치료를 받아온 날만 헤아려도 8년인데(2021년 현재) 아직도 정신병이 발동하는 것을 제어하는 장치가 부족하다고 느낀다. 실체를 가지고 '나는 병이다.'라고 말하는 병적 측면은 사실 더는 내게 영향력을 행사하지 못한다. 기껏해야 머리만 잘라가는 정도다. 이것은 하나의 병을 오래 앓았기 때문에 생겨나는 일에 가깝다고 본다. 합이 맞는다고 하듯. 하지만 실제로 병에게 맞서는 데는 병이라는 대상에 대한 이해와 더 섬세한 장치, 더 복잡한 시뮬레이션, 그리고 더 많은 돈이 필요하다.

먼저 충분히 익숙해진 병에 대한 자각이 필요하다. 보통 '병식'이라 일컫는 것으로, 병자를 지지하는 것이 왜 병식이냐 물으신다면, 우리가 병증을 잘 이해하고 병 상태를 잘 운영할수록 사회적으로 기능하는 것을 뒷받침해주고 (때로는 우리가 가진 자아가 그러하듯) 우리의 편이 생기기 때문에 그렇다. 마치 청소를 할 수 있는 능력이나 기력, 식사를 할 수 있는 조리 실력이나 밥을 챙겨 먹을 기운을 내듯 병식도 당신의 내부에 존재하는 능력이 된다. 병식의 눈으로, 긴 햇수의 측면에서 병을 통계적으로 바라보면 자신에게 오는 병이 언제, 어떤 모양을 띠는지 대충은 알 수 있다. 그러니까 이번 삽화에는 무기력, 무망감 같은 것이 온다든지, 아니면 이번에는 신경질적인 고양감이 온다든지, 이런 '기분'에 대해 사전에 조금은 파악할 수 있다. 자신의 정신병이 변수가 적을수록, 새로운 증상이 덜할수록 우리는 병을 좀 더 용이하게 다룰 수 있으며 이는 병을 가진 상태로도 사회에 진입할 수 있다는 뜻이 된다.

정신질환과 함께해온 햇수가 긴 사람이라면, 자신의 병의 경향성을 감각으로 알고 있을 것이다. 현재 자신이 우울기에 놓여 있는지, 심각성은 어느 정도인지, 자살 관념이 어느 정도로 위험한지 등 현 상태에 대한 지식 말이다. 또 어디까지가 병적인 행동인지, 무엇이 자신에게 특히 위험한 요소인지까지도 구분할 수 있다면 병이 진전되더라도 이를 저지할 수 있을 것이다. 이러한 통찰의 존재는 분명히 병(조증이나 정신증 같은 것)이 활개 칠 때도 최소한의 고삐를 붙들어줄 장치가 된다. 이런 상태에서 바닥으로 더 내려가지 않도록, 지금 상태를 유지할 수 있도록, 병을 관리할 수 있도록 하는 것이 우리의 목표다.

현재 당신의 나이와 병력과 투병 기간과 상관없이, 병은 계속 지속될 가능성이 높다. 병은 마치 우리의 가족, 특히 배우자 노릇을 할 가능성이 높다. 우리는 마치 아주 일찍 선을 보고 혼인한 부부처럼, 아니면 50~60년을 함께해온 노부부처럼 병과 서로 깊은 결속을 맺기도 하고, 잦은 싸움을 벌이기도 하며, 냉랭히 등한시하기도 한다. 그러나 당신이 병을 괄시하면, 병은 당신이 실패했을 때 비웃으러 올 수도 있고, 당신이 병을 지나치게 아끼면 병은 외려 당신을 무너뜨려 망치게끔 수를 쓸 수도 있다.

😺 약물에 대해 사람이 할 수 있는 일 😺

앞서 언급했듯 의사들은 우울증이나 조울증 등을 다룰 때 환자의 기분 정도를 100퍼센트로 만들려 하지 않는다. 만약 조증이 와 120퍼센트나 150퍼센트 정도로 생활반경을 넓히고 생산성을 높이며 사람을 만나고 돈을 쓰는 등 조증의 솟구침대로 움직이려 한다면, 그것을 80~90퍼센트로 낮추려고 한다. 50~60퍼센트 수치 정도밖에 움직이지 못하는 우울증 때에도 목표는 80~90퍼센트 정도이지, 100퍼센트를 만들려고 하지 않는다.

치료를 시작할 당시에는 이것이 마음에 들지 않아서 일부러 우울한 때에는 더 우울하게 말하고, 기분이 고양되었을 때에는 고의로 숨길 때가 많았다. 그러나 이제 내가 스스로의 정신병을 관리할 때를 고려해보니 나 또한 위와 같은 방식으로 관리하기를 바라고 있던 것이다. 이제는 조증의 예감만 들어도 골든아워를 놓치지 않기 위해 바삐 병원을 찾는 환자가 되었다.

통계적으로 나는 조증과 우울증이 계절성을 띠고 있어서 적어도 9월까지는 일절 항우울제를 먹지를 못한다. 그전까지는 조증과 조증 혼재와 싸우는 것인데, 이제는 '조금만 즐길까?' 생각도 하지 않게 되었다. 내게 처방하는 약의 용량이 어마어마해서, 그것으로 인한 부작용도 만만치 않음에도 약을 끊으려 감히 생각하지 못한다.

정신병은 언제나 나의 정신보다 상회하고, 약은 우리의 전쟁에서 강력한 보급품 역할을 해준다. 병의 관리를 돕는 약물들을 끊을 생각도, 끊을 수 있다고 생각도 하지 않는다. 그만큼 자신의 병이 심각하다고 여기고, 관리를 조금만 소홀히 하더라도 이상행동으로 이어진다는 것을 명심하고 있기 때문이다.

자신이 복용하는 약의 모든 기전을 알 필요는 없다. 다만 자신이 복용하는 주요한 약들은 숙지하고 있는 것이 병을 관리하는 데에 도움을 준다. 예를 들면 현재 복용하고 있는 약이 항조증제인지, 항우울제인지, 불안장애로 인한 약인지, 수면장애로 인한 약인지 하는 정도를 파악하고 있어야 한다는 것이다. 모두가 비정형항정신성약물과 정형항정신병약물의 사용을 비교 분석할 만큼 약물에 대한 이해를 높여야 할 필요는 없다고 본다. 다만 약물에 대한 이해를 넓혀가면서 진료를 볼 때 의사와 이 약물을 사용할지, 저 약물의 용량을 높일지를 함께 상의할 수 있다면 병을 장악하고 관리할 수 있는 부분이 확장되는 것은 사실이다.

약물은 당신의 외적인 문제까지 해결하는 마법 약은 아니지만, 최소한 사람이 너무 심한 꺾은선 그래프를 그리지 않게 돕는다. 그러한 약물의 처방은 의사의 몫인데, 의사마다 치료 계획이 존재하고 이 계획의 개인차가 크기 때문에 자신에게 잘 맞는 의사를 찾는 일은 아주 중요하다. 그러나 자신에게 잘 맞는 의사를 찾는 일은 모래섬에서 바늘 찾기 같은 형세로, 잘 맞는 의사를 고르느라 몇 해를 허비할 바에는 차선책으로 아무 의사에게든 적응할 수 있는 화법과 태도를 갖추는 것 또한 비책이 될 수 있다. 이때에는 의사와 자신이 특별하고 고유한 관계를 쌓아 올린다고 생각하지 말고, 최대한 사무적으로 말하고 증상 이외의 신변에 대해서는(부모와의 관계, 트라우마 사건, 성적 지향 등등) 굳이 정보를 제공하지 않는 태도도 나쁘지 않다.

약물의 이해 기초 편에서 약물이 할 일은 약물에게 맡기고 사람이 할 일에 대해 신경 쓰자고 결론을 내린 바 있다. 사람이 할 수 있는 일은 무엇인가?

① 언제 정신과에 내원할지 그 시작을 결정하는 것 대학병원에 가고자 한다든지, 병원을 바꾸고자 할 때 적합한 이유를 찾는 것도 여기에 해당된다. 병원을 언제 바꿔야 하느냐는 상당히 의견이 분분한 문제인데, 현재 나의 잠정적인 결론은 '자신이 크게 실망한 의원에 굳이 다시 가지 않아도 된다.'이다. 그리고 기회비용을 감수하면서 한 병원을 고집하는 것보다는 다른 병원에 내원해서 새로이 진료를 받는 경우가 이득이 더 클 수도 있기에, 그런 경우에는 큰 이득을 주는 곳으로 내원하기를 요청하고 싶다.

② 약이 내게 어떤 작용을 하는지를 파악하는 것 물론 앞서 말했다시피 모든 약의 기전을 알 수는 없지만 최소 자신이 복용하는 약의 작용과 부작용 정도는 알고 있는 편이 좋다. 약물 치료를 해도 도통 효과가 없어 '나는 더는 치료할 가치도 없어.'라고 생각하는 것과 '이번에는 내원해서 쿠에티아핀의 용량을 늘려달라 해야겠다.'는 자신을 치료 가능한 사람과 치료가 더는 불가능한 사람으로 바라보는 격이며 이는 차이가 매우 크다.

③ 병원비를 마련하는 행위를 하는 것 내원해 약물 치료를 받기 위해 해야 하는 일들을 하는 것도 중요한 일이다. 특히 금전 감각에 이상이 있는 이들은 돈은 다른 곳에 쓰고 병원비는 내야 할 때가 닥쳤을 때 주먹구구식으로 구하는 경우가 많은데 이 습관은 매우 위태로운 버릇이다. 돈이 없어 정신과에 가지 못하는 상황을 만드는 것 자체

가 굉장히 위험한 행동이다. 언제나 여윳돈을 가지고 있으라는 의미는 아니지만 부디 돈이 있는 상태일 때 다른 통장을 장만하든, 저금통에 넣어두든 최소한의 병원비를 미리 만들어놓는 예비 자세가 필요하다. 이것은 보통 돈이 있을 때는 있고, 없을 때는 없는 이들이 많이 겪는 문제다. 친지들에게 2만 원, 3만 원씩 빌리는 것은 대책이 되지 않는다. 처음에는 잘 빌려주지만 갚지 못하는 일이 쌓이면서 피하게 되고, 이것이 인간관계의 단절과 쉽게 연결되기 때문이다.

④ **약물 치료의 조력 집단과 연결되어 있는 것** 약을 먹는 사람이 주변에도 존재해 함께 약물 관련 이야기를 나눌 수 있는 관계가 있는 것이 당신의 약물 치료를 지원할 것이다. 그리고 약을 먹는다는 데에, 이렇게 오래 먹었다는 데에 너무 절망을 느끼지 말길 바란다.

⑤ **약물 복용 시간과 용량을 지키는 습관을 만드는 것** 아무리 잘 듣는 약이어도 정시에 복용하지 않으면 효과가 절감되거나 어떤 경우엔 소용이 없는 것도 많다. 우스개로 아침약만 가득 남은 유머 사진을 SNS에 올리는 분들이 많은데, 약을 불규칙하게 복용하면 혈중 약물 농도가 일정치 못하게 되어 일과에 방해가 될 수 있으니 삼가자. 적시에 약물을 복용하기 위해 우리는 정해진 기상 습관과, 언제든 병원에 내원해 약을 받을 수 있는 병원비 두 가지를 가지고 있어야 한다.

⑥ **약을 복용하는 것에 너무 많은 기분을 부여하지 않을 것** 약을 복용하면서 약물에 지나친 의미를 부여할수록 약물의 부작용이 있거나, 약

물이 제대로 발휘되지 않을 때에 불필요한 절망감을 느끼게 된다. 약물은 우리를 돕고 우리의 병을 지탱하는 데 도움을 주지만 그것은 어디까지 복용하는 우리가 약물 치료를 제대로 이행했을 때 오는 결과이다.

⑦ **혼자 있을 때에도 스스로 관리해 나가는 습관 만들기** '병증이 심하면 무엇을 하지 못한다.'라는 도식은 우리를 은연중에 아무것도 하지 못하는 상태로 내몬다. 병증이 심해지더라도 해야 하는 목록과 병증에도 불구하고 지켜야 할 마지노선의 존재는 우리에게 그것의 실효성을 차치하고서라도 자의를 가지고 무엇을 한다는 방식으로 행동을 바라보게 한다. 병증이 아주 심한 경우 수면을 취한다든지, 씻는다든지, 식사를 하는 것 모두 어려울 수 있다. 극심한 병증 상태에서는 자신을 돌볼 수 있는 역할을 해줄 이가 없기 때문에 입원을 하는 것이 좋은 선택이 될 수 있다.

그러나 입원을 할 수 없는 경우, 병과의 싸움을 벌이며 혼자 있는 경우 할 수 있는 일은 무엇이 될 수 있을까? 나의 경우는 정시에 입면해 정시에 기상하는 것, 그리고 거울을 보면서 양치를 하는 것을 들 수 있겠다. 병이 심해지면 자신의 몸을 왜곡된 상으로 해석한다. 거울을 보는 행위로 병증의 정도를 파악할 수 있으며, 양치는 가장 단순하고 작은 일이지만 양치를 하며 잠이 깨거나 세수로 이어지는 등 하루 일과를 시작할 수도 있고 가벼운 기분전환에도 도움이 되기 때문에 이 두 가지가 가능하다면 좀 더 많은 다른 작은 일도 시도할 수 있게 된다.

이러한 아주 작은, 사소한 것들이 병의 침습을 막는다. 병증이 심해질 때에는 모든 것과 투쟁을 동시에 벌이고 있다 해도 과언이 아니다. 병의 특징인 무기력, 무망감 등은 완전히 단번에 해소하기 어렵다. 양치를 하고 나면 잠깐은 해소가 되지만 곧바로 병에게 항복할 수 있다. 당연한 일이다. 따라서 양치를 하고 난 뒤의 행위가 이어져야(아이러니하게 그것이 흡연이어도) 적어도 그 두 가지 행동을 할 때에는 병의 침입을 막을 수 있다. 만약 당신이 입원을 하지 못하나, 일은 해야 하며, 출퇴근을 해야 하는 이라면 최소한 아침에 일어나기만 해도 80점이며, 기상-씻기-옷 입기를 이어서 빠르게 해치우고 출근길에 오른다면 그날은 버틸 수 있는 하루가 된다. 그러나 연쇄적 행동은 엄연히 대증적인 방법, 은근한 눈속임이며 삽화의 핵심의 해결책은 결코 될 수 없다. 삽화를 해결하기 위해서는 삽화의 중심으로 들어가야 하는데 이것은 병자 홀로 할 수 있는 일은 결코 아니다. 치료와의 연계, 제반 비용을 뒷받침해줄 돈, 그리고 자신을 지지해줄 주변 사람들 모두의 도움이 필요하다.

⑧ 정신질환을 공유할 수 있는 광의의 자조집단 만들어 나가기 병에 대해 말할 수 있는 사람을 만드는 것이 필요하다. 그것이 가족이든 친지든 친구든 상관없다. 어쨌든 자신의 정신질환을 밝힐 수 있고, 증상을 설명할 수 있고 그것을 귀 기울여 들어줄 수 있는 사람이면 된다. 그들은 점차 우리의 이야기에 섞이는 병 얘기, 약 얘기에 눈살을 찌푸

리지 않을 것이며 시간이 흐를수록 익숙해져 나중엔 먼저 "요새는 좀 어때?" 하고 물어올 것이다. 이런 넓은 의미의 우호집단, 도움을 주려는 집단의 존재는 우리의 정신질환이 나와 단둘이 고독을 곱씹으며 방 안에 갇혀 있는 게 아니라 나와 함께 거리를 걷고 사람들을 만나며 사회적인 활동을 더불어 할 수 있다는 것을 증명해준다.

정신질환자의 주변 사람들은 상당한 영향력을 끼친다. 때로는 그들이 사회에 소속되어 있기 때문에, 그들이 우리를 불러 만나고 수다를 떨고 술을 마시기에 덩달아 나도 사회에 소속되어 있는 것처럼 느껴질 때도 있다. 사회에 대한 소속감이나 일체감은 정신질환을 가진 이로서는 쉽게 느낄 수 없는 종류의 것이다.

또 주기적으로 만나 병증 상태를 이야기할 수 있는 사람들의 존재가 필요하다. 1년에 한 번이든 두 번이든 상관없이 꾸준히 만나는 상대인 것이 중요하다. 자신에게 일어난 병적 대소사를 보고하고, 어떻게 바뀌었으며 어떤 앞날을 내다보고 있다고 말할 수 있는 사람이 필요하다. 상대방도 마찬가지로 자신의 약점과 이를 어떻게 생각하고 앞으로 어떻게 해나갈 것인지를 나에게 알리면서, 드문 만남이지만 관계는 결속되고 깊어갈 수 있다. 이러한 깊은 관계들은 후일 병증이 심각해지더라도 그 친구에게 이렇게 말했는데, 그 녀석에게 이렇게 하겠노라 호언했는데 하며 자신을 다잡는 장치가 될 수도 있다.

⑨ **병과 관련한 정책 지원, 복지 지원 알아보기** 우리가 함께 만들어야 하는 것은 지금의 내가 병으로 곤두박질칠 때 그것을 좀 더 느리게 하

고, 붙잡아줄 수 있도록 과거의 내가 만드는 장치다. 그러니까 미래의 내가 좀 더 분명하게 병에 대항할 수 있도록 현재의 내가 만드는 시스템이라 할 수 있겠다. 물론 이 시스템은 한 인간의 과거와 현재와 미래의 행동이 유기적으로 연결된다고 완성될 수 있는 것이 아니다. 단순히 우리 자신에 그치는 게 아니라, 넓게 보아 자신의 최선 이외에 작동하는 사회적 복지 시스템, 안전망을 말하는 것이기 때문이다.

우리는 어느 선까지는 스스로 해낼 수 있는지 시도해보는 모의실험을 반복하고 이에 대해 고민하고 결과를 얻지만 어떤 부분에 대해서는 실제로 복지센터에 직접 내방해서 질문을 하고 지원을 요청해야 한다. 이 과정 또한 정신질환자들이 다른 의미로 사회와 연결되는 방식 중 하나이다.

병을 가진 사회 구성원이 어떤 한계 이하로 떨어지지 않도록 그물망 역할이 되어 주는 것은, 절대로 자기 자신 혹은 자신의 파트너나 고양이가 해줄 수 있는 부분이 아니다. 이를테면 지금 거주하는 집에서 쫓겨날 위기에 처하거나, 전기가 끊기거나 하는 문제에 직면할 때 자신이 할 수 있는 부분(앞서 말한 행동의 연쇄 같은 것)은 효력을 발휘하지 못한다. 자신의 삶에서 다발적으로 문제가 발생했을 때, 이것을 자신이 '해결'한다고 생각하거나 이런 총체적 문제들을 자신의 '탓'으로 여겨 자기를 소거하면 문제가 해결될 수 있다고 생각하는 것은 매우 자살 지향적 관점이며 스스로에게 가혹한 사고다.

우리는 삶을 지속해오면서 병과, 병을 감독하기 위한 약물 치료,

그리고 병자를 지지할 관계망과 금전 문제를 일정 정도는 해결하고 관리할 수 있지만, 그것은 스스로 처리할 수 있는 일부분의 문제라는 것을 언제나 숙지하고 있어야 한다. 예를 들면 부모와 심각한 갈등을 빚고 있는 정신질환자에게 그의 트라우마를 자극하는 공간인 부모의 집에서 '생활'할 수 있는 작은 팁은 제공할 수 있다. 하지만 결정적으로 그의 병을 완화해줄 독립, 재정지원 등을 혼자서 해내려 한다면 아주 오랜 시간이 걸릴 것이고, 그동안 심신은 너덜너덜해져 있을 것이다.

　어떤 문제는 스스로 해내기 어려운 것을 넘어 불가능한 것일 때가 있다. 이런 때에는 자신이 할 수 있는 일과 자신이 할 수 없는 일을 구분하여 할 수 있는 일은 늘리고, 할 수 없는 일은 명백한 구조 요청을 보내고 도움을 받아야 한다. 복지를 담당하는 국번 없이 129번에 연락하여 지원을 받을 지역의 주민센터와 연계되는 것, 자살예방센터에 연락해 심정적 지원을 받는 것 등 사회적 시스템의 존재를 적극적으로 이용해야 한다. 물론 모두 갑자기 연락을 취한다고 전부가 지원을 받는 것은 아니다. 충족해야 하는 조건들이 있기 때문에 그것을 알아보는 작업부터 시작하는 것이다. 예를 들면 갑작스러운 실업 상태로 지원을 받으려면 6개월 이상의 근로 기록이 존재해야 한다. 이 사실을 안다면, 퇴직을 고려하는 어떤 정신질환자가 현재 4개월째 근무 중이라고 할 때, 실업에 대한 지원을 받기 위해 두 달을 더 채워 근무하는 것을 고려할 수 있을 것이다. 그 외에 주거지원을 받으려면 임대차계약서가 필요하고 이것은 가족에게 고지가 가지 않는다는 장점이 있으므로, 가정을 나온 정신질환자들이 알아보면 좋을 정책이다. 아무튼 복지 시스템과 연계해 기준을 만족시킬 수 있는 서류를 구비하고 준비하라. 기준이 충족되면 지원을 받을 수 있다.

⑩ 유동적인 금전 감각 회복 병에는 돈이 든다. 정신병도 예외가 아니다. 예를 들어 조증이 있는 인간은 자기 수중의 돈을 탕진하는 것도 모자라 빚을 내어 돈을 뿌리고 다녀야 비로소 안정된다. 우울증인 사람은 자신의 우울을 조금이라도 덜어줄 수 있는 곳에 돈을 종이비행기처럼 날린다. 조현병인 사람들은 환청이 시키는 대로 돈을 운용하는 일들이 많다. 어떤 이는 괴이한 망상을 갖고 중국의 해커에게 해킹을 의뢰하고 돈을 뜯기는 경우도 있었다. 그 해커는 중국인도 아니었을 것이다. 이 모든 것은 병증이다. 병증은 고쳐 쓰는 것도, 반성하는 것도, 사라지는 것도 아닌 관리의 대상이 되어야 한다. 정신질환이 있는 이에게 금전 감각이 중요한 이유다. 우리는 돈 1~2만 원 값이 실제로 얼마를 일해야 받을 수 있는 돈인지 짐작을 하지 않는다. 마치 돈 버는 내가 따로 있고, 돈 쓰는 내가 따로 있는 것처럼 군다. 밀린 공과금이나 카드빚 따위는 어찌저찌 융통해내면 그만이고 그 빚을 진 나는 모르는 나인 것이다. 금전 감각, 소비 감각 같은 것이 무너진 데다 정신질환까지 있다면? 조증이라 돈을 물 쓰듯 써버리거나, 망상이 있어 전국 팔도를 돌아다니려 한다면? 가난뱅이가 되거

나 하루벌이를 하기는 떼어놓은 당상이다.

우리는 마치 자신이 잘 펼쳐놓은 흰 종이 위로 고양이가 뛰어올라 구겨버린 것처럼 사소한 금전 문제로 인해 와르르 무너진다고 생각하지만, 사실 문제를 발생하게 만드는 8할은 자신의 병증이고 어긋나게 쌓아 올린 나무 블록 같은 자신의 증상들이다. 문제가 자기 안에 도사리고 있는데 그것을 객관적으로, 상식적으로, 인내하고 감내하며 바라보라는 주문은 말이 쉽지 실제로는 실행하기 어려운 것이다. 우리의 병식도 아무리 오래되어도 실수를 할 때가 있다. 단지 돈 문제만이 아니라 사람들 사이의 관계에서도 말이다. 우리 모두 실례를 저지르고, 잘못을 하기도 하는데 유독 정신질환자의 경우에게 '돈을 물 쓰듯 쓴다.', '일도 안 하고 게으르다.', '도움을 받아도 갚을 줄을 모른다.', '저 자신만 안다.' 하며 살벌하게 대하는 것은 부당한 일이다.

◎ ◎ ◎

나는 더 많은 정신질환자에게 기회가 돌아가길 바란다. 그들이 저지른 수많은 실수에도 불구하고 계속 기회를 주어야 한다고 생각한다. 우리는 누구나 실패하고, 잘못 생각하기도 하고, 예측이 빗나가기도 하는데 바르고 성실한 생활만을 하는 정신질환자만 사회에서 살아남을 수 있다고 말하는 것은 어불성설이다. 우리는 모두 사회의 성원이며 오늘도 불확실한 병증과 싸우고 불가능만을 제시하는 이곳에 서 있다. 다른 구성원들처럼. 비가 오면 바삐 걸음을 재촉하는 다른 사람들처럼.

◎ ◎ ◎

끝으로, 정신질환자의 주변 사람들을 위해 아래와 같은 조력 행동을 제안한다. 첫째, 병자의 치료과정과 병식에 관심을 갖기. 둘째, 치료에 응하고 있음을 장려하고, 근황을 공유하기. 셋째, 모임과 만남에 초대해 소속감을 상기시키기. 넷째, 종종 연락해 안부 전하기.

이 네 가지만 하더라도 정신질환자의 주변 사람으로서 역할을 훌륭히 해나가고 있다고 할 수 있겠다. 주변 사람으로서 그에게 금전적 지원을 하지 않는 이상 계속해서 사회적 신호를 보내고, 여전히 그에게 사회적 자리가 있다고 소식을 전해주는 것은 매우 고무적인 일이기 때문이다. 정신질환이 있는 이들의 병을 비뚤게 보지 않고 병 그 자체로 바라보고, 그들의 질병 서사를 경청하고 반응해주는 일은 매우 어려운 일이다. 보통은 '그래서 내가 어떻게 반응해야 하지?'라는 느낌을 마주하고 마는데, 이에 좌절하지 말라. 이해할 수 없음에 상심하지 말고 "아아, 그랬구나." 내지 "음, 그렇군." 정도로 받아주면 족하다. 중요한 것은 우리가 지속적, 일관적으로 함께하는 것이지 누군가를 통렬하게 이해하는 것이 목표가 아니기 때문이다.

에필로그

이 책을 마무리할 때의 일이다. 나는 지방에 내려와 요양 중이었다. 모든 일에 흥미가 떨어졌고, 사람들의 말에 반응하지 않았으며, 대화 자체를 꺼내지 못하고, 매사에 무감흥, 무관심으로 일관했다. 내버려두는 것이다. 움직일 필요를 느끼지 못하고, 사람을 만나는 자리를 피하니, 이윽고 아무 일도 일어나지 않는 생활이 찾아왔다.

자못 평화롭기까지 한 그 정적은 희망이나 애정, 그보다 사소한 기쁨마저 빨아들이는 거대한 공허에 가까웠다. 오랜 고통에 무뎌진 나는 만성적인 공허에 대응하지 않고 그것의 일부가 되었다. 설상가상 운동지연장애까지 겹쳐서, 고개가 저절로 돌아가는 틱과 유사한 증상이 수시로 있었다. 누가 보더라도 '이상한 사람이다.'라고 생각할 정도였다. 한편 나는 면접을 보러 다녔는데, 자기소개를 해보라는 말을 듣고 머리가 하얘지면서 이름과 출신 학교와 어디에서 살고 있다, 이외의 말은 나오지 않았다. 절망적이었다. 그러나 절망을 깨달을 만큼 마음이 요동하지도 않았다. 앞에 거대한 벽이 세워져 있는 것처럼 반복되는 일상을 단조롭게 보내며, 매일 약을 먹고 있으니 괜찮다, 조증이 오지 않아서 괜찮다고만 생각했다.

나는 병에 관련한 갖가지 경험, 대응 방법, 사례를 글로 쓰기도 하고, SNS에서 조언을 하거나 자조 모임을 개최하기도 했다. 병에 대한 것들이라면 읽고 그리고 쓰고 말하고 알려주고 아무튼 정보를 소화해 발산하는 역할에 익숙했는데, 정작 이 새로운 '상태'에 대해서는 무언가 잘못되어 있다는 인식을 하지 못했다. 기존의 노하우가 필요한 상황에 처해 있다고 생각하지 않았다. 나는 나에게 문제가 있다고 생각하지 않았고 약물이 문제라고는 더더욱 생각하지 않았으며, 이대로 규칙적인 생활과 꾸준한 운동을 하면 괜찮다고. 그 이외에는 사실 생각을 지속할 마음조차 없었으며, 조금 전의 일조차 기억나지 않는 상태였다. 마치 좀비처럼, 아니 좀비는 뭔가 깨물려는 의지라도 있지. 허공에 떠다니는 먼지처럼 바람이 불면 부는 대로 흔들릴 뿐이었다.

난제를 정면으로 마주한 것은 파트너였다. 그는 내 정동이 기존의 우울함도 화가 난 상태도 아닌 아예 처음 접하는 상태라고 느꼈다. 무정동의 원인을 찾기 위해 여러 시도를 하다가 그는 나의 몇 개월간 약물 복용을 살펴보며, 내가 오랜 기간 고용량으로 특정 약물을 복용한 것에 주목했다. 그리고 내가 해당하는 환자군이 특수한 부작용(무감각, 무관심 등)을 경험하는 양상을 관찰한 해외 의학 저널을 발견했다. 그 내용을 설명하고 내가 겪는 증상과 비슷하다는 것을 함께 확인했고, 새로운 정신건강의학과에 가서 지금 먹는 약물에 대해 물어보자고 나를 설득했다. 마침내 우리는(나는 설명하는 데 어려움을 느껴서 같이 들어갔다.) 의사에게 그 자료와 현 상태를 말하며 관련된 문제가 아닐까 상담했다. 의사는 동의했고, 해당 약을 제거한 새 처방을 받았다. 사흘이 못 되어 운동지연장애가 수그러들었고 일주일이 지나자 서서히 그 '상태'에서 벗어날 수 있었다. 6개월간 나를 괴롭히던 틱 증상이 사라지고 나서야 비로소 스스로 나의 상태가 문제적이었다는 생각을 할 수 있었다.

파트너와 처음부터 병에 대한 인식이 일치한 것은 아니다. 그는 예전엔 병식이나 병체성 같은 단어 사용에 회의적이라고 말한 적도 있었다. 하지만 오랜 시간 나와 정보를 공유하고 영향을 주고받은 끝에, 병에 대한 나의 접근법이나 방법론을 수긍하고 받아들였다. 그리하여 파트너는 내게서 습득한 논리를 사용해 나의 문제적 상태에 접근했고, 결과적으로 내게 시기적절한 도움이 돌아온 것이다.

의사가 진단을 내리고 필요한 의학적 조치를 하려면 병원에 가야 한다. 이 당연한 문장이 정신병과 만나면 갑자기 너무나 어려워진다. 병과 함께 살아간다면 병식도 물론 있어야겠지만, 최소한 가까운 사람 한둘과 정신질환에 대한 현대 의학적 합의가 이루어진 상태여야 한다. 불행히도 정신질환 자체에 대해서, 환자들이 겪는 일에 대해서 알려고도 하지 않거나 거부하는 일은 이 사회에 빈번하다. 내가 정신병에 대해 이야기하고, 누군가 그 내용을 받아들여서, 내가 제대로 판단을 내리지 못할 때, 누군가 그 내용을 바탕으로 위험 신호를 알아채고 도울 수 있었다. 놀라운 일이다.

원고를 쓰고, 책으로 다듬는 과정에서 나는 정신병이 있는 많은 사람들에게 도움을 받았다. 특히 파트너에게서. 그는 탁월한 능력으로 기꺼이 원고를 읽고, 손보아 주었으며 아낌없는 조언을 해주었다. 그가 기능하지 못하면 내가 나섰고, 내가 기능하지 못하면 그가 했기 때문에 완성할 수 있었다. 둘 다 증상이 심하면 함께 견디며 나아갔다. 병이 있을수록 우리 정신병자들은 절대 홀로여서는 안 된다. 서로 기대고, 교류하고, 공유하고 참고하여 살아남아야 한다.

정신병자인 우리는 아무것도 한 일이 없다고 자책하거나, 인생이 손쓸 수 없이 망가졌다고 믿을지도 모른다. 형용할 수 없는 허무함에 삶을 끝내고 싶어 할지도 모른다. 병과 있는 것만으로도 품이 든다. 일상을 사수하고, 자신을 돌보는 것이 언제나 도전이 된다. 우리는 여기서 시작해야 한다. 가장 작은 행동, 차근차근 쌓아나가는 나날이 우리를 지킨다. 우리는 누가 이기고 지는 승부를 하는 게 아니다. 오늘 건실한 하루를 보냈다고 내일도 그러라는 보장은 없다. 정신병의 나라에서 우리는 몇 번이고 새로 시작하고, 몇 번이고 버리고 떠나야 할 수도 있다. 그래서 도망쳐도 좋고, 비겁해져도 좋다. 다만 충분히 말하고, 기록하고, 관찰하자.

우리가 그리는 지도가 완벽할 필요는 없다. 병이 기상천외한 행보를 보이며 우리를 앞지를 수도 있다. 오히려 그렇기 때문에, 이 안에서 우리는 뭐든지 할 수 있고 무엇이든 될 수 있는 것이다. 이 정신병의 나라에서.

감수 하주원

연세대학교 의과대학을 졸업하고 성균관대학교 의과대학에서 박사 과정을 수료, 강북삼성병원에서 정신건강의학과 전문의가 되었다. 서남의대 명지병원 교수로 재직하며 노인, 중독, 불안 분야를 주로 연구했다. 현재 서울 은평구에 있는 연세숲정신건강의학과의원 원장이다. 저서로 『불안한 마음을 잠재우는 법』, 『어른이 처음이라서 그래』, 『어쩌다 도박』(공저)이 있다.

정신병의 나라에서 왔습니다

병과 함께 살아가는 이들을 위한 안내서

1판 1쇄 펴냄 2021년 6월 4일
1판 9쇄 펴냄 2024년 12월 9일

지은이 리단

편집 최예원 박아름 최고은
미술 김낙훈 한나은 김혜수
전자책 이미화
마케팅 정대용 허진호 김채훈 홍수현
       이지원 이지혜 이호정
홍보 이시윤 윤영우
저작권 남유선 김다정 송지영
제작 임지헌 김한수 임수아 권순택
관리 박경희 김지현

펴낸이 박상준
펴낸곳 반비

출판등록 1997. 3. 24.(제16-1444호)
(06027) 서울시 강남구 도산대로1길 62
강남출판문화센터
대표전화 515-2000 팩시밀리 515-2007
편집부 517-4263 팩시밀리 514-2329

반비는 민음사출판그룹의 인문·교양 브랜드입니다.

만든 사람들
책임편집 최예원
디자인 한나은